大学生『人生』丛书

婚恋与人生

王宇航　施周婷　编著

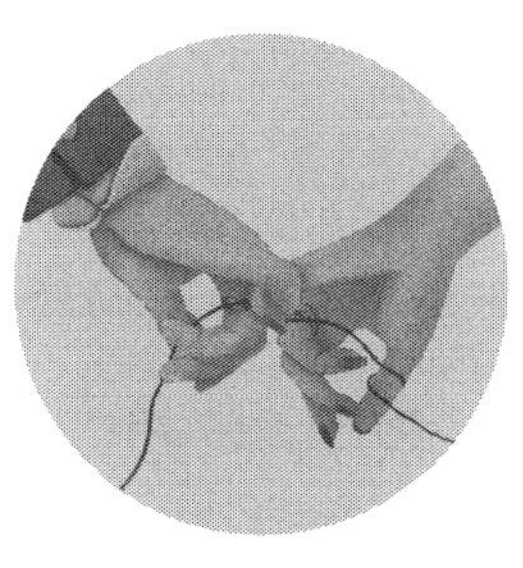

江苏大学出版社
JIANGSU UNIVERSITY PRESS
镇江

图书在版编目(CIP)数据

婚恋与人生 / 王宇航，施周婷编著. — 镇江 ：江苏大学出版社，2020.12(2022.8 重印)
ISBN 978-7-5684-1511-8

Ⅰ. ①婚… Ⅱ. ①王… ②施… Ⅲ. ①大学生－婚姻问题－教育研究－中国②大学生－恋爱－问题－教育研究－中国 Ⅳ. ①D669.1

中国版本图书馆 CIP 数据核字(2020)第 246537 号

婚恋与人生
Hunlian yu Rensheng

编　　著/王宇航　施周婷
责任编辑/张　平
出版发行/江苏大学出版社
地　　址/江苏省镇江市京口区学府路 301 号(邮编：212013)
电　　话/0511-84446464(传真)
网　　址/http://press.ujs.edu.cn
排　　版/镇江市江东印刷有限责任公司
印　　刷/江苏凤凰数码印务有限公司
开　　本/718 mm×1 000 mm　1/16
印　　张/20.25
字　　数/340 千字
版　　次/2020 年 12 月第 1 版
印　　次/2022 年 8 月第 2 次印刷
书　　号/ISBN 978-7-5684-1511-8
定　　价/52.00 元

如有印装质量问题请与本社营销部联系(电话:0511-84440882)

大学生“人生”丛书
编写委员会

序

FOREWORD

大学生思想政治教育（德育）和心理健康教育（心育）是高校素质教育的两个重要方面，随着社会的发展、竞争的加剧，大学生良好的心理素质和健康的思想品质显得尤为重要。如何将德育与心育有机结合，并探索出一条使之成为相互渗透、相互补充和相互促进的统一体是高校教育工作者的题中应有之义。

《教育部、卫生部、共青团中央关于进一步加强和改进大学生心理健康教育的意见》中指出："加强和改进大学生心理健康教育是新形势下全面贯彻党的教育方针、推进素质教育的重要举措，是促进大学生健康成长、培养高素质合格人才的重要途径，是加强和改进大学生思想政治教育的重要任务。"为了切实解决实际教育教学中遇到的"思想"和"心理"相互交织、相互影响的问题，进一步发挥教育教学效果的最大化和最优化，为此，我牵头组织学校心理健康教育与咨询实验中心、德育心育研究所教师撰写"人生"丛书，旨在凝练我校思想政治教育与心理健康教育相结合的特色，丰富教育内容，促进教学研究，帮助学生进一步提高心理素质、健全人格、增强承受挫折、适应环境的能力。

丛书秉承思想政治教育和心理健康教育相结合的宗旨，围绕"德育心育"主题进行编写，坚持"德心结合"的特色，根据学校、学生的实际情况，在结合思想政治教育和心理健康教育课程的基础上，将丛书分为三个方向：（1）"思想品德"方向，以德育内容为主导思想撰写书稿，旨在指导大学生正确价值观的树立，并结合心育内容帮助其提升心理能力，从而更好地赢取人生；（2）"心理特性"方向，以心育内容为主导思想进行写作，意为加强大学生优良心理品质的养成，并结合德育内容帮助其优化价值观念，进而更好地成就人生；（3）“外界因素”方向，以德育结合心育为主导思想贯穿始终，对人生的重要主题进行思想观念和心理理论的分析论述，说明处理好这一问题的重要性，并指导大学生对此做好准备。整套丛书“贴近学生、贴近生活、贴近实际”，不仅可以作为高校学生通识课程教材，也可作为各级各类学校教师教育教学参考用书，同时还能作为大众的普通学习读物。

在整套丛书的撰写过程中，我们始终坚持以下三个原则，这是这套丛书最大的特色，也是这套丛书特殊的价值。

（1）融合性。每一本书除了在选题上体现“德心结合”的特色外，在内容上也坚持德育融合心育的原则。在写作方法上做到相互论证。例如，以实际数据、实验结果来论证和解释生活现象、教育成果；在价值引领上做到相互结合。例如，以自我发展的心理要求结合社会发展的道德要求进行教育指导；在教育理念上做到相互补充。例如，补充心育的伦理要求、伦理需求层面和德育的个体需求层面。三个方面相互融合的目的是力争让读者获得“德心结合”的优势指导，提高丛书内容的实效性。

（2）科学性。每一本书都会涉及一些心理学专业科学知识，而我们的阐述和解释可能跟读者的亲身经历和感悟理解不尽相同，但是我们所有的材料都是以专业心理学研究为基础的，是尊重心理学者们的研究成果的，并以此为依据进行各类问题的探讨，用通俗易懂的语言进行表述，目的是让读者能够近距离接触和理解心理学研究。在不同书中，甚至是在同一本书中会出现对一个知识点的类似阐述，但是实际内涵却不一样。例如，同样一个心理学定律，在人际沟通和生活态度中的解释是有所不同的，读者需要加以留意。

（3）实用性。每一本书都讲求解决读者，尤其是大学生读者日常生活中面对的实际问题。虽然我们的每本书中都会涉及一些思想政治教育学和心理学的基本理论知识，但是我们的重点始终是围绕如何利用德心结合的方法改变自己的心理、行为，从而改变自己的生活状态乃至人生展开的；在写作安排上也结合了生活案例来剖析理论，并且给出了实训活动来突出理论的实际可操作性，所以整套丛书都侧重实际应用，尽最大努力保证内容的实用性。

我们按计划持续推进丛书撰写及出版工作，读者朋友们将会陆续地阅读到我们的作品，希望我们的努力能够让您满意，也希望您能对书中的不足提出宝贵意见。

王宇航

2019 年 5 月

前言

PREFACE

“婚恋”是人类永恒的话题，因为它是人性的自然需求，是人生的重要课题。和谐而美好的婚恋就像一朵璀璨的鲜花，能给人生增添绚丽的色彩；波折而糟糕的婚恋就像一把锋利的匕首，会给人生带来无尽的痛苦。而婚恋不仅关系到个人的人格发展、家庭幸福，还关系到社会的和谐稳定、健康发展。

随着时代的发展和社会的进步，婚恋于大学生而言已不再是“禁令”，教育部亦在2005年修改了《普通高等学校学生管理规定》，解除了高校的“禁婚令”，大学生“婚恋大军”逐渐壮大，恋爱比例快速增加的同时，结婚比例也迅速攀升。然而，一些大学生的三观尚未稳定，心理尚未成熟，社会经验缺乏，从实际来看，他们并不能妥善地处理婚恋当中的各种问题，加之当前社会的急速发展和观念变化，以及人口流动的加大和交往人数的加剧，尤其是自媒体、新媒体的冲击和影响，单恋、三角恋、同性恋、婚前性行为及闪婚闪离等现象时有发生，这些现象对学生的身心健康产生着不同程度的影响，有些情况严重的甚至出现自杀、报复等极端恶性事件。据统计，在当前高校中，情爱问题已成为引发学生心理危机的重要原因之一，教育部已在《普通高等学校学生心理健康教育课程教学基本要求》中明确把恋爱和性列入大学生心理健康教育课程。大学生是祖国未来建设的主力军，担负着未来的重任，承载着明天的希望，关注他们的婚恋问题是远瞻社会的发展和护航文化的传承。大学阶段是人生的重要转折时期，帮助大学生认识爱情和婚姻的本质，正确处理“两性”情感，减少心理困扰，增强责任意识，领略人生真谛，塑造健全人格，是大学教育的题中之意，也是大学生自身的责任与使命。为此，我们将“婚恋”作为“人生”丛书主题之一。撰写《婚恋与人生》一书，旨在说明大学生正确把握婚恋的重要性，引导大学生树立正确的婚恋观，指导大学生提高自我的婚恋能力，做好婚恋准备，最大限度地避免婚恋失败带来的负面影响，进而更好地成长成才。

本书始终围绕“婚恋”这一主题，从婚恋的思想观念和婚恋的心理分析两个方面入手，论恋爱、说婚姻、品人生。由于长期在高校从事思想政治教育与心理健康教育工作，我们接触了大量大学生恋爱和婚姻的案例，有被男友无情抛弃的女大学生的哭诉、有本预备结婚但遭毕业分手的男大学生的焦虑、有失去“第一次”的女大学生的后悔、也有发生“一夜情”的男大学生的担忧……以上种种引发了这部分大学生的各种心理问题，严重地影响了其个人发展和成长成才。因而，我们将“大学生婚恋问题”作为研究的重点，一直专注进行研究，全面了解当前大学生的婚恋现状及高校关于婚恋教育的现状，并在此基础上对大学生婚恋教育做出了深刻思考。在本书中，我们在借鉴这一领域的优秀研究成果及自身的工作实际和研究思考的基础上，就大学生婚恋及教育问题提出了自己的见解。

全书以端正大学生婚恋观为起点，以提升大学生婚恋能力为落脚点，精选了婚恋中最主要、最突出的问题，借助思想政治教育学、心理学、社会学等相关学科理论进行分章论述。在撰写安排上，设置了名言警句、故事导入、心理视点、实验实训、体验感悟和推荐书籍等环节，德心结合，动静结合，意在提高读者的体验度和获得感。在教育思路上，既注重理论引导，又进行实验演练，以期将婚恋能力和素质的培养落到实处。

本书共分为八章，每一章都是婚恋的一个重要主题。首先，第一章“缔造美丽人生　婚恋与人生概述”是全书的基础，旨在向读者阐释爱情与婚姻的内涵及相关理论，使读者认识爱情与婚姻的人生价值与意义，树立正确的爱情观和婚姻观。其次，第二章至第七章是主要问题的进一步论述，是全书的主干，旨在帮助读者学会婚恋中的自我调节，提高处理婚恋问题的综合能力。其中，第二章“荡起友谊的双桨　异性交往与沟通”主要引导读者认识异性交往的重要性，掌握异性交往的原则和策略，了解异性交往的特点，促进正常的异性交往；第三章“探寻爱情奥秘　恋爱心理分析”，通过恋爱心理分析帮助读者认识爱情的本质，掌握爱情的发展规律和健康爱情的心理要素，了解恋爱心理效应，端正恋爱动机，探寻爱情的奥秘；第四章“培植幸福玫瑰　爱的能力提升”，侧重爱的能力的培养，帮助读者正确地掌握并运用爱的语言，提升表达爱、接受爱、拒绝爱、解决爱的冲突及保持爱情长久的能力；第五章“绽放四季芬芳　恋爱挫折应对”，进行恋爱挫折的剖析，帮助读者正确认识恋爱挫折及其积极意义，避免由于恋爱挫折造成身心伤害，学会应对恋爱挫折的方法，提升面对恋爱挫折的自我调节能力；第六章“守护亲密之间　性与理性”，论述了恋爱中有关“性”问题带来的影响，以此帮助读者树立正确的性观念，提高自我意识和自控能力，认识婚前性行为的危害，学会理性地看待性；第七章“穿越浪漫旅程　幸福婚姻的准备”，则对婚姻进行了全面阐述，帮助读者理解婚姻的内涵和幸福婚姻的特征，认识性、爱情和婚姻的统一性，了解婚姻、家庭的功能和意义，树立正确的婚姻观，为将来的婚姻做准备。最后，第八章“携手美好未来　笑对未来人生”，是全书的升华，旨在为读者提供婚恋能力提升的具体实践素材，做到在实践中进一步体会理论，帮助读者获得婚恋的实质成长。

本书在具体写作上具有以下特点。

第一，专业性。本书从思想政治教育与心理健康教育相互融合的视角切入，对大学生婚恋问题进行阐述、剖析和指导，在写作过程中所涉及的心理学专业知识均有科学研究为依据，并以此为基础对各类相关问题进行讨论、论证。例如，根据大学生身心发展的特点及婚恋中存在的心理认知偏差，对婚恋的本质特征、发展过程、能力提升等进行全面、详细地阐述。

第二，系统性。本书从当前大学生婚恋的现实状况出发，结合教育学、心理学、社会学等多学科理论对其进行分析。从如何把握异性友谊到恋爱心理的分析、恋爱能力的提升，然后论述如何面对恋爱挫折、如何理性对待恋爱中的“性”，最后阐述如何做好结婚前的准备及如何经营好一段幸福的婚姻，章章相扣，循序渐进，做到婚恋的自然演进和理论的层层深入。

第三，实用性。本书在各章的写作上采用理论讲解和实验实训相结合的方法，一方面以实验结果、实际案例等材料描述、解释、论证大学生婚恋现象，另一方面以多学科融合的理论观点指导大学生婚恋心理调节和行为规范，并在每章最后给出贴合主题的实训活动供本章知识点的实际操作和体验感悟，旨在帮助读者能够理论结合实际，深入体会和运用各章节要点。

本书为读者呈现了婚恋中所需要注意的方方面面的问题，并给出了指导性的意见和建议，旨在使读者了解爱情与婚姻的内涵和相关理论，掌握爱情发展的规律和特点，把握好异性交往及恋爱的度；了解恋爱心理效应，学会运用提升爱的能力的相关方法策略，树立正确的爱情观和婚姻观；希望读者能够通过阅读本书获得婚恋的人生智慧，收获一份真挚的爱情，经营一生幸福的婚姻。

本套丛书由浙江财经大学原党委副书记王宇航教授负责设计、总纂、统稿和定稿。在撰写本书过程中，我们参阅了大量书刊资料和相关论著，并吸取了其中的最新研究成果和相关的有益经验，恕不一一注释。在此，向他们一并致以衷心感谢。同时，由衷感谢我校心理健康教育与咨询实验中心及德育心育研究所在本书撰写过程中的大力支持。

本书可作为高校婚恋教育课程的通用教材，也可作为各级各类学校教师婚恋教育教学的参考用书，同时还能作为普通大众婚恋问题的学习读物。术业有专攻，书中难免存在不足之处；学无止境，望广大读者提出宝贵意见，以便我们再版时修改和完善。

2019 年 5 月

目录

CONTENTS

第一章　缔造美丽人生　婚恋与人生概述

人出生两次吗？是的。第一次，是在人开始生活的那一天；第二次，则是在萌发爱情的那一天。

——雨果（法国作家）

心路历程

一、 人生故事

梁羽生是中国著名的武侠小说家，与金庸、古龙并称为中国武侠小说三大宗师，被誉为新派武侠小说的开山祖师。他小说里的爱情多是悲剧，而他却和妻子林萃如厮守 53 年，堪称圆满。在此之前，梁羽生有过一段长达 4 年的暗恋。当时他 18 岁，喜欢小他两岁的表妹。知道表妹喜欢《红楼梦》，他就通宵达旦地看，然后拣她最喜欢的章节，站在她面前背给她听。

表妹嫁人后的 10 年，他埋头读书写文章。32 岁时，他已是香港《大公报》的主笔兼多家报纸撰稿人，却仍孑然一身。《大公报》副总编李宗瀛急了，介绍太太的侄女林萃如给梁羽生。他碍于面子，不得不硬着头皮去相亲。相亲那天，他鼻炎犯了，鼻子肿胀，不时要用手帕擦鼻涕和脓水。林萃如那时 26 岁，是一家机关的公务员，工资是梁羽生的两倍。她大方热情，但有点瘦，皮肤黝黑，他的小说里根本不会出现这样的女孩，论外貌他给林萃如打了 69 分。不过他也知道，林萃如顶多给自己打 50 分。

之后，两人又在李宗瀛家见过几次面，林萃如开始买《新晚报》，读他在上面连载的《龙虎闹京华》；梁羽生也渐渐看到林萃如的特别，每周六早上7点，她都会去一家教堂做义工，并已持续了整整5年。他渐渐觉出她的美来，虽然她和他的理想型完全不符。一月后，梁羽生去医院做鼻息肉切除手术，林萃如请假赶到医院。他由护士搀着走出手术室时，她笑着上前，伸手把他牵过去。出院那天，林萃如赶去接他，趁她躬身收拾行装时，梁羽生单膝下跪："我很穷，但只要努力写稿，也能养活你。嫁给我吧。"

相识8个月，梁羽生让出身名门的林萃如义无反顾地下嫁了。相处不过月余，梁羽生的缺点暴露无遗，记性坏、不讲卫生、不爱素菜只爱吃肉……林萃如想过许多办法，但收效甚微，末了，她缴械，辞掉了工作，一心一意照顾梁羽生。住了许多年的老楼，梁羽生总不记得自家门牌号。每到他下班时，林萃如就早早在阳台上守着，等到他的身影拐过街角绕到院子里来，她就冲他大喊："先生，你的家在这里呢！"在楼下乱转的梁羽生就兴奋应答："哈哈！你的流浪狗回来啦！"

梁羽生60岁宣布封笔，此后3年，他带着妻子四处游玩。3年后，梁羽生突然宣布：移民澳大利亚，从此退出文化圈。他的情话不比他笔下任何侠客差："过去我欠你太多，现在该我补偿你了。"此前，他带林萃如遍游无数国家，而她最喜欢澳大利亚。70岁时，梁羽生查出膀胱癌、心脏病、糖尿病，无论是化疗还是回国讲学，妻子始终陪伴，直到他去世。①

二、 揭开婚恋的真谛

（一）关于爱情

从盘古开天辟地到如今，爱情一直是人类传唱不衰、古老而又新鲜的话题。无论是诗人、作家、艺术家，也不论是工人、农民、商人或者知识分子和军人，不管是经历过的还是没有经历过的，所有来自不同社会、不同阶级、不同道德境界的人们都会给出各式各样的解释。曾有人对爱情做过这样一个生动的比喻："爱情，是人类开发心灵潜能的学校。明白自己想要什么的人，是小学生；懂得对方想要什么的人，是中学生；能使双方无遗憾的人，是大

---

① 玄圭．梁羽生与林萃如的闪婚．各界，2009（11）：86－87．

学生；再使双方都有成就的人，是研究生。不同层次的人，表明了人的心灵差异。”然而，爱情不是生而就会的，爱情是需要学习的，也是需要教育的。苏联著名教育家苏霍姆林斯基在其《爱情的教育》一书中如是说：“爱情的念头一旦在年轻人的思想和感情上撩拨和引起不安，教育者就应当给他们讲爱情是什么。这种讲解将会在年轻人的心灵中培养出高尚的思想和情感。因此，正如从一开始就要教导学生怎样劳动一样，也需要在他们刚刚懂得爱情的时候就教育他们怎样去爱。”① 爱情教育是人的个性形成中的重大问题，关系到青少年的人格成熟、全面发展和终身幸福。

（二）关于婚姻

婚姻远比爱情复杂得多。爱情是封闭的人际关系，游离于社会，热恋期甚至会感觉地球上只剩彼此的存在；婚姻则不同，它面向社会的同时受到伦理道德的约束，是一种信任，是一种责任。男女双方组建家庭，因为共同生活而建立相互照顾、相互体谅、相互帮助、相互扶持的关系，体现出一种信任感、责任感。不能信任对方，为对方承担责任或者无法履行责任的人，在心智和人格上是不完整的，也是缺乏价值感的，是不可能获得幸福婚姻的。每一个人都希望自己拥有一段浪漫的爱情，走进一段美满的婚姻，组建一个幸福的家庭，有一个疼爱自己的丈夫（理解自己的妻子），相亲相爱，“执子之手，与子偕老”。家庭是社会最小的单位，也是最重要的单位。整个国家、整个社会都是以家庭为基础的，家庭关系到民生幸福，恋爱婚姻是家庭幸福的关键。

对于大学生而言，他们在心理、生理各方面都趋于成熟，爱情与婚姻是他们将来甚至是当前必须面对的重要人生课题。一个能正确应对爱的过程中各种问题的人，才能真正成为人格健全的人；一个在爱的关系中具有高尚品位与素养的人，才能真正成为具有“综合素质”的人。所以，大学生需要也理应学习“爱情与婚姻”这一课题。

---

① 梁志洪．爱情美育——塑造现代青少年美的心灵的热点问题——苏霍姆林斯基关于爱情美育的思想．中国校外教育，2011（1）：3－4，106.

心理视点

一、 爱情的本质内涵

爱情是人类所特有的高级情感，是人与人之间吸引的最强烈形式，是我们人生一道亮丽的风景线。人生是在具体的社会文化环境中展开的，理解和把握爱情的本质内涵，要考虑和结合社会历史条件、文化传统习俗及社会观念心态的影响。

（一）爱情的概念内涵

爱尔兰著名作家萧伯纳说："爱情是最疯狂、最迷乱又最易逝的激情。"对于爱情这个领域，科学还未进行深入地探索，自古以来，中外关于爱情的话题就不曾间断，不同时代、不同背景下有不同的理解和解读。

1. 东方古文记载的爱情

在东方文化里，爱情就是收获并抓住对方的心，具有亲密、情欲、承诺、依恋、情感的属性，并且对这种关系的长久性持有信心，也能够与对方分享私生活。在不同的东方古文记载中，基本上延续了这种爱是一种社会关系和内心情感相协调的表达关系这一基本概念。《诗经·小雅·隰桑》："心乎爱矣，遐不谓矣？"《说文解字》："爱，行貌也"。《礼记·礼运》："何谓人情？喜、怒、哀、惧、爱、恶、欲，七者，弗学而能。"《周礼·地官司徒第二·媒氏》："令男三十而娶，女二十而嫁。中春之月，会合令男女，于时也，奔者不禁，若无故而不用令者，罚之。"《论语·阳货》："夫三年之丧，天下之通丧也，予也有三年之爱于其父母乎？"《上邪 》："上邪！我欲与君相知，长命无绝衰。山无棱，江水为竭。冬雷震震，夏雨雪，天地合，乃敢与君绝。"《相思》："红豆生南国，春来发几枝。愿君多采撷，此物最相思。"上述古诗文中记载的关于爱情的内容均体现了这一基本概念。

2. 西方文献记载的爱情

在西方文化里，爱情的本质更强调爱情是一种自然性和神性的表达。在历来的西方文献记载中，均有所体现。根据古希腊哲学家巴门尼德的说法，在一切神灵中，她（女神）首先创造了爱神。根据古希腊哲学家恩培多克勒的观点，爱和争是宇宙的两大动力，前者主合，后者主分，以阿弗洛黛女神为爱的代表（和情感无关）。瑞士作家、文化理论家胡奇蒙将西方文明史上爱的定义分为了以下五大分类：（1）宇宙创生的原则，亦即是上帝的本质；（2）友情，对其他生物、其他人或其他具体事物的依附和渴望；（3）情感的吸引力，一种使人“着魔”的生理、心理或神秘力量；（4）热情的折磨，为了性爱或欲念所发明的东西和“变态”；（5）性关系，生殖或是一般欲念。英国哲学家、经济学家、历史学家休谟认为，两性之间的爱最值得我们注意，这种感情在它最自然的状态下是由三种不同的印象或情感的结合而发生的，这三种感情就是：由美貌发生的愉快感觉、肉体的生殖欲望、浓厚的好感或善意。①

所以，不论东方文化还是西方文化，对于爱情都强调它是人类的自然本性这一基本观点。不论是在哪种社会文化背景之下，爱情的发生必然是合乎自然本性和相应社会伦理的。

根据现代社会意义而言，所谓爱情，就是一对男女之间，基于一定的社会基础和共同的生活理想，在各自内心中形成的对对方最真挚的倾慕，并渴望对方成为自己终身伴侣的一种强烈、纯真、专一的感情。② 从这个角度而言，有一些所谓的恋爱，可能并不是真正的爱情。比如，“大学的黄昏恋”；预约分手，相互约定毕业就分手的；“三角恋”，同时跟几个异性以男女朋友关系交往。据此，真正的爱情要有如下条件：（1）必须产生于男女两性之间，是一种异性恋，而非同性；（2）是一种双向的而非单向的交互作用；（3）是来自内心的复杂的感情体验，而非简单的行为表现；（4）具有深刻的社会性，这是爱情的本质属性；（5）体现出专一性，这是关键的一点。

（二）爱情的基本特征

爱情是人类特有的现象，也是人类高度文明的体现，它作为人类一种复杂的心理现象，一种特定的社会关系，大体上具有以下一些基本特征。

---

① ［英］休谟．人性论．石碧球译，北京：九州出版社，2011.

② 王大钊．大学生婚姻解禁后的理性思考．青海师范大学学报（哲学社会科学版），2008（5）：150－152.

1. 自主性和互爱性

自主性指爱情是自发的、不可强求的；互爱性指爱情是你中有我、我中有你。当事人既是爱者又是被爱者，相互平等。就如《简·爱》描述的一般："你以为我穷、不好看，就没有感情吗？我也会有的。如果上帝赋予我财富和美貌，我一定要使你难以离开我，就像现在我难以离开你。上帝没有这样！我们的精神是同等的！就如同你跟我经过坟墓，要同样地站在上帝面前。"① 莎士比亚也曾说："爱情不是花荫下的甜言，不是桃花源中的蜜语，不是轻绵的眼泪，更不是死硬的强迫，爱情是建立在共同的物质和精神基础上的。"② 他在这里所说的"共同的精神基础"很大程度上指的就是感情基础，爱情双方的两情相悦，彼此爱慕。恩格斯则认为："现代的性爱，同单纯的性欲，同古代的爱，是根本不同的。第一，它是以所爱者的互爱为前提的；在这方面，妇女处于同男子平等的地位，而在古代爱的时代，绝不是一向都征求妇女同意的。"③ 爱情必须以双方自主互爱为前提，只有相互尊重和理解，用爱去交换爱，用信任去交换信任，恋爱关系才能巩固和发展，从这个意义上来说，任何强制、屈从、依附，都不是爱情。

2. 专一性和排他性

排他性是其他人际关系一般不具有的特征。男女一旦相爱，就会要求相互忠贞，并且排斥任何第三者亲近双方中的一方。使得爱情成为一对一的感情，也可以用"专一性"来表述爱情的这个特征。美国加利福尼亚大学洛杉矶分校关于情爱主题的研究人员做过一项测试：让 120 名恋爱中的人观看一些有吸引力的异性图片，然后要求他们写一篇可以是自己当前的恋人，也可以是其他事物的文章。测试中的要求是，你必须忘掉刚才看到的异性图片，如果想到一次，就做一次记录。测试结果显示，选择以自己恋人为主题进行写作的实验者，写作时想到其他异性照片的次数甚微。这项研究结果从一定程度上表明，爱情具有排他性。伟大的教育家陶行知也曾经说过：爱情之酒

---

① ［英］夏洛蒂·勃朗特．简·爱．张承滨译．哈尔滨：北方文艺出版社，2001.

② 岁月如刀．婚姻的温度冷暖自知．婚育与健康，2013（8）：37.

③ ［德］恩格斯．家庭、私有制和国家的起源．北京：人民出版社，2003.

甜而苦，两人喝是甘露，三人喝是酸醋，随便喝要中毒。[1] 爱情中，彼此是唯一，你是我的唯一，我是你的唯一。科学研究也证明，人类并不具备和多个人同时恋爱的能力，恋爱只针对一个人。爱情的专一性使人全身心投入、集中精力爱其所爱，不允许他人介入，彼此成为对方的唯一，专一性、排他性是衡量爱情的重要标尺。

3. 持久性和阶段性

爱情是男女双方的真诚相爱，渴望对方成为自己的终身伴侣，是一种极为强烈、持久的情感关系。它的持久性表现在爱情的不断深化、充实和提高上。正如莎士比亚所说："真正的爱，非环境所能改变；真正的爱，非时间所能磨灭；真正的爱，给我们带来欢乐和生命。爱情不是一枝昙花，而是一棵苍松。"爱情所包含的感情因素和义务因素，不仅存在于婚前的整个恋爱过程之中，而且延续到婚后的夫妻生活和家庭生活。然而，在现实生活中，我们为什么会看到那么多感情的破裂、恋人分手、夫妻离婚，这并非说明他们之间就不是真正的爱情，也并非证明爱情没有持久性，而是说明持久的爱情也需要我们去悉心维护。心理学大师弗洛姆在《爱的艺术》中写道："爱情与成熟度无关。如果不努力发展自己的全部人格，那么每种爱的努力都会失败；如果没有爱他人的能力，如果不能真正谦恭地、勇敢地、真诚地和有纪律地爱他人，那么，人们在自己的爱情生活中也永远得不到满足。"所以，我们需要在恋爱中不断成长和完善自我，才能获得一段持久的真正的爱情。当然，真正的爱情虽然不会随着年岁的增长而减弱，但人生的不同年龄阶段，爱情的表现会有所不同，具有阶段性。[2] 青年时期的爱情激烈浪漫，中年时期的爱情平淡稳定，老年时期的爱情是相知相守。

4. 社会性和道德性

爱情虽然是男女之间相互爱慕的私情，但它也是一种社会现象，必然要受到各种社会关系及社会因素的影响，受到法律规范的制约，还将涉及养儿育女、传宗接代的社会功能，因而爱情具有社会性。爱情并不是自己爱自己，

---

① 李康乐．浅谈大学生健康恋爱观的培育．新西部（下旬刊），2016（22）：140，143.

② 李会，鞠志梅．大学生恋爱观的相关调查与研究——以潍坊学院为例．山东青年，2017（1）：83－84.

“自我之爱”并不是爱情。爱情意味着两个人相爱，并发展为婚姻，组成家庭，生育后代，这样就产生了对所爱者（爱人）、对家庭成员、对下代的社会责任，包括经济的、法律的、道德的责任。列宁明确指出：“恋爱牵涉到两个人的生活，并且会产生第三个生命，即一个新的生命。这一情况使恋爱具有社会关系，并产生对社会的责任。”① 也有人指出：“社会主义社会的爱情，又是包含着对爱人的命运及将来的孩子的高度负责的态度，是一种人道主义的、深刻的、持久的感情。这也就是说，从一个人谈恋爱的第一天开始，就已经产生并将要继续产生新的社会责任。”同时，爱情有其独特的道德要求和伦理约束，是不容随意削弱和违背的。爱情要建立在志同道合、情投意合的基础上，坚决反对以钱取人、以貌取人；对待爱情要忠贞专一，以诚相对，反对移情别恋，朝秦暮楚；讲求恋爱文明，提倡健康交往，举止得体；摆正爱情的位置，正确处理爱情与事业的关系。

（三）爱情的发展阶段

在我国的文化环境中，爱情在大多数情况下应被视为男女之间的一种发展着的关系，而不是转瞬即逝的激情，是进阶发展的感情，具有动态的变化性、较强的灵活性、相对的稳定性这三大特点。关于爱情的发展阶段，主要有以下三种理论。

1. 爱情发展“三段”论

爱情发展“三段”论认为，一对恋人从相识、相爱到相守要经过三个阶段。第一阶段是选择、求爱阶段，这是恋爱的起始阶段，也是恋爱是否成功的关键环节。把这个阶段再细分为三个子阶段：首先，在心里初步设定一个对象，包括外在和内在的特征；其次，与心目中的他/她相遇；最后，开始想尽办法求爱。在恋爱起始的这一阶段，追求者会投入较深的感情。他们为了获取对方的喜爱，往往费尽心思、想尽办法，甚至不惜抛弃自己的兴趣、爱好等来适应对方。追求者的心境体验是相当美妙的。他们往往被所追求的对象迷住而陶醉，一想到对方就会如痴如醉。在求爱成功之后，男女双方进一步发展感情，继而进入爱情发展的第二阶段：热恋时期。在这个阶段，情感

---

① 熊复．马克思恩格斯列宁斯大林论恋爱婚姻和家庭．北京：红旗出版社，1982.

越来越滚烫炽热，语言越来越大胆奔放，爱情逐渐走向高潮。在这个时期，双方的感情交流比较直率、系统、深刻，两人各方面的关系向更大广度和更大深度发展。主要体现在以下三个方面：第一，思想交流比较深刻，内容涉及学习、家庭、工作、社会、人生等各个方面和领域；第二，心理相容程度较高，往往能宽容地接纳对方的一切。在他们眼里，优点是美的，甚至缺点也不是缺点，而是对方独特的个性，还常常主动为对方的不足找原因开脱；第三，理解对方的程度较高，在认识问题时往往能获得对方的认可，都能较高程度地理解对方。热恋高温退去之后，男女双方开始客观、冷静地认识和分析彼此的个性、生活等方面的特点及差异，进入了第三阶段：平稳发展时期。在这时候，恋爱双方开始考虑对方是否适合自己，将来在一起生活是否融洽、能否协调一致。这时的男女少了相恋时的新鲜、好奇、甜蜜，也少了热恋时无掩饰的感情炽热、奔放；能冷静地思考、权衡双方各自的优缺点，分析爱情的走向。这时的恋爱心理日趋现实和成熟。

2. 爱情发展“五段”论

爱情发展“五段”论，是由美国著名婚姻关系专家勒斯·帕罗特提出的，他认为相爱是两人一起行走的旅程，由五个不同的爱情阶段所组成，这些阶段依次出现在爱情旅途的不同季节，每个阶段都富有挑战性和良好的机会；如果能够顺利通过，就会使相爱的人赢得丰满的爱情生活，享受一生的幸福。第一阶段是浪漫阶段。这个时期是充满浪漫和温馨的，会把所有的精力都集中到对方身上。这个阶段也常常被一些学者称为“热恋期”或“共同依恋期”（Codependent Period），双方无论在心理空间上还是在物理空间上，都非常依恋对方，不论何时何地总是希望能“腻”在一起。意大利比萨大学（University of Pisa）的科研人员对正在热恋的情侣进行了大脑活动情况的监测。实验结果显示，恋爱时期的大脑活动特征随着恋爱时间的增加而明显减弱，恋爱的保鲜期一般是在 12 ~ 18 个月。很多人会感觉恋爱来得快，去得也快，就是这个道理。第二阶段是较力阶段。这是热恋期过后，充满张力的阶段。处于此阶段的恋人有一个十分突出的心理特点，就是想要自己的时间多一点，做自己想做的事情，尤其需要心理上和环境上的空间，自主性体现得更加明显和充分。有人将这个时期称作反依赖期（Counter Dependent

Period)。如果双方出现这种心理状况的时间不一致，其中一方就会感到被冷落。也就是说，这一阶段恋爱双方各自的特性更多地流露出来，相互之间的接触交往开始了某种拉锯战，需要深入了解，相互适应。顺利通过这个时期会走向更加成熟的爱情阶段。第三阶段是合作阶段。在这个时期，彼此的爱情又获得更多的能量和振奋，开始重新定义爱，赋予新的、更深刻的理解，逐渐明白爱是对害怕、争辩、对抗和伤害等负面行为的克服和抑制。第四阶段是相互依存阶段。经过前三个阶段的爱情历程之后，情侣之间的爱会更加稳定和成熟，两个人都已发生很大的变化，彼此的心靠得更近了。第五阶段是共同创造阶段。此时，深深相爱的两个人有了相同的认识，要为对方付出自己一生的努力。

3. 爱情发展“数学式”论

该理论用数学等式形象地比喻爱情发展的阶段，将其分为三个阶段。第一阶段是一加一等于一阶段（◎1 +1 =1）。这是你就是我，我就是你，我们两个人宛如一体的阶段。初恋与热恋处于这个时期，通常我们所颂扬的爱情，其实大多也是处在第一阶段。这一阶段也是幻想阶段。我把完美另一半的形象投射到你的身上，你也是如此，我们觉得美好极了。然而，一个事实却是，其实你没有真正看到我，我也没有真正了解你，激情要素占据了最高的强度。第二阶段是一加一等于零阶段（◎1 +1 =0）。在这一阶段，激情强度大幅度回落，是幻想破灭的阶段，也是绝大多数人分手的阶段。你是我人生痛苦的根本，我是你人生痛苦的所在，终于一点点地看到了真实的你，但真实的你和想象中的你怎么差别那么大，接受不了。于是希望通过争吵、斗争改变对方，再要回那个想象中的人。第三阶段是一加一等于二阶段（◎1 +1 =2）。这一阶段我是我、你是你，但我们在一起，并且真的感觉到我应该和你在一起。接受了那个真实的人，终于感觉到，以自己的真实存在，与对方的真实存在相处而生出的爱，才是最踏实、最真切的爱，承诺强度维持在最高位。

（四）爱情的心理理论

爱情是抓不住摸不着的，但是爱情的行为和心理可以去描写、解释和研究。爱情在心理学上是一个重要的研究课题，为什么一个人会爱上另一个人，不同的爱情心理学理论有不同的解读。

1. 约翰·鲍比的依附理论

该理论由英国心理学家约翰·鲍比于1950年提出，他长期从事婴儿与其照料者之间的情感依附研究，通过对人类本初感情表达方式的研究从而延伸到了成人的爱情表达方式的理论解释。他通过观察婴儿和幼童在和主要的照顾者分离一长段时间后的行为，发现婴儿在成长过程中会对主要的照顾者产生情感上的依附。当和主要照顾者分离时，婴儿会产生情感上的挫败感。具体来说，当人类或是灵长类幼儿在和母亲分离时，会产生一连串的情绪反应：首先是抗议，包括哭闹、寻找、不让别人安慰；其次是失望，这是一种被动的状态，会有明显的悲伤；最后是冷漠，母亲再回来时，表现出防卫性的忽略或是躲避。从而他提出了三个依附的原则：一是当一个人有自信他/她的依附人物会因为他/她的需要而出现时，他/她比没有这种自信的人较不会强烈地或长期地害怕；二是这种对于依附人物的自信的有无是在不成熟期（婴儿期、孩童期、青春期）中慢慢培养而成的，而且在往后的日子里都很难改变；三是个人在不成熟期所培养的对于依附人物的可接近性和情感交融的期待相当程度反映出个人实际所有的经验。他将这种依附的情感反应模式和成人浪漫爱的特质进行了比较，见表1-1。

表1-1　依附的情感反应模式和成人浪漫爱的特质比较

依附的情感反应模式	成人浪漫爱的特质
依附链接的形成和特质要视依附对象敏感度和情感交融而定	爱的感觉和我们对于（真实的或是虚构的）爱情对象的兴趣、回报和具有强烈的欲望有关
依附对象提供一个安全的基地，婴儿感到有能力和安全感去探索	爱情对象真实的或想象的回报会使得一个人感到有自信和有安全感等
当依附对象出现时，婴儿会比较高兴，对挫败的容忍度也提高，也比较不怕陌生人，等等	当爱情对象被认为是回报的，爱人者就会更高兴，对一般生活也有比较正面的看法，对人比较友好和善
当依附对象不在或是不够敏感时，婴儿就会焦虑、心不在焉、不能自由探索	当爱情对象表现出漠不关心或是拒绝，个人就会焦虑、心不在焉、无法专心等
依附行为包括：寻求亲近或是接触——抱、触碰、爱抚、接吻、摇晃、微笑、哭泣、跟随、紧抓等	浪漫爱的表现：希望和爱情对象在一起，和爱情对象拥抱、触碰、爱抚、接吻和做爱、微笑和大笑、哭泣、紧抓、害怕分离等
当害怕、受挫、生病、受威胁等，婴儿会寻求和依附对象有身体上的接触	当害怕、受挫、生病、受到威胁等，爱人者会想要被爱情对象所拥抱和安慰

续表

依附的情感反应模式	成人浪漫爱的特质
在分离或失落时的痛苦：哭泣、呼喊依附对象、企图找到依附对象，如果可能找不到时，会感到悲伤或无精打采	在分离或失落时的挫败：哭泣、呼唤爱情对象、希望找到爱情对象、假如不可能相见会变得哀伤和无精打采
和依附对象重逢时，婴儿会微笑，并且会发出欢迎的声音或是哭泣，跳跃并且傻笑，接近依附对象，希望被抱等	和爱情对象重逢时，或者当怀疑爱情对象会不会回报却得到回报时，爱人者会感到狂喜，拥抱爱情对象等
婴儿会和依附对象分享玩具、新发现，等等	爱人之间喜欢分享经验、交换礼物等，并且想象爱情对象对于有趣的景观会怎样反应等
婴儿和依附对象会长时间注视对方。婴儿似乎会对依附对象的身影感到着迷，并且喜欢人家碰他的鼻子、耳朵、头发等	爱人之间常会长时间注视对方，迷恋对方的身体特征，并且喜欢探索对方的鼻子、耳朵和头发等
婴儿感到和依附对象融为一体，随着发展，常常会对于平衡融合和自主感到为难	爱人之间有时会感到和爱情对象融为一体，平衡融合和自主，经常是关心的问题
虽然同一个时间婴儿可能依附很多人，可是通常只会有一个主要的关系，有一个依附的层级关系	尽管许多成年人觉得可以而且也证实“爱”不止一个人，可是强烈的爱却经常在同一个时间只会爱一个伴侣
分离、母亲的不回应等，到达某一个程度，就会增加婴儿依附行为的程度（寻求亲近、紧抓等）	逆境（社会不赞许、分离等）到达某一个程度会增加爱人之间感情的强度，并且相互许下誓约
婴儿轻声细语、唱歌、说婴儿话等，妈妈混合着说一些婴儿话和妈妈话等，有很多非口语的沟通	爱人间轻声细语、唱歌、学婴儿说话、使用母性的温柔腔调等，他们之间的沟通多半是非口语的
反应灵敏的母亲会察觉到婴儿的需要，懂婴儿的心理等，有很强的同理心	爱人之间感受到神秘的被了解和被体谅，有很强的同理心
婴儿所体验到的依附对象是很有力量的、慈爱的、无所不知的等。在发展的早期，好的依附对象和坏的依附对象在婴儿心理上是有区别的	爱人之间刚开始会忽视或否定爱情对象的负面质量而把爱情对象看成是强有力的、特别的、至善的、奇迹的等
当关系不顺的时候，婴儿会焦躁。婴儿对依附对象的赞同或是反对也会特别警觉	在爱情关系稳定之前，爱人之间对于爱情对象的回报与否的讯号相当敏感，情感（从狂喜到失望）都系在这些讯号上
婴儿对于依附对象的同意、鼓掌、注意等会表现出相当的快乐	至少在两人关系的早期阶段，爱人之间的最大幸福都来自爱情对象的赞同、注意等

2. 亨德里克的颜色理论

加拿大心理学家亨德里克（Hendrick）认为，爱情不能采用单一向度来测量，在他收集了从古希腊时代到 19 世纪 70 年代数百篇文献之后，整理出四千余种对爱情的描述，进而用色彩隐喻作为象征论的基础，提出了爱情的颜色理论，将爱情分成三种主要类型：第一种是情欲之爱（Eros），又称为浪漫爱，一见钟情式的爱情较容易发生在这种类型之中。情欲之爱者通常有如下表现：注重外表的吸引力，碰到与心中理想形象相符的人，会热烈地追求。从坠入爱河的那一刻起，他们会记得所有两人一同经历的事情。他们渴望知道对方的一切，无论悲伤、喜悦，或是过去的经验。约会时会有明显的生理反应，如流汗、心跳加速、性爱的需求，等等。他们希望与情人有共同点，星座、血型、情侣装、同样的食物等。爱听对方爱的承诺，且往往很快就会与对方发生性关系。第二种是游戏之爱（Ludus），具有“游戏之爱”特质的人，多是以自我为中心的人。他们通常具有下列特点：将爱情视为一场游戏、视自己为这场爱情游戏中的高手，且认为爱情是一种束缚。将性视为欲念的发泄或是游戏所得的战利品，如何证明自己的优越是他们最在乎的事。他们最关心自己在这场游戏中是否能成为胜利者。因为不愿意被爱情束缚，他们常常脚踏多条船，同时与好几个对象交往，或不断地换对象以寻找游戏中刺激的感觉。比起其他类型的人，他们对于情人的外貌或其他条件似乎较不在意，在一起同乐（Have Fun Together）才是更重要的。第三种是友谊之爱（Storge），具有“友谊之爱”特质的人对爱情比较后知后觉。这种类型的情侣常见的特征是：和情人的关系是比较慢热型的，通常采用渐进的方式进行。经常是先从朋友做起，到后来才慢慢发展成为一对恋人。在交往的过程中，往往可以感受到信赖、平和与温馨。与情人身体上的亲密接触或性行为发生的较其他爱情类型迟，也较不激烈，但并不影响他们在过程中所获得的快乐与满足。通常这种类型的恋爱双方即便分手也能成为好朋友，并维持良好的友谊。

以上三种爱情类型就如同颜色的红绿蓝三原色一样，三种主要原色可以再混合，又组成后三种次要的爱情类型。第一种是现实之爱（Pragma）。具有“现实之爱”特质的人，兼备“游戏之爱”与“友谊之爱”的冷静、平稳。他们的主要特点包括：会站在现实的角度上，选择最符合其条件的情人。这些条件包括家庭背景、学历情况、个人能力、未来成就等。在交往的过程中不时地敦促情人努力向上，以增加他的“价值”。只要认为与对方交往是合算的“交易”，就会继续对这关系保持忠诚，并将之视为“爱”。反之，一旦他们觉得对方不再值得，就会提出分手的要求。因此，此类型的人，对于心上人的一切客观条件都考虑得很清楚，是十分讲究实际的爱情风格。第二种是激情之爱（Mania）。具有“激情之爱”特质的人兼有“情欲之爱”的浪漫激情与“游戏之爱”的好胜心，对情人有强烈的依赖感、占有欲及嫉妒心。他们的主要特质包括：因为对情人有强烈的依赖感与占有欲，所以短暂的分离会使他们焦虑，担心两人间会发生什么不好的事情。当与情人之间发生问题时，会时时刻刻沉浸在事件中，无法专心面对工作、学业或其他事情。他们的嫉妒心有时会大到不可理喻的地步。他们的情绪经常呈现出两极分化的现象，自己的情绪是由恋爱对方的喜怒哀乐而牵动的。第三种是奉献之爱（Agape）。具有“奉献之爱”特质的人兼有“情欲之爱”的深情与“友谊之爱”的坚定，以对方为中心，为求情人的快乐不断付出且常不要求回报。①他们的主要特质包括：尽心付出自己的一切只为求得对方的快乐。同时对自己能获得什么并不刻意要求，往往以对方为中心。他们总轻易地原谅情人犯的错，视付出爱情为理所当然，永远把对方的快乐、幸福放在自己的前面，希望爱人一切都好，而不求回报。②

因此，亨德里克的颜色理论将爱情分为六大类型，即三种主要类型和三种次要类型，如图 1-1 所示。并且，他在研究中发现，纯“奉献之爱”的人是非常罕见的。

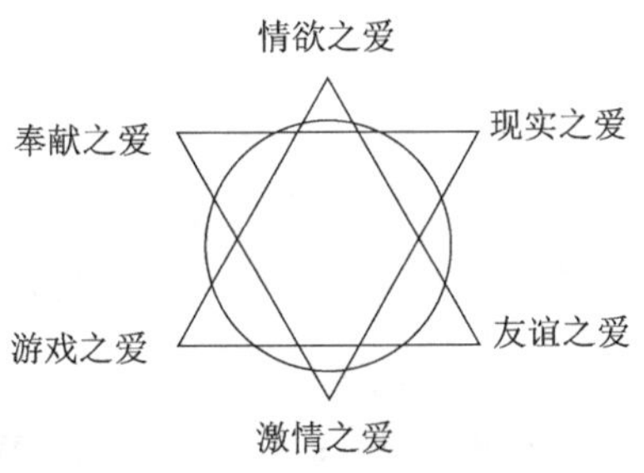

图 1-1　爱情颜色类型

3. 斯滕伯格的三角理论

美国心理学家斯滕伯格于 1986 年首先提出该理论，他认为完美的爱情由

---

① 潘诚，等．爱情观研究综述．科教文汇，2012（13）：178.

② 谢鸿斌，等．大学生恋爱态度类型分析．现代企业教育，2013（6）：179.

激情、亲密和承诺三个基本元素组成。亲密主要来自恋爱关系中的情感投入；激情是爱情中的性欲成分，是情绪上的着迷；承诺指维持关系的决定期许或担保，是个人内心或口头对爱的预期，是爱情中最理性的成分。亲密是橙色的，代表“温暖”；激情是红色的，代表“热烈”；承诺是蓝色的，代表“冷静”。这三个元素可以看作一个三角形的三个顶点，但这个三角形也只是个比喻，并不是绝对意义上的几何图形，如图 1-2 所示。

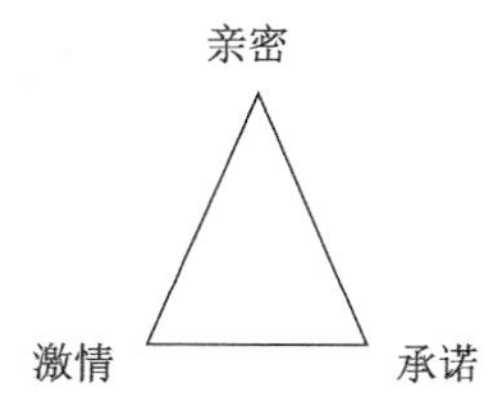

图 1-2 爱情三要素

斯滕伯格对三个元素进行过深入的描述和分析。首先，亲密要素指爱情关系中的亲近感、关系感，以及一体感在爱情关系中创造出一种温暖的经验。亲密是加油站，没有亲密，爱情容易枯竭。斯滕伯格结合鲁宾特拉伯都等学者的研究，把亲密因素分成十个要素：渴望自己能促进被爱方的幸福感；与爱人共享喜悦；对爱人高度关注；在需要得到帮助时能指望爱人；与爱人互相理解；与爱人分享自我与所有；从爱人那里得到情感的支持；为爱人提供情感支持；与爱人亲密交流；珍重被爱方。其次，激情要素指在爱情关系中导致浪漫、身体吸引、性结合等的驱动力，主要是性的需求，也包括其他需求：寻求自尊、和别人发生关联、支配他人、臣属他人，以及自我实现。激情是一种“强烈地渴望跟对方结合的状态”，也就是见了对方就有怦然心动的感觉，和对方相处时则有一种兴奋的体验。个人外表和内在魅力是影响激情的重要因素。激情是爱情的发动机，没有激情，爱情就缺少了生存和发展的原动力。最后，承诺要素包含短期和长期两个部分。短期是指决定自己爱上某个人，而长期则是承诺维持爱情关系，包括对爱情的忠诚和责任心。一份值得期待的爱情既有短期承诺又有长期承诺，但是一份恋情中不一定同时具备这两种承诺，有的人愿意爱一个人，但是不一定愿意承担责任。有的人一生都处于和某人的关系中，却从不承认爱着这个人。承诺是安全气囊，缺少承诺，爱情危险概率就大大上升了，时刻有瞬间崩溃的危险。

因为激情是滚烫的火种，点燃心中的火焰，将爱情推向高潮；亲密是心灵的依恋，带来温和与愉悦，成为心心相印的伴侣；承诺是担当的持守，满足对方需要，让恋爱变得冷静与成熟。所以，想要获得完美的爱情，三者缺一不可，少了任何一个要素都只是残缺的爱情，如图 1-3 所示。

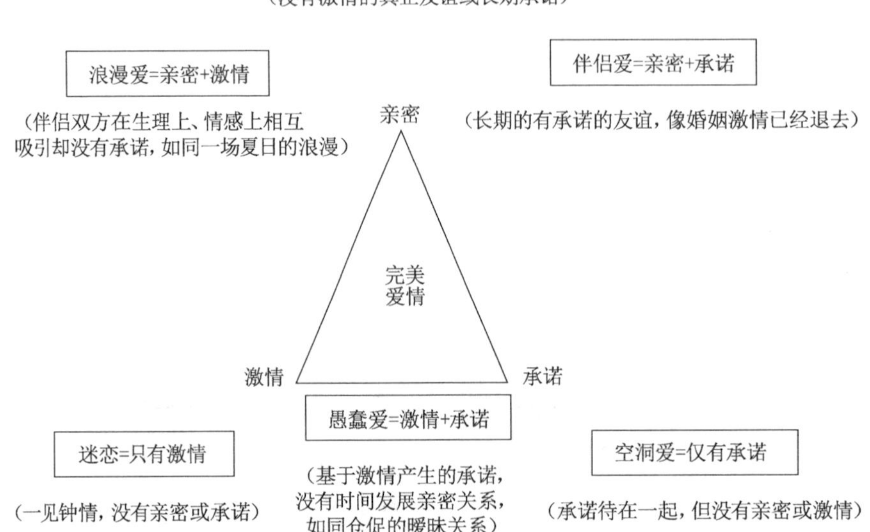

图 1-3　“残缺”的爱情

然而，现实生活中往往很难追求到永久的完美爱情。就连斯滕伯格本人都曾说，获得完美的爱就像减肥一样，保持短时间是可行的，但很难坚持长久。① 正是因为如此，在恋爱过程中，就必须对对方多一份信任和理解，多一点责任和奉献，这样才能在最初的热情慢慢退却、双方的摩擦和矛盾来临时将爱情进行到底，收获永久的幸福。并且三要素在爱情发展的过程中并不是一直保持不变的，也就是说，爱情三要素形成的三角形三边是不等长的，每个要素在强度和时间上是有差异的，如图 1-4 所示。随着时间的推移，激情会一点点退去。

① ［加］克里斯多福·孟．亲密关系：通往灵魂的桥梁．余惠玲，张德芬译．山西：山西经济出版社，2011.

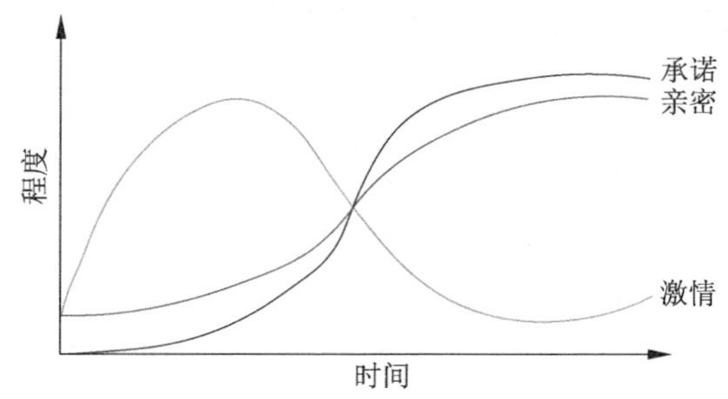

图 1-4　爱情三要素的发展过程

这时候，亲密和承诺会稳步上升，直到最后三者达到一个平衡的状态：激情只占很少的比例，而亲密和承诺才是主旋律。或许这时候的爱情并没有那么激烈，但是更加美好，两个人相知相守，幸福生活。总之，三个因素既相互独立又相互影响。但是在不同的关系或者一段关系的不同时间内，它们的重要程度是不一样的。

每一个人都有自己的爱情三角理论，每个人的爱情三角理论中，亲密、激情和承诺的比例又各不相同。作为恋爱的主体，只有明白自己的爱情三角论中各个因素所占的比例，并努力找到那个爱情三角理论与自己非常相似的人，才有可能获得更加甜蜜的爱情。

二、 婚姻的概念

文明时代的婚姻在个人和社会生活中都具有重要意义，因此，人们对它有着经久不衰的兴趣。婚姻在各个时代都是哲学家、文学家、社会学家、心理学家、教育学家、历史学家等谈论和研究的重要话题，不少学者还试图总结出成功和失败婚姻的“模式”。然而，不管是成功或是失败的婚姻，都并非千篇一律的。不过，公认的一点是，深入了解婚姻的概念内涵是获得成功婚姻的基础。

（一）婚姻的基本概念

从通俗意义上来说，婚姻就是男女双方在平等自愿的基础上建立的长期契约关系，泛指适龄男女按照婚姻法在经济生活、精神物质等方面的自愿结合，并取得法律、伦理、医学、政治等层面的认可，双方共同生产生活并组成家庭的一种社会现象。但从不同学科角度对“婚姻”的概念有不同的定义和理解。

1. 婚姻的人类学概念

“婚姻”自人类学产生之初就是其研究的重要主题之一。不仅因为婚姻至今仍是大多数社会生活的重要组成部分，也因为婚姻作为人类社会的一种制度文化，是我们了解社会的一个重要切入口。因此，人类学家们对婚姻进行了广泛而深入的研究，试图从婚姻研究中寻求到理解人类社会的路径。中西方人类学者因时代和学派不同，对婚姻的解释亦不同。芬兰著名人类学家韦斯特马克（Edward Westmark）认为：“婚姻是得到习俗或法律承认的一男或数男与一女或数女相结合的关系，并包括他们在婚配期间相互所具有的及他们对所生子女所具有的一定的权利和义务。”① 而美国著名人类学家默多克（G. P. Murdock）则指出：“婚姻必须既包含性关系又包含经济关系，没有经济合作关系的性结合是常见的，同时也存在着男女之间有劳动分工而不包含性的满足的关系。比如，在兄弟姐妹之间、主人与女仆之间或雇主与秘书之间等。但是，只有当经济与性结合在同一种关系之下时婚姻才成立，而这种结合也只有出现在婚姻关系之中，即婚姻仅仅存在于当经济的功能和性功能结合为一种关系之时。”凯瑟琳·高富（Kathleen E. Gough）则将婚姻视为“建立在一名女子与一名或几名其他人之间的一种关系，用以确立新生婴儿的合法性，并使其成为社会所接受的一分子”。② 国内人类学者们童恩正认为：“婚姻的内容是两个或两个以上的男女之间建立的为社会所公认的性和经济的联合，是其产生的后代合法化，同时在丈夫和妻子间，肯定一种相互的权利和义务。”

2. 婚姻的社会学概念

婚姻，是社会生活有史以来最基本的群体，无论是人类社会的生存和发展，还是个人需求的满足和个体成长的完善，都离不开婚姻的创建和存续。从人类社会出现以来，人类婚姻群体内“最初的结合”越来越受到风俗、伦理和法律各方面的影响，使两性结合越发趋于规范。时至今日，婚姻从表现

① ［芬兰］爱德华·亚历山大·韦斯特马克．人类婚姻史．李彬，等译．北京：商务印书馆，2015.

② 黄家遵．中国古代婚姻史研究．广州：广东人民出版社，1995.

形式上来看，是双方财富、心理和生理上的结合；从本质上看，是双方一种特定的社会盟约。概括来说，从社会学角度看，婚姻是男女之间以社会认可的方式结为夫妻、成家立业的主要形式，是人们为了维持正常的社会生活、社会风俗和法律规范化的一种特殊社会关系、社会行为。对于婚姻的目的，不同的国家，不同的历史时期，不同的社会背景，有不同的表述。我国古代一直以“上以事宗庙，下以继后世”为婚姻的目的，结婚的目的是生养和教育下一代、夫妻之间的互相抚养及满足彼此的性要求；近现代各国法律也对婚姻的目的做了种种规定，但透过这些表面的目的，我们可以发现它们有一点是共同的，那就是它们都强调结婚的双方必须“共同生活”。这既是婚姻对当事人主观心理状态的要求，也是一直为人们所追求的婚姻在理想层次的含义。① 德国社会学家L·穆勒则认为，人们通过婚姻结合的动机不只在于满足性需求，还有更复杂的动机。他将其归为三种，即经济、子女和感情。在古代社会，婚姻的主导动机源于妇女是创造财富的活动工具，娶妻是为了增加劳动力，人的性欲在婚姻之外可以得到满足。在这基础上，L·穆勒认为上古时代，经济第一，子女第二，爱情第三。人类婚姻史的第二时期，由于妇女劳动范围逐渐变小，财富及继承问题日趋突出，于是个人的至亲骨肉便成了婚姻的主导动机。这个时候的婚姻是为了生育合法的儿女和照管家室。在此基础上，L·穆勒认为中古时代，子女第一，经济第二，爱情第三。第三时期，妇女社会地位起了变化，个人自由成为社会生活的基本准则，其次才是生儿育女和权衡经济。但是，在现代社会中，经济和子女这两个因素在婚前考量和婚后占有的比重仍然占重要地位。所以，L·穆勒认为现代社会，爱情第一，子女第二，经济第三。

3. 婚姻的法学概念

婚姻因自然的、社会的状态不同而形态各异，这使得给婚姻确定法学概念比较困难。但是婚姻作为婚姻法的调整对象，其概念是整个婚姻法学的研究基石，其地位相当于民事行为概念在民法学中的地位。所以，“婚姻”在法学上必须有一个明确概念。一些国家已经在法律或法案中对婚姻做了明确界定。比如，《葡萄牙民法典》第1577条就婚姻做了如下定义：“婚姻是两

① 韩晓露．简约：颠覆传统婚约．观察与思考，2003（9）：30－32.

个异性人之间根据本法典的规定，意在以完全共同生活的方式建立家庭而订立的合同。”① 美国众议院于1996年7月通过的旨在限制同性恋结婚的《“捍卫婚姻”法案》制定的婚姻概念是“一个男人和一个女人的结合”。而我国的婚姻法则认为婚姻应当是“一男一女的法定结合”。这一概念规定源于男女因为婚姻结为夫妻，组成家庭，生育子女的历史传统，其内在的要素是强调男女两性的结合及由此产生的夫妻关系的合法性。具体来说，它应涵盖以下三层含义：（1）以男女两性结合为基础，这是婚姻自然层次上的含义。男女两性的生理差别和人类固有的性本能，是婚姻赖以形成的自然因素，也是婚姻固有的自然属性，这种自然属性是婚姻关系区别于其他社会关系的重要特征。尽管存在着以同性结合为基础的同性婚姻，但纵观整个婚姻发展史，以男女两性结合为内涵的婚姻是主流形式。（2）以共同生活为目的，这是婚姻在理想层次的含义。所谓“共同生活”，是指夫妻双方居住在一起，组建一个共同的家庭，作为家庭成员共处一个生活消费共同体中。一般情况下，还包括夫妻之间的性生活和夫妻间的互敬互爱。（3）具有夫妻身份的公示性，这是婚姻在现象层次上的含义。它要求婚姻双方当事人应具有公开的夫妻身份，一是男女双方必须以夫妻名义同居生活，周围群众也认为他们是夫妻；二是夫妻身份只要为公众认可，不需要具有合法性。

（二）婚姻的主要形式

从古至今，婚姻在人类的生活中占据了至关重要的地位。可以说，婚姻是社会主要组成单位——家庭产生的前提。但在历史发展中我们知道，人类的婚姻存在形式及结合方式，受人类社会环境的影响。不同时代、不同地区的社会环境，造就了多样的婚姻模式及结合方式。全世界的婚姻可分为单偶制和多偶制。前者指两个男女之间合乎法律（或风俗）的性与生育关系，即一夫一妻制；后者指至少三个男女之间的这种关系，又分为一夫多妻制和一妻多夫制。

1. 一夫一妻制

一夫一妻即指一男一女的单偶结合方式。迄今为止，世界上绝大多数的

---

① 米也天．澳门民商法．北京：中国政法大学出版社，1996：162.

文明国家，在其主流社会的婚姻模式中，仍然遵循着一夫一妻的法律制度和道德规范。但也有部分地区或宗教国家，如中东和非洲的一些原始部落，依旧执行一夫多妻或一妻多夫的多偶婚姻制。西方自古以来从法律上就规定了严格的一夫一妻制。从古希腊、古罗马到中世纪欧洲，再到近现代，莫不如此。古罗马法学家莫德斯丁称，“婚姻是一夫一妻的终身结合，神事和人事的共同关系”。即便贵为皇帝或国王，也不例外。西方帝王基本没有妻妾成群、嫔妃如云的情况。他们只能有一个配偶，同普通百姓一样。在中国古代，男尊女卑，女子受男子统治，女子只能嫁给一个丈夫，而男子特别是剥削阶级的男子则可以实行重婚、纳妾的一夫多妻制。民国以后倡导一夫一妻制，新中国成立后法律确定为一夫一妻制。现代的一夫一妻制婚姻，要求以爱情为基础，倡导平等自愿，相互理解和支持，但由于夫妻双方独立性的增强，在保持爱情长久性方面容易出现问题，所以现代家庭离异现象日趋严重。

2. 一夫多妻制

一夫多妻制是指一个男性同时娶多位女性作为妻子的婚姻制度。它始于母权制后期，为父权制婚姻形式的特点，是生产资料私有制的产物；最初择妻范围多限于姊妹，进入阶级社会后，性质改变了，择妻范围更广。美国人类学家默多克在《世界民族图志》里统计了 1170 个社会，其中，850 个社会实行一夫多妻制，那些严格实行一夫一妻制的社会也经常遗有一夫多妻婚姻的残余。我国的回族、藏族、门巴族、独龙族和佤族等民族及部分地区，在 1949 年前还不同程度地保留着一夫多妻制。据称，乌尼奥罗人的酋长一般须娶妻 10 ~ 15 人，否则与其酋长地位不相称。目前，尚有塞内加尔、乌干达、苏丹等国家依然实行一夫多妻制。古代的中国一名男子也可以娶多位女子，但传统中国男子的配偶只有一位是正妻，其他的都是。一夫一妻多妾制始于上古时代，这也是实际上的一夫多妻。持有“存天理，灭人欲”理念的朱熹认为，“一夫一妻多妾”本质上是“三妻四妾”，三妻四妾是人欲，一夫一妻才是天理。

3. 一妻多夫制

一妻多夫制是指一个妻子同时有多位丈夫，或者多个男子同时娶一个妻子的婚姻制度。在世界婚姻总量中，大量存在的是一夫一妻的婚姻，占

75.42%，一夫多妻婚占24.28%，这两种婚制主要出现于经济高度分层、妇女创造的经济价值较低，实行聘礼和嫁妆的社会。至于一妻多夫婚姻，只得到少数社会的认可，比例相当低，仅占0.3%，集中分布在三个地带：北极地区、青藏高原及南印度和毗邻的斯里兰卡。新中国成立前，一妻多夫制还保留在藏族、珞巴族、门巴族及一部分纳西族中。藏族传统的一妻多夫家庭有兄弟共妻、朋友共妻和极个别的父子共妻几种形式，其中最主要、最普遍、占绝大多数的为兄弟共妻。1949年前，在今甘孜地区境内调查的45户一妻多夫家庭，其中兄弟共妻44户，共101名男子，平均每户2.3人，非兄弟共妻家庭1户，丈夫2人。多夫家庭的夫妻关系也有特点。在昌都，对多夫家庭的妻子，社会上有一种普遍的评价标准，如果能搞好几兄弟的团结又孝顺父母，一家和睦相处，则认为很贤惠，受到舆论的称赞。反之，如果兄弟婚后闹着要分家，则说妻子偏心，会受到舆论的指责。在当地这种观念根深蒂固。

婚姻的形式是多种多样的，除了以性别组合不同而形成异性和同性两种婚姻形式以外，还存在着试婚、隐婚、形婚、裸婚、闪婚等多种形式，随着社会的发展，同性结合也逐渐被认同。比如，丹麦、挪威、瑞典、芬兰、瑞士等国家都承认同性婚姻。今后，婚姻形式的多样性和复杂化必将成为一种趋势。

（三）婚姻的构成要素

婚姻是人类社会发展到一定阶段的产物，是男人与女人共同生活的载体和基本状态。不管是从婚姻的人类学概念、社会学概念，还是从法学概念，社会主流婚姻都必须由男女双方这一主体构成。但是婚姻除了涉及男女双方这一主体之外，还包括其他许多内容，远比爱情来得复杂。所以我们也才会有“爱情是两个人的事，婚姻是两个家庭的事”的说法，男女双方一旦结婚，不只是建立了彼此的感情关系，还涉及双方的人身关系、财产关系、权力关系、亲属关系等方面，如果有了孩子，还包括亲子关系。因而所涉及的活动内容也远比两人的爱情要丰富，除了共同的情感生活，还包括了共同的经济生活、社交活动、性生活等。正因为婚姻的内容更加复杂，涉及的问题自然也就更多，历来是为社会所重视的。因为婚姻是人类社会的基本组成单位，它的稳定与否，关系着整个社会的安定。所以，维持婚姻的稳定具有特殊的社会意义，认识和了解幸福婚姻的构成要素有利于帮助我们获得稳定的婚姻。

1. 精神世界的满足

人类作为高级情感动物，区别于其他动物的根本特征在于具有意识和思维。而情感作为人类的高级思维，随着社会发展也是人类越来越需求和追求的。人是群居动物，是具有社会性的，不管是肉体上还是精神上的长期孤独都会给人带来意想不到的伤害。所以人们需要爱情、需要婚姻，婚姻是将爱情中的情感需求锁定在特定的对象身上，相互情感上的付出和获得，能够使夫妻双方的精神世界得到满足，同时也能维持婚姻的稳定。当然，婚姻中男女双方的情感是多种多样的，并没有统一的模式，精神世界是否得到满足也因婚姻主体的不同而不同，关键在于两个人是否能够同频。比如，同样是表达爱意，可以是强烈、丰富、热情奔放式的，也可以是含蓄、温柔、和风细雨式的，只要一方喜爱的表达方式同样也是另一方喜欢或者接受的，那么两个人的情感就会比较和谐地发展，同时，也会感受到精神世界的满足。所以，在婚姻中我们很重要的一点就是让对方知道你喜欢什么或不喜欢什么，尽量避免不必要的伤害感情的举止和行为。

2. 经济合作的需求

婚姻比爱情的意义丰富，很突出的一点表现在于婚姻直接产生“家庭”。而家庭作为社会结构的最基本单元，具有整个社会的全部属性。在当前商品经济社会中，首先表现为“经济合作”的特性。其实婚姻的经济合作需求历来就有，并且一直保持到现在，比如古代的和亲、现代的联姻。作为一个家庭，无法不在商品社会里去经济活动。就算在过去传统的“男主外女主内”的家庭模式中，经济合作需求也是充分体现的，家庭的全部资金来源于男性的收入，但女性对其有一定的支配权限，相当一部分家庭日常开支是由女性掌控的，这可以说是一种特殊的经济共同体。而在现代社会，提倡夫妻平等，这种平等不仅包括观念上、地位上，也体现在经济上，主要表现就是现代女性走入社会的机会极大地增加，职业女性的经济收入有时可能会超过她们的丈夫。因此，婚姻作为经济共同体的特征就更加明显。无论是只有婚姻中一方有经济收入还是双方都有收入，这些收入都是为了维持这个家庭的正常运转，并使家庭生活水平维持在一个比较令人满意的水平线上，这对保持家庭的稳定性有很大的意义和作用。

3. 日常家务的平衡

由婚姻缔结的家庭关系，将没有血缘关系的男女双方安排到了同一个屋檐下，共同在一个空间内生活。这个家庭是男女双方共同拥有的，日常生活中的所有事情也理所当然是两个人的，夫妻互相帮助，共同承担日常家务是维持幸福婚姻的必然选择。在现实婚姻生活中，重大事件不是经常遇见的，更多的是柴米油盐酱醋茶的琐事，比如收拾房间、洗衣做饭、送孩子上学等小事情。如果丈夫思想上不重视，把这些小事一概推给妻子，那么长此以往损耗的不仅是妻子的精神和体力，还会使妻子心中产生一种不公平的感觉。而一旦出现了这种感觉，家庭很快就会失去往日的平静，平时文静的妻子会变得唠叨起来，如果男人不予理睬，唠叨便会一步步升级，最终给美满幸福的婚姻带来伤害和威胁。所以，婚姻生活中的日常家务并不是我们可以忽视的小事，随处可见的小事就是大事，夫妻双方是否能够做好日常家务的平衡是保持婚姻稳定美满的重要构成要素。

4. 亲密关系的和谐

受我国传统文化的影响，对“性”我们谈之甚少，甚至避而不谈。但是“性”就像穿衣吃饭一样，是人们正常的生理需求。在美国著名社会心理学家马斯洛的需要层次理论中，性需求属于第一层次的需求。进入婚姻的夫妻间在众多关系之中，很重要的一点就是建立了躯体的亲密关系——性关系。在原始社会的蒙昧阶段，人们实行的是群婚制，“只知其母，不知其父”，当人类进入文明社会以后，建立起了一整套的道德伦理体系，家庭开始出现，婚姻将性伙伴固定在夫妻之间。比如，古代的“三纲五常”中就有一条“夫为妻纲”，不论其合理性，这体现了人们对夫妻关系的重视程度。再比如，现代社会用法律的形式加以强化夫妻关系，只有法律上承认的婚姻，法律才予以保护，更是对夫妻关系的一种高度关注。夫妻间的性生活是否和谐对婚姻的稳定具有重要的影响。现代婚姻心理学家研究发现，性生活可以适度地调节夫妻关系，如果夫妻能享受他们性生活的乐趣，就能促进和增强彼此的感情和依赖。

5. 家庭后代的养育

单从爱情的角度来看，结婚并不是必然的，也不一定是必要的。每个人都知道，情感这种事物是易变的，承诺能够约束行为，但是不能约束情感。所以可以清晰地看到，婚姻承诺的是忠诚，以及相互之间的权利和义务，而不是情感。所以从起源上说，婚姻的重要作用和目的之一就是生养后代。那么，与此相对应的问题就是如何将一个幼小的生命培养成为具有自身价值和能够独立生活的个体是婚姻中的一项内容。尽管中国目前出现了只要“二人世界”，而不进入“三分天下”的丁克家庭，但那毕竟是少数人群的选择，大多数的夫妻仍然把培养教育孩子列为家庭里的头等大事。各个家庭也都无法回避这个问题，处理得好，家庭幸福和谐美满；处理得不好，就会产生许多麻烦，小则引起夫妻间的矛盾争吵，大则甚至会引起婚姻的破裂。

（四）婚姻的不同类型

有的人把婚姻比成“围城”，外边的人想冲进去，里边的人想冲出来，这虽好似玩笑，但说明一些人对婚姻缺乏理性的认识。因此，理智地认识婚姻家庭关系的本质特征和类型，对已经进入“城内”或准备“进城”的人来说的，都是不无益处的。

1. 婚姻的四分法

将婚姻中的男女形象地比喻成两个圆圈，根据两者的相离、相交、重合关系将婚姻分为四种。第一种是纯真完美型。这种类型的婚姻即典型的“你侬我侬”，恋爱的对象刚好也是结婚的对象，另一半正是爱情发生的对象，这是一个同心圆，爱情很纯真，婚姻很美满。第二种是正常规矩型。这一婚姻类型的两个人有一些交集，交集越大的家庭越稳固，交集越小的就越容易动摇。要做到第一种不是很容易，如果能够做到第二种，两个人规规矩矩的，也能维持正常的婚姻。第三种是混杂不稳定型。如果爱情与婚姻是两个个体，没有交集，所爱的人不是结婚的对象，所在一起生活的另一半根本不是所爱的人，那么两个人是没有关联性的，这样的婚姻自然是不稳定的。第四类是错乱冲突型。如果婚姻中的两个人不但没有交集而且还有冲突与矛盾，所爱的人根本没有办法在一起相处，不但不爱对方还很讨厌对方，勉强在一起，非常痛苦，要分开又无奈。这是问题最大的一种婚姻类型。

2. 婚姻的五分法

根据婚姻中男女双方的相处模式，我们可以将婚姻分为五种。第一种是习惯冲突型。这一类型的婚姻以不断出现争吵和分歧为特征，“大吵三六九，小吵天天有”。但这些夫妻的婚姻却在争吵和冲突的基础上不断成熟，以某种方式发现冲突和解决冲突。事实上，正是这些冲突提供的刺激使婚姻得以延续。这类夫妻经常会有一种令人满意的性生活，即“床头吵架床尾和”。第二类是失去活力型。夫妻双方一度有过亲密的和相爱的关系，也包括有过一种完美的性生活。但是，随着岁月的流逝和生活的改变，这类夫妻已经对情感变得麻木，陷入了婚姻泥淖。他们多数认为，在经过了婚姻早期的浪漫激情后，婚姻自然而然地就会变得单调乏味和公式化。“过的没什么劲”“咳，家家不都这样过吗”，就是这类家庭的人常挂在嘴边的话。第三类是消极迎合型。这类婚姻一开始就是一个里边没有实际内容的空壳。因此，也就不存在失去真爱、激情、活力及彼此满足的问题。这种随遇而安的婚姻关系，夫妻待在一起是因为有惰性、孩子、共同的生活和经济方面的考虑。这是一种利益型的婚姻，许多人进入这种婚姻是一种非情感而精于计算的考虑。由于卷入时情感就明显缺乏，所以很少发生冲突。这类婚姻不能给夫妻双方带来什么满足，夫妻双方虽然相互顺从，但都不愿承担更多的义务。第四种是充满活力型。这是一种相对完美的充满感情色彩的关系类型。在这种婚姻关系中，夫妻双方相濡以沫，并且认真地承担着对婚姻的责任和义务。他们并不把两个人封闭在有限的共同空间内，而是每个人都有充分的余地去发展个性，拥有自主权。与此同时，他们也从事着大量能引起情感共鸣和分享乐趣的活动，他们很重视开诚布公的信息交流和迅速平息争端，几乎没有长期的冲突。第五类是整体融合型。这类婚姻类似于充满活力型婚姻，但内涵更丰富。它不仅仅是一种亲密无间和情意绵绵的关系，还以开诚布公的信息交流和有效地解除冲突为其特征，而且更强调过程的共享。他们哪怕是一点点冲突和一点点个人的经历，甚至是商业交易和职业活动中的困难也要一起解决。这类夫妻是共同创业型的，可以一起开办公司、经营商店或者一起著书立说，或为一个崇高的理想长期共同奋斗。

（五）婚姻的主要功能

婚姻是一种依存关系，但婚姻是靠爱情这颗种子来发育的，婚姻一旦像新生儿那样产生，就会慢慢长大，必然又会增加许多的外延和内涵，这个时候婚姻就不仅仅是爱情了。从人类心理需要和社会规范的角度看待婚姻，至少可以发现婚姻对于人们的生活，具有一系列重要的功能。

1. 满足基本需要功能

正常成人都有性冲动和性行为的本能需要，性欲望是否满足，直接关系到当事人的身心健康，婚姻提供了当事人合乎情理地满足性欲望的安全空间。因此，正常的夫妻性关系是构建良好婚姻关系的基石。在现实生活中，太多的婚姻家庭正是因为性不和谐才导致婚姻的裂痕甚至家庭破裂。而对于“性”，大多数人总是羞于启齿，往往是找其他借口作为离婚的托词，比如没有共同语言、没有相同的爱好等。婚姻除了能够满足人的性需求，还能给人安全感。尽管一个人可以属于不同的团队、组织、派别和群体，也能从所属的团队与群体中获得成就感、价值感和归属感，但对于大多数人来说，情感上的安全感是婚姻与家庭提供的。一个人因为有了婚姻与家庭，便有了一个安全的人生港湾，便有了一个“大后方”，便结束了人生旅途的漂泊无依，这是婚姻的重要功能。

2. 生育与教育功能

婚姻的生育功能是指人口再生产的功能，指婚姻家庭在人类的繁衍发展过程中所起的作用。生育是两性结合的必然产物，是人作为自然界生物的本性体现。由于人的生育繁衍是通过婚姻家庭来实现的，所以生育功能就构成婚姻家庭的一个基本功能，这也是婚姻家庭自然属性的表现。孩子更是爱情的结晶、感情的见证，并且在中国非婚生子是备受歧视的，这一点跟美国四分之一都是单亲家庭的情况则明显不同。而婚姻的教育功能是指家庭成员间具有相互督促、共同提高、共同培育下一代的功能。家庭教育在人的一生中有着重要作用，是学校教育和社会教育不能取代的。夫妻在孩子面前大吵大闹、对孩子放任自流、离婚等都是对教育功能的破坏。

3. 抚养与赡养功能

《中华人民共和国婚姻法》规定："父母对子女有抚养教育的义务；子女对父母有赡养扶助的义务。"家庭中，无经济能力的家庭成员依靠有经济能力的家庭成员的帮扶，能够正常地维持生活的功能。虽然我国目前实行的是社会主义的婚姻家庭制度，有社会的保障作后盾，但由于我国人口众多，每个人的能力千差万别，还存在一些需要经济帮助的人群。而婚姻家庭在保障家庭成员基本利益方面所起的作用是其他组织所不能代替的。婚姻家庭所具有的这一优良传统则赋予了我国婚姻家庭对家庭成员利益的保障功能，比如夫妻一方生病或失业的时候，孩子还小或者父母丧失生活能力的时候就需要其他家庭成员的帮扶。不赡养老人或抚养孩子及夫妻一方生病、失业时被遗弃或忽视都是帮扶功能欠缺的表现。

4. 经济合作与消费功能

婚姻经济功能是指婚姻能整合家庭经济、实现提高生活水平的功能。婚姻本身不产生经济价值，但两个人的经济能力比一个人的强，通过婚姻组成家庭后某些消费可以减少或避免。经济联姻就是注重了婚姻的经济功能。夫妻任何一方偷懒不挣钱、盲目投资、超越消费能力的消费行为（乱花钱）都是对经济功能的破坏。2017 年，关于中国居民与配偶在不同活动时间上的利用状况的一项调查结果发现，与配偶单独相处的时间很少，配偶之间的互动也很少，因此得出了一个结论，在某种意义上来说，中国式夫妻的经济功能，要甚于精神伴侣功能。家庭消费功能表现为家庭在任何条件下所具有的得以维持生存所必需的消费作用。婚姻家庭的经济功能在不同的历史时期，受不同生产方式的影响，会有不同的表现。在我国，婚姻家庭的经济功能主要表现为消费功能，而且一直占据主导地位。这在某方面也是维持社会和平的基础，促进社会发展。

5. 感情交流功能

我们每一个人在社会化的过程中，会随着年龄增长慢慢形成自己的依恋模式，当我们进入一段成年人的爱与亲密关系中时，这种依恋模式就会因为特定的这个人而再度激活。所以，夫妻双方在漫长的婚姻生活中，会激活彼此的依恋关系，而这种依恋在一定程度上可以有效地补偿自己与父母双亲的分离或父母双亲离世所带来的关系丧失。人们因为老年有了婚姻伴侣的陪伴，免去了因为与血缘亲属（双亲）分离所带来的孤独，并且在这一过程中逐渐培养和提升了爱与被爱的能力，爱自己，爱伴侣，爱孩子，爱亲人。感情交流是家庭精神生活的一部分，是家庭幸福的重要因素。从心理学的角度来说，有的时候不会和伴侣正确的情感交流，其实正在慢慢毁掉婚姻和情感。

6. 人际关系功能

每个人最初恋爱的时候都曾这样想过，“我是和他/她谈恋爱，又不是和他/她的爸妈谈恋爱，只要他/她对我好就行了”。爱情的确是两个人的事情，此时此地两个人相亲相爱就可以了，可是婚姻却不只是两个人的事情，婚姻意味着从此以后你要和他/她生活在一起，和他/她生活圈子里所有的人生活在一起。所以婚姻不像爱情就是“你和我”的关系，男女双方一旦结婚就把原来不认识或者不熟悉的两个家庭中的很多人变成了“亲戚”，结成更稳定、更友善、更可靠的人际关系。这是爱情所不具有的功能，恋爱男女的双方亲戚如果两个人没有走入婚姻，可能到两人分手的那一天都没有任何联系。政治联姻就是看中婚姻的关系功能。夫妻关系恶化会对联姻家庭的人际关系带来不好的影响，夫妻关系良好则能获得更多的人际支持。对亲戚、朋友的冷落就是对关系功能的破坏。

三、 爱情与婚姻的关系

人们习惯认为通过谈恋爱自然过渡到婚姻，这是天经地义的“正确程序”，却忽略了爱情和婚姻的区别。其实，爱情是浪漫的，婚姻是现实和具体的；爱情可以是超脱的，婚姻却是琐碎的；爱情是一种甜蜜，婚姻是一种使命；爱情是一种信念，婚姻是一种责任，爱情的成果最终要用婚姻来肯定和巩固。婚姻的意义除了体现在其基本功能上，还体现在教会夫妻双方理解爱情与婚姻的关系上。

（一）爱情与婚姻的递进关系

不同的人对爱情和婚姻关系的看法不尽相同，但是婚姻建立在爱情的基础之上还是得到普遍认可的，没有爱情的婚姻总有一天会凋零。而婚姻则是爱情的延续和发展，婚姻赋予爱情更多的意义，让人更好地成长。

1. 爱情是婚姻的基础

爱情可以超越年龄、超越地位、超越金钱等局限，没有爱情的婚姻是非常痛苦的，幸福的婚姻必须是有爱的。双方都能满足对方最主要的需求，双方都能在这段婚姻中找到自己的存在感，付出时快乐，得到时也快乐，互相尊重，互相爱护，互相包容理解。没有爱情的婚姻，无论因为何种原因结合，即使持续一生，那也不算真正的幸福。

2. 婚姻是爱情的发展

爱情让我们共同步入婚姻的殿堂，婚姻给予爱情生长的环境，而不是死亡的坟墓。婚姻并没有葬送爱情，而是爱情的延续和发展。如果你觉得在婚姻中爱情慢慢消失，那么是你的粗心大意和苛求扼杀了爱情。在婚姻生活中，每个人仍然是独立的，婚姻并不意味着占有。过分地要求对方、牵制对方会使你的个性丧失、会使生活中的磕碰频繁、会使对方感觉疲倦。若即若离，不温不火，既是整体又不失去个体的特质，才能够彼此吸引。

（二）爱情与婚姻的发展关系

婚姻不是爱情的保险箱，更不是爱情的坟墓。美丽的爱情是可遇而不可求的，但一段幸福美满的婚姻同样难能可贵，关键在于如何为它保鲜。

1. 婚姻不是爱情的保险箱

朱德庸曾说过："婚姻不论好坏，都是一幕笑剧，唯一不同的是，圆满的婚姻让自己看笑话，不圆满的婚姻是让别人看笑话。"这也就是说，结婚并不意味着把爱情存入保险箱，稳定和谐的婚姻需要夫妻双方共同经营。在现实生活中，将婚姻当成爱情保险箱的观念很容易造就两种错误的婚姻类型：自由放任型和迎合奉献型。前者认为已经注册登记结婚就受法律的保护，就好像婚前财产登记一样，登记了就永远属于自己的了，从此意识松懈、不思进取、停滞不前，这样，夫妻中的一方若不断进步成熟，另一方还在原地踏步，若干年后，夫妻间、家庭和社会地位的差距越来越大，心灵有了一定的距离，最终会因志不同、道不合而各奔东西。后者则是一方为了迎合另一方，主动放弃自己的事业和追求，离开了自己原来的生活和工作氛围，一心在家相夫教子，并逐渐失去自我，自以为是无私的奉献，可是若干年后一方事业若取得成功，则很可能因为两个人的差距引发婚姻危机。

2. 婚姻不是爱情的坟墓

在现实生活中，恋爱时的浪漫、激情很快被婚后生活的平淡、乏味所取代，于是很多人都慨叹："婚姻是爱情的坟墓。"其实不然，婚姻才是现实生活，婚姻给男女双方以充实感、安全感、满足感、舒适感，是一种稳固的、愉悦的两性互补关系，是一种稳定的饱和状态。人不可能时时处于激情之中，因为激情令交感神经过度兴奋，激情本身就是一种身心能量的透支过程，长期的透支最终只会令机体衰竭。所以要适时地将肉欲升华为爱情，将爱情过渡为亲情，及时地将浪漫、激情的梦幻转化为安全、舒适、富足、稳固的两性生活，不断修炼自我，提高爱的能力，给爱情注入新鲜活力，爱情之树才能长青，婚姻的大厦才能稳固。

（三）爱情与婚姻的重点不同

对于爱情和婚姻，每个人都会有不同的概念，每个人的憧憬也都不一样，有的人追求爱情带来的刺激，有的人则追求稳定而又幸福的生活。爱情和婚姻联系密切，但是更有区别，它们发生在两个人感情的不同阶段，有各自不同的特点。

1. 爱情更多的是权利，而婚姻更多的是责任

一般来说，爱情基本上是自由的，爱谁不爱谁是个人的权利，但是结了婚之后就不一样了。如果说，结婚前是在选择所爱的人，那么结婚后更多的是得去爱所选择的这个人。所以，从这个意义上来讲，爱情更多的是权利，而婚姻更多的是责任。俄国著名作家列夫·托尔斯泰曾说："同是一件婚事，一些人视之为儿戏，而另一些人，则视之为世界上最庄重的事情。"我们对婚姻的重视程度会影响到我们对待婚姻的态度，体现在行动上往往就是能不能履行作为妻子或者丈夫的责任，婚姻远不是某些人眼中的简单过家家或者搭个伴过日子，它需要我们有强烈的责任心去处理婚姻过程中碰到的一切事务。

2. 爱情更多的是失重，而婚姻更多的是平衡

恋爱的时候，基本上处于一种失重状态，晕晕乎乎的，很多时候忘乎所

以，什么话都敢说，而在婚姻中，人不能总是在失重状态，这样的婚姻肯定长久不了。婚姻是柴米油盐酱醋茶的生活，是脚踏实地、一天一天地过日子，婚姻是要兼顾彼此，清清楚楚地度过每一天的。而婚姻生活并非像爱情那么简单，在婚后夫妻双方所面对的问题有很多。在这种情况下，不同的教育背景、成长经历及家庭环境会导致双方很容易产生摩擦。所以每当这个时候，就需要双方先妥协和让步，从而达到平衡。婚姻的最终目的就是为了让家庭能够幸福美满，所以不能锱铢必较，不能寸步不让。

3. 爱情更多的是感觉， 而婚姻更多的是事业

如果说爱情是一种感觉，有更多的自主性和自由性，想怎么感觉就怎么感觉，收放可以全凭个人；那么婚姻则是事业，既然是事业，就得去建设，去经营，靠感觉是过不了日子的。所以，爱情是美好的感觉，而婚姻需要去“管理”和“经营”，很多琐碎的小事并不是光靠爱情中的感觉就能解决的。英国著名作家简·奥斯汀说过：“幸福的婚姻不仅需要交流思想，也要感情交流，把感情关在自己心里，也就把妻子推到自己的生活之外了。”换句话说，婚姻是需要不断沟通交流的，就像事业需要不断管理经营一样，夫妻二人在双方的“婚姻公司”里共同充当股东，各自都需要付出努力才能拥有共享婚姻红利的权利。

（四）爱情与婚姻的本质不同

爱情与婚姻之间具有本质的不同，婚姻要比爱情复杂得多。爱情是封闭的人际关系，游离于社会，热恋期甚至会感觉地球上只剩下彼此的存在。婚姻则不同，它面向社会的同时受到伦理道德的约束。婚姻和恋爱有三大本质上的差异。

1. 自觉程度不同

首先，婚姻在对象选择上与爱情的自觉程度不同。爱情以感情为主，纯粹属于私人关系，也没有法律的约束，当遇到更喜欢、更欣赏的异性，就会不自觉地去追求。婚姻除感情之外还需要理性，更有法律和道德的约束，结了婚的两个人共同居住、养育子女，共同受到性对象的约束，需要很强的自觉性，不是你遇见一个认为更优秀、更合适的人就可以随意去追求和结合的。

其次，婚姻与爱情自觉程度的不同还体现在共同进步上。婚姻不同于爱情的形式和功能，使得男女双方在婚后彼此结合得越来越紧密，要维持长期幸福的婚姻，双方应自觉地在心智上同步成长，各自都需要掌握操持家庭的能力，而非一味依赖对方。爱情当中的两个人的成长速度不一致，可以选择分手，但是婚姻当中两个人成长速度不同就不是离婚那么简单。因为婚姻涉及的影响范围更加广泛，如双方家庭、共同子女等，离婚带来的影响和伤害远比恋爱分手要大得多。

2. 责任意识不同

爱情更多的是享受，它本身就具有不稳定性；而婚姻则更偏重责任，它的相对稳定是需要我们用责任去维护的。当一个人选择婚姻的同时，也就选择了责任，必须为婚姻负责。当然，婚姻是需要夫妻双方共同经营的，双方都要承担维护家庭幸福的责任。在婚姻生活中，夫妻双方都必然要有牺牲，每个人都要为家庭尽自己的责任。如果夫妻双方或一方只想得到，而不愿付出，不肯承担责任，那么这样的婚姻一定不会长久和幸福。婚姻中存在着第三方而绝非只有两方，第一方是男方，第二方是女方，第三方是婚姻，即“我们”，不少问题都要从“我们”的角度去考虑，这才是对婚姻负责的表现。如果想要获得婚姻家庭的幸福美满，夫妻双方就要具备责任感，一起努力，不要总跟对方比谁牺牲得多，不要推诿，也不要塞责，婚内责任感的缺失必然导致家庭矛盾的产生。而像对于家务活一类的琐事，如果双方中的一方有空了就多承担一些，这也是责任感的一种体现，对方会把你所做的看在眼里，感激于心里，对家庭婚姻的幸福也起到促进作用。

3. 角色承担不同

爱情只是恋人关系，恋爱中的情侣扮演的是男朋友或者女朋友的角色。婚姻则不同，婚姻中的夫妻除了扮演的是丈夫与妻子的角色，还会因为婚姻延伸出更多的角色。结婚不是两个人的结合，而是两个家庭的结合，男女双方因为结婚要与众多的人形成社会关系，在每种关系中担当不同的角色，所以婚姻也意味着要承担更多的角色及责任。男人扮演的角色是丈夫、是爸爸、是女婿等；女人扮演的角色是妻子、是妈妈、是儿媳妇等。因为角色的不同，所承担的责任也不同，尤其是婆媳之间的关系，有很多人都处理得不太好，这也在很大程度上影响婚姻的幸福指数，恋爱中的情侣则不需要考虑这个问题。现代很多年轻男女在走入婚姻之前没有做好角色转换的准备，从而影响婚后各种关系的处理，进而影响到夫妻之间的感情稳定。造成婚姻质量低的原因自然很多，没有摆正爱情和婚姻的关系、没有做好婚后角色适应和转变就是其中重要的原因。所以，认识和理解爱情和婚姻中自身所承担的角色具有重要意义，只有学会适时转变角色，才能保持内心的平衡，处理好婚姻关系，收获幸福长久的婚姻。

四、 婚恋对人生的意义

爱情和婚姻跟我们息息相关，是我们人生重要的组成部分。从青年时代开始，恋爱、婚姻、家庭陆续走进我们的生活，直到伴随我们走完漫漫人生旅程。追求幸福的爱情和婚姻，是人类生活永恒的主题。尽管人们对于幸福的定义各有不同，但追求幸福、提高生活质量是大家的共同愿望，追求美好爱情是人类永恒的理想。

（一） 爱情对于人生的意义

西施说，爱情是武器；貂蝉说，爱情是计谋；昭君说，爱情是手段；玉环说，爱情是悔恨。而其实，离开人生来谈爱情是没有意义的。人生对爱情来说，是一个很大很温柔的靠背，人生不能缺少爱情；爱情对人生来说，是一个有着很多色彩的调色板。具体而言，可以体现在以下四个方面。

1. 爱情是人生重要的组成部分

三毛说：“爱情犹如甘霖，没有了它，干裂的心田，即使撒下再多的种子，终不可能滋发萌芽的生机。”① 苏霍姆林斯基说：“爱情是磨炼性格的磨石，爱情也是一个人思想成熟程度的标志。”据此可以看出，爱情是人生的重要组成部分，真正的爱情能给人以鼓舞、给人以力量，给人带来精神上的激励、情绪上的欢娱、生活上的充实。

虽然爱情是人生的重要组成部分，但爱情不是人生的全部。将爱情错当人生全部的后果，轻则影响正常的生活和学习，重则扼杀了自己宝贵的生命，

---

① 三毛．随想．哈尔滨：哈尔滨出版社，2003.

这都是不值得，也是没有必要的。如果因为爱情而放弃生命，放弃人生，那么又如何再有机会体验爱情的美好，创造灿烂的人生呢！对于人生来说，除了爱情之外，还有更重要的东西，比如事业。如果将爱情摆在至高无上的位置，把爱情看作人生唯一的追求，那么爱情就会抑制事业的发展，而失去事业基础的爱情就结不出人生的硕果。比如，历史上有很多因为爱情耽误事业、爱美人抛弃江山的君王，结果落得个好色无道、遭后人唾弃的下场，如商纣王、周幽王、唐明皇等。人生需要爱情，但人生绝非只有爱情；只有与共同的事业、理想联结在一起的爱情，才能产生巨大的力量，才能经得起时间的考验，最终走向婚姻的幸福殿堂。

2. 爱情是家庭幸福的基本保障

现代社会，有些人太爱自己了，爱自己的习惯，爱自己的理想，爱自己的尊严，爱自己的自由。这些也许都没错，每一个诉求都是合情合理的。但和这样的人结成的婚姻、组成的家庭就只能是这样：不想承担，只有计较，不愿忍让，只有争执……接着是不满、怨恨、疲劳、死水一样压抑，对感情失望、对生活冷漠、对他人怀疑。如果在这样的家庭中注入爱情就完全不一样了。

首先，爱情能给现代婚姻家庭嘈杂、尖锐、暴躁、不妥协的躯体赋予一个安宁柔软的灵魂。有了这个灵魂，追求自由闲散的人甜蜜地去承担现在与未来的责任，强调需求欲望的人渴望奉献让所珍视的对方愉悦，坚持习惯秉性的人默默改变只为在彼此心中更完美，执着权利尊严的人羞答着头渐渐放低眼中的期望。其次，在爱情的道路上，我们寻觅的不外乎是心有灵犀的爱情，而真正心有灵犀的爱，不仅是片刻相通，而是人生长路上的一路相伴，把美好的想象变成真实的触碰，了解对方的好与坏，并接受对方的一切。甜蜜的爱情会给我们带来幸福，给我们的幸福增加筹码。真正的爱情可以让彼此之间的需求得到一定的满足，让彼此之间感到幸福。爱情让人乐于付出，爱情让人懂得奉献。当婚姻生活被“柴米油盐酱醋茶”所烦扰时，夫妻双方的爱情能帮助化解矛盾，让家庭回归宁静，收获幸福。

3. 爱情能鼓舞战胜人生困难

爱情是人的一种主动能力；爱情是一种突破孤独屏障的能力；同时，爱情也是把自己和他人结合起来的能力。如果在爱情问题上处理得好，找到了相互爱慕的对象，那么在共同的生活中就能够相互理解、相互勉励、相互支持和相互帮助，就能够同甘苦共患难，形成一股合力，增强战胜前进路上遇到的困难的决心和信心。相反，如果在爱情问题上处理不好，没有找到相互爱慕的人，彼此同床异梦，互不理解、互不支持，甚至还互相挖苦、讽刺、嘲笑，那么就会影响彼此的自信心和战斗力，从而产生消极对事的态度，失去了战胜人生阻碍的勇气。真正的爱情能够鼓舞人，唤醒对方内心沉睡的力量和潜藏的才能。有很多“植物人”就是在爱情的力量和陪伴下苏醒过来的。

爱情之所以是神奇而又伟大的力量，在于爱不是一种被动的情感，而是一种积极的主动，爱不是接纳而是给予，爱不是索取而是奉献。这里的给予并不是放弃、失去、牺牲某些东西，而是指把自己所有的东西，如快乐、兴趣、同情心、谅解、知识等给予别人，正是在给予中，人才会体会到自己强大、富有和有能力。它增强了生命力和潜能的体验，让人倍感开心。使人感到自己精力充沛，勇于奉献，充满活力，所以也愉悦欢心，能够有效地鼓舞人战胜人生困难，推动人向前发展。

4. 爱情能推动事业走向成功

真正的爱情能给人以鼓舞，给人以力量，给人带来精神上的激励、情绪上的欢愉、生活上的充实，给人创造出工作上、学习上的良好条件和有利环境，从而不断推动事业的顺利发展。就像爱迪生与玛丽、米娜的先后结合，也极大地促进了爱迪生事业的成功。他一生中的发明有1000多种，为人类幸福做出了伟大贡献，这与他的妻子对他的理解和支持是分不开的。正如有人所说：“从某种意义上说，没有玛丽和米娜，就没有大发明家爱迪生。”马斯洛的需求层次理论同样在一定程度上支持这一观点。按照马斯洛的需要层次理论所述，人的需要像阶梯一样从低的“生理需求”到高的“自我实现”，逐级递升，高级需要是在低级需要得到一定程度的满足后才产生和发展的。处于第三级的爱情需要的满足和顺利进行是在一定程度上帮助人的自我实现，实现自己在事业和人生的追求和价值的。

在事业上凝结的爱情，有更活跃、更强大的力量，爱情有助于事业成功，事业是爱情的纽带和源泉。如果说事业是人生的主题歌，爱情则是人生的副歌，副歌不能少，但只有依赖于主题歌，才能构成美好的乐章，若以副歌代替主题歌，会降低人生的价值。罗素说：“为了爱情而牺牲事业是愚蠢的，但为了事业而完全牺牲爱情同样是愚蠢的。”然而，两者并不是矛盾关系。如果把人生比作搏击风浪的航行，那么事业是船，爱情则是船上的帆，二者将合力把你推向事业胜利的彼岸。

综上，在追求爱情的时候，我们抓住了人生的美好；在坚持爱情的过程中，我们战胜了人生的困难；在爱情的浇灌和沐浴下，我们创造了幸福的家庭；在爱情的激励和推动下，我们的事业走向了成功。当你经历了爱与被爱，学会了爱，才会知道什么是爱、怎样去爱，才能够在爱情中充实人生，完善人生。

（二）婚姻对于人生的意义

执子之手，与子偕老，这或许是大多数人步入婚姻的理想格言。每一个人都是孤独的个体，每一个人都渴望爱与被爱，每一个人都渴望能与一个精神伴侣走到最后，相依相偎一起看人生的风景。婚姻对于人生的意义，在于它是一种催化剂、一个新世界、一个小细胞、一种繁衍体。具体而言，有如下四点。

1. 婚姻是爱情的催化剂，并创造人生风景

婚姻好比催化剂，量的多少、反应的时间对于爱情的转化至关重要。婚姻能够把爱情转化成亲情，让我们享用一生。爱情的花期都很短暂，它的绚烂总是定格在特定的那一季节，错过了赏花的季节，爱情也只能看落花了。亲情好比一棵常青的松树，不管是春暖秋凉，还是夏热冬寒，它都坐不改色，回报给你的总是让你赏心悦目的绿色。爱情过了保质期终会变质，亲情过了保鲜期，味道只会越来越浓，我们的婚姻终将学会将爱情变成亲情。如果婚姻只是停留在爱情的阶段，慢慢地彼此可能会没办法接受枕边人，出现婚姻危机，使婚姻变成枯萎的花朵，毁了彼此预想的人生风景，也毁了原本幸福的生活。

2. 婚姻是人生的新世界，需要肩负责任

成长需要付出代价，婚姻需要肩负责任。恋爱是两个人暂时的任性，婚

姻却是两个人一生的信任。从恋爱走入婚姻，是人生另一个世界的开启，这里是两个家庭的集聚，这里的天空不再只是属于两个人。婚姻生活归于平淡，需要两个人的相互理解、相互关心、相互调剂。婚姻的天平不管怎么倾斜，夫妻双方都在为它的某一刻平衡而共同努力。婚姻生活的集聚，并不等于全部放弃个人的私人空间。如果在婚姻中总想着占据主导地位，去控制对方，到头来，终将是竹篮打水一场空。婚姻也需要呼吸的空间，否则很容易走进死胡同，双方都将为此付出代价，为人生中的错误买单。

3. 婚姻是社会的小细胞，能影响人生环境

幸福美满的婚姻关系有利于维护社会秩序、创造和谐社会。每个人都是各自家庭的成员，也都是社会中的一分子，都有责任与义务维护这个圈子里的规则。因为这是我们赖以生存的大环境，将伴随我们的一生，影响我们的发展。健康的婚姻关系是促进夫妻双方身心发展与社会和谐稳定的有利因素。噩梦般的婚姻带来的不仅是个人的泪水，更严重的说，是社会暴力、不定时炸弹，最后也是害人害己。如果婚姻是一种控制、一种压抑、一种表面的和谐，一种可怕的阴霾，那么这样的家庭组成的社会，哪有和谐可言。事实证明，失败的婚姻会导致不良的社会影响。比如，每每发生出轨事件时，不仅引起社会舆论的骚动和未婚人士的恐惧，也破坏了当事人的个人形象，严重影响个人的发展。

4. 婚姻是人生的繁衍体，能带来生命的希望

婚姻和爱情最大的不同还在于，不管你是愿意还是不愿意，都将有这个使命——繁衍生命。婚姻是神圣的，孩子是彼此之间爱的结晶，是一种繁衍，更是一种延续，生命的延续，希望的延续。可以说，孩子是婚姻中最大的财富，孩子是降临人间的天使，孩子是一切希望的源泉。婚姻的角色，不管是主动参与还是被动接受，生命的延续都是必须扮演好的。然而，在当代现实生活中，却还有不少家庭娶媳妇都是奔着孩子去的，这本身没有错，可是只把媳妇当成婚姻的附属品，没有一点家庭地位，甚至在生产时不管媳妇生死，只顾孩子好坏，这就让人不免有点悲哀，让繁衍成了黑暗，而不是希望。

（三）我国总体婚恋现状

在婚姻问题上，我国近十多年来离婚率上升，婚外情、重婚等违反一夫

一妻制的行为，以及家庭暴力等违反伦理道德的行为屡见不鲜，给家庭稳定和社会秩序带来极大危害。自改革开放以来，虽然人们的婚姻观念有了新变化，但是主流价值观还是健康积极的，有利于社会的发展，总体婚姻状况发展是良好的。但是随着市场经济的发展和社会开放程度的提高及思想文化领域的多元化趋势的影响，国人个性解放和自我独立等意识不断增强，正是由于这些趋势导致了婚姻中出现了一些新情况和新问题。

1. 我国大学生的恋爱现状

恋爱不是年轻人的特权，但是年轻人是恋爱的主体。而在年轻一代人群里，青年大学生的恋爱问题是我们普遍关注的，因为他们作为同龄人中的佼佼者，思想更为活跃、接受信息更快，可能产生的问题也就更多，因而在此以青年大学生的恋爱状况为代表群体展开分析。当前，在大学生恋爱的人群中，存在盲目“练爱”的现象。他们为了恋爱而恋爱，没有考虑到婚姻家庭责任。正是因为大学生不能以健康的心态迈入爱情关系，以至于在爱情道路上茫然失措、反复受伤。

（1）大学生恋爱状况的比例

伴随着青春的脚步，爱情会悄悄降临到青年人身边。随着性心理的成熟、对爱情的欲望与追求，爱情自然会在大学生的内心萌芽。大学时代，是一代骄子的黄金时代，在这个季节里，青春的萌动使大学生开始涉足于另一个领域——爱情。加之随着时代的发展和西方文化的影响，现代大学生的恋爱比例一直呈上升趋势，并保持一个高水平。但是大学生的恋爱成功率却成走低趋势。据一项对高校学生恋爱现状的调查显示，校园恋情的“成活率”仅为1.5%；23.9%有恋爱经历的大学生很希望和自己的恋人结婚；22.1%有恋爱经历的受访者是为了“寻找未来伴侣”。爱情本是人类最美好而微妙的感情，最能检测世道人心、能寻得精神快乐，但时下“学业可以毕业，爱情毕不了业”成了众多学子的心头之痛。

（2）大学生恋爱价值的变化

一是更加开放。① 中西文化的互渗与市场经济浪潮使大学生的婚恋观受到了冲击，婚姻标准倾向感情深厚，但不一定白头偕老，突破了郎才女貌的稳定型框架，打破了“从一而终”的传统定势。在校大学生的价值取向在观念的层面上，往往是依据社会整体的价值取向进行判断的，但在实际行为的选择过程中，则体现为传统婚姻家庭伦理美德的“弘扬”与美国文化“冲击”下的非道德化倾向的并存。② 婚前性行为的认可度和理解度与传统婚恋观产生强烈冲突，“试爱”“试婚”之举为一些大学生所津津乐道。在校大学生既渴望现代的刺激，又摆脱不了传统的掣肘，他们的行为受着双重价值系统的支配：一方面是师长、父母的谆谆教诲要以学业为重，要有恋爱道德，另一方面是拥有爱人、享受性愉悦的诱惑；一方面是白头偕老的传统爱情观，另一方面是“不求天长地久，只求曾经拥有”的现代人的潇洒。夹杂在传统与现代裂缝中的在校大学生不得不用郁闷来表达他们对青春、对爱情、对性的欲说还羞、左右为难的困境。[①]

二是更加包容。① 在校大学生对一些新的婚恋形式采取接纳和包容的态度，大学生婚恋观中对网恋、试婚、闪婚、急婚、隐婚、不婚、晚婚不育等婚恋现象呈现出接纳和包容的态度。② 在校大学生对“婚后不要孩子”“一夜情”“婚外情”及“婚前财产公证”等现象也往往表示理解，其直率、狂放、热烈、明快与传统恋爱观形成强烈对比。

三是更加现代化。① 在校大学生顺应着社会的急剧变化，在传统和现代的双重作用下，他们对于以往传统的生活方式和价值观的认同弱化，代际差异十分明显，他们追求爱情的丰富性和独特性，绝不满足于以往贫乏简单的婚姻情感生活。② 在校大学生的婚姻标准内涵丰富多样，表达爱情的方式更加浪漫，追求爱情的勇气和胆量更为直接率真和激烈，接受爱情更为明快和热烈、狂放与传统，形成强烈的对照。

四是更加物质化。① 市场经济体制的发展，强化了人们的个体意识和对自身利益的重视与追求。在校大学生重视和追求个人成才成功。他们重视个人利益，考虑问题很实际，较少空想，越来越多地关注合理性的目标，对自身的发展有着十分理性的分析和计算。也就是说，他们在决定自己的日常行为时往往不是从一定的信念、原则或价值标准出发，而是倾向根据自身利益进行合理性的计算，具体表现就是思想行为的功利化及个人利益的显性化。[②]

---

① 张志祥．当代青年价值世界的缺失与重建．广东青年干部学院学报，2009（4）：68－72.

② 王森．根据新时代学员思想特点开展思想政治教育．青春岁月，2013（2）：242.

② 金钱万能化行为越来越严重地影响着在校大学生的婚恋观。一些在校大学生以自我为中心，推崇一种新的道德标准，追求尽情享受，及时行乐，不谈责任。他们认为金钱可以左右婚姻的成立，爱情可以视为金钱的附属物。甚至认为，美国社会的消费主义和享乐主义是风靡于世的思潮，婚姻和家庭不过也是一种可以随意更新的“消费品”。

五是更加以自我为中心。① 在校大学生基本上能够主动和自觉地意识到自己在婚恋中的具体地位，并按照自己的意愿进行婚恋观念的判断和选择，自主、平等成为他们婚恋观念的明显特点。② 在校大学生在婚恋中重视感情因素，把感情当作主导地位的观念越来越深入人心。年龄已经不是主要考虑因素，甚至“非处”“婚否”对于有些大学生来说也不再是障碍。不少大学生在恋爱中强调个人意志和自由，把个人的感受放在第一位，失去了对“性”“爱情”和“婚姻”应有的尊重和约束，将本应密切联系的三者分割开来，从而出现行为偏差。

2. 我国成年人的婚姻现状

当前，传统婚姻观念正在“内在解体”，我国历来的以一夫一妻制为核心的社会基本单位正在逐渐瓦解，人们选择通过婚姻改变社会地位的做法使得婚姻的稳定性在下降。1987 年到 2017 年，31 年的民政部数据显示：“晚婚”现象明显，近 5 年 25～29 岁结婚登记的公民最多。自 2003 年起，中国的离婚率逐年上升。

（1）成年人婚姻的变化状况

关于成年人的结婚率，民政部公布的《2018 年民政事业发展统计公报》显示，2018 年全年依法办理结婚登记 1013.9 万对，比上年下降 4.6%。其中，涉外及华侨、港澳台居民登记结婚 4.8 万对。结婚率为 7.3‰，比上年降低 0.4 个千分点。根据中商情报网的数据，2008 年到 2013 年，我国结婚人数处于上升的状态，2013 年则是拐点，此后结婚人数连续 6 年下跌。而在离婚率问题上，《2018 年民政事业发展统计公报》显示，2018 年依法办理离婚手续的共有 446.1 万对，比上年增长 2.0%。其中，民政部门登记离婚的有 381.2 万对，法院判决、调解离婚的有 64.9 万对。离婚率为 3.2‰，与上年持平。根据中商情报网的数据，2019 年全国离婚登记人数持续上升，2019

年三季度全国登记离婚人数为310.4万对，同比增长7.1%。

（2）大学生的婚姻观现状

首先，大学生的婚姻动机相对单纯。大学生把婚姻和爱情联系在一起，因为真心相爱而结婚。有超过一半的大学生恋爱动机选择了“因寂寞而寻找感情寄托”或“证明自己的价值和魅力”，而谈到结婚动机时，大家明显更加慎重。因为恋爱与婚姻虽然有很大的联系，但是结婚毕竟不等同于恋爱，因为恋爱的双方可以因为两情相悦很快走到一起，也可能因为一句不合心意的话就分开，但婚姻却不能说合就合、说分就分，总会有一定牵挂。其实，大学生的择偶相对理性。在择偶的各项标准中，男女生首选的指标都是“人品”。对绝大多数大学生来说，他们对经济收入、家庭背景、婚史等的要求淡化，而对配偶的人品最为看重。其次是能力和爱情。这说明大部分大学生在择偶方面目光更加理性而长远。他们看重对方的人品，因为选择跟一个什么样个性品质的人共同生活，某种程度上决定了他或她的婚姻生活是不是幸福。再次，大学生对婚姻家庭的认识仍遵循传统。通过调查，还是有一半以上不同性别的大学生认为家庭和事业应该并重，而且女性大学生更注重家庭，而男性大学生更注重事业。这可能是因为中国“贤妻良母”的传统文化对许多女性包括女大学生的深远影响，使她们在协调妻子、母亲、职员等多种社会角色时会更多地向家庭倾斜。但这并不代表她们会因此放弃自己的事业和工作，而是说她们在兼顾事业和工作的同时，会优先考虑自己的家庭。从另外一个角度来讲，一般都认为女性比男性更会照顾小孩、料理家庭事务，更容易从中体会到成就感。因此，许多女性在事业、家庭之间做选择时，会倾向认为选择家庭会让自己得到更大的收益。最后，大学生对婚前性行为态度趋于开放。当今大学生对婚前性行为的态度正处于混乱和危险阶段。一方面，受我国传统性文化、性道德和性价值观的影响，他们表现出相对传统的一面，认为婚前性行为仍然应该被绝对禁止，贞洁对男女青年来说依然十分重要。另一方面，受西方的性自由生活方式的影响，使某些大学生的性观念和性态度已日趋自由化。如调查中已有相当一部分学生对婚前性行为持宽容和认可的态度。

实验实训

一、 爱情需求大竞拍

目的：帮助学生明晰自己选择爱人的标准，了解爱情价值观如何影响自己对恋人的选择。

材料：大海报、拍卖锤。

步骤

1. 全部同学各抒己见，描述自己心目中的爱人标准和条件。

2. 挑出10种最具有代表性的爱情需求写在海报上。

3. 以个人为单位参加竞拍。假设每个同学都有100万元，由组长进行拍卖这些价值，每项爱情需求的底标是5万元，叫价以5万元为单位，每次加价不得少于5万元。直到10项价值都拍卖完为止，每个人拥有的100万元不能转借，也不能和别人共同购买。

4. 分享

(1) 看一下自己买到的项目，是自己所需要或者喜欢的吗？出于何种考虑，自己会买这些项目？是否超出了自己的预算？

(2) 如果重新来一次，结果是否会相同？为什么？

(3) 当你的价值观和你的男/女朋友不同时，怎么办？

附表

项目	顺序
1. 可以和他（她）分享生活中的点点滴滴	
2. 可以因他（她）而扩展生活领域	
3. 可以和他（她）相知很深	
4. 可以和他（她）共同建立一个家庭	
5. 可以因他（她）提携、激励而成长进步	
6. 可以多一个工作伙伴	
7. 可以获得爱和支持的感觉	
8. 可以享有和他（她）的美好性生活	

续表

项目	顺序
9. 可以有他（她）随时随地陪在你身边	
10. 可以和他（她）一起赚很多钱	
11. 可以去照顾和爱他（她）的付出感觉	
12. 可以因他（她）而生活有很大变化	
13. 可以有他（她）照顾生活起居	
14. 可以和他（她）一起生儿育女	
15. 可以因他（她）而增加生活乐趣	
16. 可以因他（她）而获得安定感	

二、 风雨人生路

目的：帮助学生明白在感情生活中信任的重要作用，帮助其建立信任感。

材料：障碍物，如小圆凳、桌子等。

步骤

1. 在背景音乐声中，每个人戴上眼罩扮演一个盲人，先在室内独自一人穿越障碍旅程，体验盲人的无助、艰辛、甚至恐惧。

2. 所有学生中，一半人继续扮演盲人，另一半人扮演帮助盲人的“拐棍”，由“拐棍”帮助盲人完成室外有障碍的旅行。完成后，交换角色，重新体验。

3. 所有学生均扮演盲人，并且两个盲人相互帮助到室外走过一段障碍旅程。

4. 学生交流在不同情况下扮演不同角色的感受。

注意事项

1. 本方案设计了三种情况的“盲人”之旅，根据实际情况可以只做其中的一种。

2. 障碍旅程的设计，应该有跨越、钻圈、下蹲、上攀、独木桥、上下楼等多种障碍。

3. “盲人”旅行过程中不允许用语言交流，最好配置适当的背景音乐。

4. 在角色互换的旅行中，“盲人”与“拐棍”最好不要选择同一人，以陌生的对象为好。

体验感悟

一、 爱情五味瓶

为了体会爱情的复杂性，我们需要做一个体验分享练习。

第一步：在五个杯子里分别倒入酸、甜、苦、辣、淡五种味道的水。

第二步：小组中的每位同学随机品尝这五种味道中的一种。

第三步：每位同学首先分享自己品尝到何种味道的水，然后分享这种味道让你联想到了什么样的爱情故事。

第四步：你联想到的爱情故事除了品尝到的味道外，还有其他什么味道？对你有什么样的启发？你从中学到了什么？

二、 畅想婚姻

你认为婚姻应该具备哪些基本元素？请结合实际和自己的期望，完成婚姻畅想填空：

婚姻需要________，这让我感到________；

婚姻需要________，这让我感到________；

婚姻需要________，这让我感到________；

婚姻需要________，这让我感到________；

婚姻需要________，这让我感到________；

……

推荐书籍

[美] 埃里希·弗洛姆. 爱的艺术. 上海：上海译文出版社，2008.

推荐理由：本书是德裔美籍心理学家和哲学家、法兰克福学派重要成员埃里希·弗洛姆最著名的作品，自 1956 年出版至今已被翻译成 32 种文字，在全世界畅销不衰，被誉为当代爱的艺术理论专著中最著名的作品。在这本书中，弗洛姆认为，爱情不是一种与人的成熟程度无关、只需要投入身心的感情。如果不努力发展自己的全部人格并以此达到一种创造倾向性，那么每种爱的试图都会失败。如果没有爱他人的能力，如果不能真正谦恭地、勇敢地、真诚地和有纪律地爱他人，那么人们在自己的爱情生活中也永远得不到满足。弗洛姆进而提出，爱是一门艺术，要求想要掌握这门艺术的人有这方面的知识并付出努力。在这里，爱不仅仅是狭隘的男女爱情，也并非通过磨炼增进技巧即可获得。爱是人格整体的展现，要发展爱的能力，就需要努力发展自己的人格，并朝着有益的目标迈进。

第二章 荡起友谊的双桨 异性交往与沟通

友谊和爱情之间的区别在于友谊意味着两个人和世界，然而爱情意味着两个人就是世界。在友谊中，一加一等于二；在爱情中一加一还是一。

——泰戈尔（印度诗人）

一、 校园故事

张航是品学兼优的班长，在一次春游活动上，因为和同班女生单独合影，再加上两人因为是老乡，平时往来比较多，被大家疑为“恋爱”。他喜欢这个老乡，但只是单纯的友谊上的喜爱，并不是爱情中的喜欢，如果大家再这么怀疑和议论，会不会失去这个老乡兼朋友。于是，他产生了这样的内心对白：的确，在我平时与这位女生的交往中，不是很注重自己的行为举止，也难怪大家会误会。我想我必须思考如何维持我们纯洁的友谊，异性友谊和两性爱情毕竟是不同的，我得掌握好和她交往的度，多在集体范围内活动，少单独接触，这样才能避免大家的误会，对我们长期友好的、纯洁的异性交往也有好处。

二、 异性交往的需要

异性交往一直是条敏感的战线、一个隐秘的王国。现实中，男女大学生生活在同一校园、同一幢大楼里，彼此互不往来，形同路人者，屡见不鲜。

同窗四载，毕业时连同学的名字与人都对不上号的事，也并非怪闻。然而，异性间的交往是一种客观存在，它是人类最美好、最无私、最高尚的人际交往。正像一个人有两只手，缺少了哪一只也不健全。“阳刚”与“阴柔”的融合可以使释放的情感找到归宿，刚健与俊美在相互交往中得到平衡和升华。正因为各自感情的需要在与异性的交往中得到了补充和满足，才构成了异性间的相互吸引，才使人的个性更丰富。心理学家认为，在人的发展过程中，“青少年时期”发生的事情对人际关系的正常发展至关重要，在自我认同、自我价值、自我同一性确立的过程中，良好的异性交往有着重要的意义。对于处于青春期的大学生而言，仍然有自我认同和确立自我价值的任务，异性交往的成功与否也直接影响到他们对自我的认同和自我价值的确立。因此，对于处在“准成人”期的大学生而言，异性交往对于其成长更具特殊的推动作用。

心理视点

一、 异性交往的内涵和意义

在社会生活中普遍存在一种“异性效应”，就是异性间的相互交往及由相互吸引而产生的愉悦的情绪体验，它不仅对身体健康有很大的影响，而且对整个心理活动都具有很强的生理效应，可激发人的潜能，使人敏捷活跃而奋发向上；还因为男女在智力、情感、个性等方面的差别，让他们可以取长补短、完善自己的个性、性格更加豁达、情感更加丰富，提高学习与活动效率，激发内在的积极性和创造力。这就是所谓的“男女搭配，干活不累”，也是我们需要异性交往的意义所在。

（一）异性交往的内涵

异性交往是每个人都会有、更是需要经历的，我们除了同性朋友，也大都有异性朋友。相对于同性朋友，异性朋友身上拥有很多同性朋友身上没有的东西，会展现出不同的个性，在行为处事上也会有很多差别，而正是这些差别对我们的成长有诸多的积极影响。但是，这些积极影响建立在我们能够把握好与异性交往的尺度，防止“过”与“不及”。如何做到这一点，认识异性交往的内涵是第一步。

1. 异性交往的含义

从交往动机来说，异性交往是青年时期由于生理和心理发展而产生的同异性接触的欲望和行为，确切来说，它也属于人际交往的范畴。从交往过程来看，异性交往是两性之间为满足一定需要，通过一定的方式相互传递、反映两性差异信息的接触，使得双方的生理和心理发生相互影响的过程。从交往方式上看，异性交往区别于同性交往，是一种特定类型的人际关系，它面临着自身独特的挑战，包括对关系的准确定位，对性吸引的有效管控，面对性别差异和性别歧视如何建立双方的平等关系，以及如何应对来自社会的影响。而在本书中，我们所说的异性交往并非恋爱、婚姻关系的男女之间的交往，而是由这种交往达到男女之间的一种相互沟通、相互愉悦，即异性友谊。

2. 异性交往的层次

异性交往一般分为三个层次，如图 2-1 所示。第一层次是一般的异性人际沟通。这个层次的两人可能仅仅是因为学习、工作或者偶然的机会有所接触，彼此并没有深入的了解和更多的共同语言。关系相对来说比较简单，只要能够掌握一般的人际交往技巧，都能够处理好这一阶段的异性交往。第二层次是朋友范围中的异性友谊。异性友谊是同志和朋友之间平等的、诚挚的、互相信赖的关系，在感情上表现为平和、沉默和直率，不包含任何性意向，在对象上更加开放，人们可以同时和几个异性朋友交往和发展友谊。典型特点是没有排他性，是异性之间由于密切的社会交往而形成的一种社会关系和情感联系，这一社会关系和情感联系跟异性之间的浪漫关系不同。① 但这一层次的异性交往比第一层次更加敏感和难处理，有些同学在这一时期往往会陷入友谊和爱情傻傻分不清的状态中。第三层次是恋爱范围中的异性关系。这一层次的异性关系比异性友谊更进一步，两人在情感和行为上都有了更亲密的接触，达到了恋爱的高度。本书所说的“异性交往”不包括第三层次所指的恋爱，仅限于第一和第二层次。

① 吴宝沛，等. 多元视角下的异性友谊. 心理科学进展，2014：1485－1495.

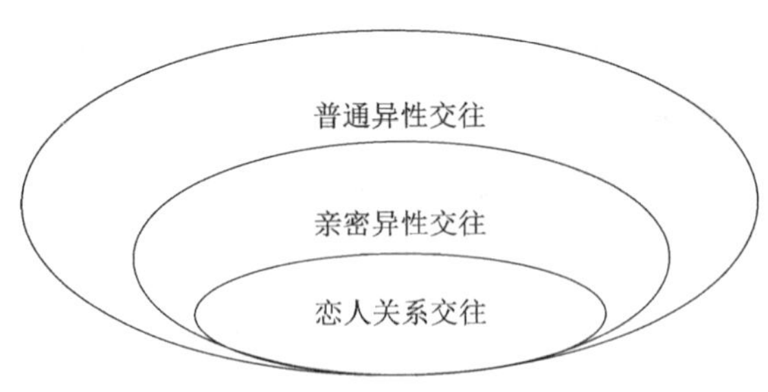

图 2-1　异性交往三层次

3. 大学特定环境中的异性交往

异性相吸是自然界的一种现象，对于大学生来说，青春期特有的生理、心理特点，使得异性同学之间更易于产生思想、感情上的沟通。女生喜欢男生的豁达、主见和力量；男生则喜欢女生的体贴、温柔和细腻。大学生群体年轻而富有朝气又充满了浪漫幻想，大学校园的气氛一般都比较宽松和民主，这也为异性交往构建了很好的平台。当然，并不是某一个男生一定会和某一个女生产生异性交往，往往是由于一些利于接近的关系才使这个男生和这个女生有了接触，产生了异性交往。第一是地缘关系。由于曾经有过相同的生活环境，有着相似的生活习惯和语言特征，身为同乡的异性大学生之间交往的机会较多。新生报到时，同乡学长会格外亲切、主动地帮助搬行李，热情介绍学校情况和如何适应大学生活。生日、节日、毕业等，异性老乡更是相聚会餐，互赠礼物。许多大学里，屡见不鲜的“同乡会”充分地证明了地缘关系在大学生异性交往中的特殊地位。第二是同学关系。这是大学生异性交往中最主要的一种关系，因为同一个班级的异性之间交往机会最多，也比较方便。大学生还常利用节假日同其他学校的老同学进行交往，也会通过电话、微信、微博、QQ 等网络通信工具加强彼此间的联系。对于中学异性同学，不少同学即使上了大学后，仍然经常联系，保持往来，有的甚至与中学同学在大学期间慢慢建立了深厚的友情，并有可能发展为爱情。第三是社团工作关系。大学里存在为数众多的社团组织，如学生会、文学社、通讯社、摄影协会、诗社、武术队、棋协等。这些社团经常组织开展各种各样的活动，增加了男女大学生交往的机会。有的院校还有“友好宿舍”“友好班级”“孤独者协会”等组织，为那些性格内向、不善交际的男女大学生创造异性交往的条件。第四是爱好关系。共同的志趣和爱好也增加了大学生异性交往的机会。比如，喜欢文学、舞蹈、音乐的男女大学生经常在一起互相探讨共同感兴趣的话题，从中互相学习，取长补短。爱好体育运动的男女大学生经常出现在运动场，进行体育锻炼和比赛，在相互竞争和相互帮助中建立起友好的关系。第五是偶然关系。在同车、旅游、实习等偶然机会下，出现了异性之间的交往。由于这种交往时间短、次数少、缺乏深入了解和认真观察，往往凭印象、靠感觉，容易形成"一见钟情"，有时会造成不良的后果。而且，一些别有居心的人也常利用这种"偶然关系"乘虚而入，进行非正常的异性交往。

（二）异性交往的意义

异性交往是大学生不可避免的，也是大学生人际交往的重要组成部分，具有其独特的意义。不与异性交往，大家很难发现异性身上特有的优点，而这些优点又恰恰是自身所缺少的。因此，男女生之间进行正常交往，有利于共同学习，共同提高，促进身心健康。

1. 有助于学习和工作效率的提高

心理学家对异性交往的研究表明，有异性在场可以有效地提高活动效率。据对青年学生的调查结果显示，有 80% 的人同异性一起工作、学习时有一种难以言传的愉悦感。这种积极的情感对人的整个心理活动具有巨大的作用效应，并且成为思维活动的"促进剂"。异性交往可以使人敏捷、聪明、灵活、奋发向上，可以迸发出巨大的毅力和才能。

第一，学习优势，互补劣势。良好的异性交往对学习有激励作用。在男女生一起学习时，彼此的共同参与往往使得气氛活跃，谁都有力争前列、表现自我的欲望强烈，从而促使思维活动撞出激烈的火花。男生想象的创造性较强，女生想象的情感性较为生动；男生逻辑记忆较好，女生情感记忆较好；男生感知的整体性、概括性较强，女生感知的分析性和生动性较强。为此，男女同学共同学习，就有利于优势互补，相互启发，激发学习兴趣，促使男生女生努力学习。

第二，激发创造力，调动积极性。人与人之间的交际活动无疑有助于传递思想、开阔我们的视野。不同性别之间在交流的同时会产生相互的好感，有的异性之间还能从交际活动中寻找感情的慰藉，得到心灵上的沟通与交流，从而对创造力的提升有重要的帮助作用，即被人所熟知的异性效应，也可以称作“磁铁效应”，“男女搭配，干活不累”正是如此。①

第三，增强凝聚力，提高战斗力。良好的异性交往，使得男女生之间的优势互补，男生的主见配上女生的意见，女生的细致加上男生的力量，能够增强整个团队的战斗力，使活动完成得更加出色。一次次成功的体验能够增加参加活动男女生的积极性，从而也增强了团队的凝聚力。

2. 有助于健全人格的形成

只和同性交往，会让我们的心理发展狭隘，远不如既与同性又与异性的多向交往更能丰富我们的内心；多向的人际交往可以使差异较大的男女双方在各方面形成互补，促进人格的健全发展。

第一，增进了解和个性互补。保加利亚的一位心理学家说过：男人真正的力量是带一点女性温柔色彩的刚毅。由于男生女生在认知、情感、意志、气质、性格、能力、兴趣等多方面的差异，在正常的异性交往过程中通过相互的认识和评价，可以进一步确认自身的性别角色，并且有利于从多个角度认识自我，进而促使双方进一步完善自己的性格等，提高沟通交往能力，促使交往双方的个性全面发展。② 心理学的研究和实际观察均发现：交往范围广泛，既有同性知己，又有异性朋友的人，比那些缺少朋友，或只有同性朋友的人的个性发展更完善，情绪波动更小，情感更丰富，自制力较强，心理健康水平较高，容易形成积极乐观、开朗豁达的性格。

第二，优化思想和行为模式。在异性交往中，因为要给对方留下良好的印象，男生或女生都会有意识按照理想的模式塑造自我形象，因而自觉地进行完善自我，在思想和行为上都有更好的表现，更多的成长。③ 在异性交往中，人的激荡的情感可以得到彼此释放、补充和平衡；激烈的思想可以得到碰撞、交流和提升；幼稚的行为可以得到反思、改善和优化。处于身心发展

---

① 杨振兵．男女搭配，干活不累：异性效应有利于提升生产效率吗．上海财经大学学报，2016，12（18）：16.

② 王军荣．“鼓励男女孩牵手”不是教育的关键．http：//learning. sohu. com/20060929/n245600629. shtml.

③ 韦志中．青春期心理：与异性同学交往的技巧．https：//www. xinli001. com/info/100357103.

高峰期的青年学生，尤其是思想空间更为自由和丰富的大学生更需要得到异性的评价和肯定。在现实生活中，当你冲破同性交往的小圈子，就会发现更大的交往天地。交往范围越广泛，与周围生活联系得越多，个体的精神世界也就越丰富，行为模式也就会越发成熟。

3. 有助于个体社会化的进程

社会化就是由自然人到社会人的转变过程，每个人必须经过社会化才能使自己的社会行为规范、准则内化为自己的行为标准，这是社会交往的基础。① 大学生性别角色的形成是个体社会化的一项重要内容，正确的性别角色意识、性别角色行为的形成与个体的异性交往经历有直接关系。可以毫不夸张地说，只有在异性交往过程中，大学生才能真正学会怎样做一个男人或女人。

第一，加强角色意识，提高责任感和道德感。大学生异性交往不仅有助于当前的心理发展，而且对于成年后应对各种婚恋和家庭问题也有深远的影响。只有在正常的异性交往中，才能学会与异性进行交往的正确方式，才能对异性的心理特点有比较具体的了解，才能对异性交往中所形成的不同层次的情感有比较深刻的体验，才能对不同的异性做出比较客观的比较和判断，同时培养责任意识和道德观念。而这些都是今后适应婚恋生活的必备条件。

第二，丰富情感体验，消除神秘感和好奇心。人际交往过程中，彼此之间的情感是丰富而微妙的，在与异性交往时获得的情感交流和情绪体验，往往在同性朋友身上是寻找不到的。异性同学在正常交往时，由于相互吸引，感情更为融洽，心情更为愉悦。男生女生的情感特点和表达方式有所不同，男生情绪比较冲动、热情，表达更为主动、直接；女生情感丰富、细腻，表达更为含蓄、矜持。男女同学在正常交往时便会体验到同性、异性之间交往的差异，从而增加个人的情感体验，消除内心对异性的神秘感和好奇心。

二、两性心理的特征分析

男性和女性除了有许多共性之外，在很多层面还存在着先天性的差异，

---

① 郑杭生．社会学概论新修（第三版）．北京：中国人民大学出版社，2003.

除了大家都熟悉的生理上的差异，在心理的诸多方面也是存在差异的。西方哲学家很早就注意到了男女性别差异。卢梭推崇“人人生而平等”，但是在涉及男女两性的性别差异上，他认为男女两性由于先天生理特质的差异性，他们在社会当中应扮演不同的角色，男人应该拥有的品质和美德是勇气、公正、刚毅，而女人应该拥有的品质和美德是温顺、忍耐、灵敏。① 这也正是对男女在性格这一心理特征上差异的说明。实际上，男女两性除了在性格上，还在认知、情感等心理特征上存在明显差异。

（一）智力和认知的两性差异

男女两性在智力和认知上的差异主要表现在认知风格的不同、语言能力的不同、记忆能力的不同和思维倾向的不同上，如表 2-1 所示。而这些方面的差异使得男女生在交往过程中，尤其是在学习过程中可以相互影响，取长补短，从而提高彼此的智力活动水平、认知活动范围和工作学习效率。当然，这些方面的差异也让男女两性更具欣赏力，引发了异性关注，促进了异性交往，甚至在良好的异性交往的基础上发展爱情。

1. 认知风格的性别差异

男女生认知风格的性别差异，也就是他们个人所偏爱的信息加工方式上的差异，体现在各个方面。首先，在场独立性和依存性上，女生更多的在场依存性上较强，她们更喜欢并善于社交，社交工作的能力也更强；而男生更多的在场独立性上较强，他们擅长抓住问题的关键性成分，灵活地运用知识解决问题，认知重构的能力强。其次，在联系性和分离性认识上，女生在联系性认识上更胜一筹，她们更看重个人的体验，往往具有较强的移情能力，更易完成解释性的认知任务，如对诗歌的领悟力；而男生在分离性认识上更有优势，他们思维限制性强，对于逻辑矛盾、事实性错误等会非常敏感，能够很快发现，更易于完成严格论证的数学任务，如男女生对电视节目的不同看法。

2. 语言能力的性别差异

语言包括口头语言、书面语言和肢体语言，男女生在这三个方面均有一

---

① 张丽君. 当代西方政治思潮. 上海：立信会计出版社，2005.

定差异。第一，在口头语言发展上，女孩较男孩语言发展速度快，发展水平高，灵活运用句子和运用复杂句子时间早，女生的语言优势从小学四年级开始明显化；女生语言有更明显的流畅性和情感性，吐字清晰、口齿伶俐，表情动作丰富，情感词的运用较多，而男性语言有更明显的逻辑性和哲理性；在平均音值上女生高于男生，在语调、音调上女生也高于男生。第二，在书面语言的发展上，与口头语言发展的性别差异相似，但女生书面语言的流畅性不如口头语言显著，男生书面语言的逻辑性和哲理性比口头语言更明显。第三，在肢体语言上，女生面部表情丰富，经常变换，更多微笑，反映她们的处世态度，而男生更多用微笑表示自信和大度；并且社会对女生行为的约束要大于男生，对男生行为较为宽容，尤其在异性交往行为上。①

3. 记忆能力的性别差异

男女生在记忆能力上的性别差异很大来自两者大脑结构的差异。男女大脑中的记忆区域不同，女生情感区域活跃，与情感有关的细节容易被记住，例如各种纪念日、生活琐事；男生的记忆区域在接受视觉刺激后会变得越发活跃，而且男生更善于关注大局，如道路布局等，因此，他们对大局的记忆更深刻。② 并且，女生在短时记忆上更占优势，而在长时记忆上，女生在记忆机械的、形象的信息上占优势，男生在记忆抽象、理解性的信息上占优势。

4. 思维倾向的性别差异

目前的研究表明，男女思维倾向性是有差异的。但这种差异表现在男女思维能力的各自特色上，而从总体水平上看，则可能没有显著差异。一般认为，两性之间的逻辑推理能力会出现“互有高低，互有接近”的状况。首先，在形式逻辑推理能力的发展中，男性的推理能力高于女性，这主要表现在演绎推理方面，而归纳推理方面则没有差异。其次，在逻辑法则应用能力方面，女性重用矛盾律、同一律的能力要高于男性；在反映发散性思维的流衍性图形测验和符号测验方面，男性的成绩高于女性；语义测验则是女性高于男性。

---

① 刘静秋．从男生女生心理差异谈因性施教．教育教学论坛，2017（9）：51－52.

② 胡东亮．男女之间七个有趣差异．大家健康，2010（10）：13.

表 2-1　男女两性在智力和认知上的差异

人格和行为	男性	女性
认知风格	场独立，分离性强	场依存，联系性强
语言能力	语言更有逻辑性、哲理性，书面语言能力强于其口头语言	口头和书面语言发展快、水平高，口头语言能力强于其书面语言，语言更具情感性、流畅性
记忆能力	记忆的视觉区活跃，善于抽象、理解性信息的记忆	记忆的情感区活跃，善于形象、机械性信息的记忆
思维倾向	演绎推理能力、分散思维能力较强	矛盾律、同一律、语义测验能力较强

（二）人格和行为的两性差异

男女两性因为不同人格的表现和行为方式的差异，他们往往不能完全真正理解对方的心理，因此而产生一些误解，如若不能及时解释清楚，则会影响彼此的友谊。而在异性情侣之间，这些差异往往也会引发矛盾和争吵，严重的甚至会导致分手。因此，了解男女在人格和行为上的差异有助于我们对异性心理和行为的理解，能够避免一些因为差异而引起的误解，如表 2-2 所示。

1. 情绪反应的性别差异

女性被认为比男性更情绪化，更易表达恐惧、焦虑、不安的情绪。男性则被认为更可能表达愤怒和隐藏或拒绝表达他们的情绪。正因如此，男大学生压力都明显高于女大学生。女大学生更善于情感表达，她们的压力可能更快地得到释放，而男大学生由于不善表达，他们的压力可能越积越深。研究也表明，2 岁的女孩就比 2 岁的男孩更多地使用与情绪有关的词语。女性比男性更为谨慎和犹豫，冒险活动也远远少于男性。男女两性的同情心也是有差异的，女性比男性更具同情心，更具情绪表达性。女性也更可能给朋友和亲属提供心理上的支持和帮助。

2. 兴趣爱好的性别差异

男女生思维方式不同，所以兴趣爱好也大有不同。男生爱玩网络游戏，女生爱看电视剧、小说；男生喜欢对抗性较强的体育活动，比如篮球、足球，女生则喜欢技巧性较强的体育活动，比如跳绳、踢毽子；男生喜欢汽车、飞机等武器类用品，女生喜欢衣服、包包等时尚类用品。而体现在学习活动中，男女兴趣爱好的差异表现为：男生多喜欢理科，勇于实践，喜欢独立思考，敢于怀疑已有的结论；而女生多喜欢文科，长于背诵、默写和记忆。所以，女同学往往更注重模仿、注意机械记忆，逻辑思维能力相对较弱，在解题遇到困难时，女同学往往首先求助于书本或寻找例题中的类似问题，而男同学却是独立思考的居多。

3. 成就动机的性别差异

成就动机受社会、文化、家庭教育等许多因素的影响，在传统的社会规范中，对男性和女性的角色有不同的要求。对男性而言，更多的要求成为家庭的经济支柱，担当更多的责任，因此必须更加努力地追求事业的成功。对女性来说，并没有如男性那样的要求工作和事业上的成就，而更多的期望女性在家庭中扮演重要的角色。同时，社会对于男性和女性的特质和行为表现也有不同的要求，例如，要求男性必须坚强，要勇于迎接挑战和克服困难。研究表明，男女生在追求成功的动机水平上，男性显著高于女性；而在避免失败的动机水平上，女性显著高于男性。也就是说，女性与男性相比而言，显得更为保守和谨慎，对于迎接挑战、战胜自我的愿望没有男性强烈。

4. 情感需求的性别差异

传统的性别刻板认为，女性在情感方面更为热烈和敏感，也更容易受到伤害，而男性在情感上则属于比较克制的类型。也就是说，男生的感情通常比较内敛低沉，女生的情感则外露且波动大。心理学家所进行的大部分研究支持传统的性别刻板。例如，女性对他人的情绪比较敏锐，面对焦虑和伤害更加脆弱；男性的情感是自我取向的，他们比较自大，还有些敌意。不过，许多研究也指出，事实上男性和女性主观经历的情感并没有很明显的性别差异，差异主要体现在外露（让他人看到的）的情感上。比如，男性和女性可能都有合作和关心他人的情感体验，但男性较少将这种情感表露出来。① 同样，男性和女性都具有自我取向的情感（如野心和骄傲），但女性较少表现出来。这种有选择的情绪表达主要是受到社会期望的影响和性别角色的限制。

① 罗慧兰．女性心理学．北京：湖南大学出版社，2014.

大学生都有与异性交往的愿望和需要，能够轻松自然地同异性交往是一个大学生人际关系能力的重要体现，也是个体心理健康的重要方面。然而，由于传统思想和教育观念的影响，加上上述这些男女各自所具有的不同特点，使得男女生在处理异性交往时的态度和方法有所不同，这就间接引起了大学生实际异性交往的一些困惑和障碍。

表 2-2　男女两性在人格和行为上的差异

人格和行为	男性	女性
情绪反应	不善于表达，更可能表达愤怒和隐藏或拒绝表达他们的情绪	更加情绪化，更易表达恐惧、焦虑、不安的情绪，更具同情心
兴趣爱好	更爱网络游戏，喜欢对抗性较强的体育活动；多喜欢理科，勇于实践，喜欢独立思考，敢于怀疑已有的结论	更爱电视剧小说，喜欢技巧性较强的体育活动；多喜欢文科，长于背诵、默写和记忆
成就动机	追求成功的动机水平高于女性，喜欢迎接挑战、战胜自我	避免失败的动机水平方面，女性高于男性，更为保守和谨慎
情感需求	感情比较内敛低沉，比较克制，不轻易流露	情感更为热烈和敏感，外露且波动大

（三）欣赏的异性的两性差异

男女两性不仅在生理和心理特征上存在显著差异，在欣赏的异性特征和类型上也有巨大差异，如表 2-3 所示。这也使得男女在选择异性友人和恋人的时候表现出一定的差异。了解异性所欣赏的、关注的特质，有助于我们进行自我提升和自我塑造，促进异性友谊的升华，甚至是收获爱情。

1. 形象外貌上的两性差异

美是人类永恒不变的话题，随着社会的日益发展，人们对美的需求也越来越高。所以，不管男生女生都对眼里“美”的异性更加青睐。但是，在男生和女生眼里这个“美”的标准是不同的。在男生眼里，眉清目秀、唇红齿白、身材苗条、体态轻盈的小家碧玉有一种阴柔美，更能激发他们的保护欲；而在女生眼里，气宇轩昂、高大威猛、体格强健、背阔胸宽的男生有一种阳刚之美，是一种力量的象征，会带给自己安全感。当然，男女生在形象外貌上对异性的审美要求也存在一定的共同之处。比如，衣着干净整洁、清新大方，这跟个人本身的长相无关，而是一种基本的社交礼节，表达的是对他人的一种尊重，而一个发自内心的微笑更会使异性对你好感大增。

2. 语言谈吐上的两性差异

在语言谈吐上，男女生欣赏的异性虽有差异，但也有很大的共性。首先，一个满嘴脏话的人是永远不会受到人的欢迎的，这与性别无关。其次，学会赞美也是必不可少的，不管男生女生都喜欢自己被赞美。再次，诙谐幽默的语言也可以让对方更加喜欢你。最后，一个简单的问候也许会带来温暖与幸福。除了上述这些男女生都欣赏的语言特点，男女生对喜爱的异性在语言谈吐确实存在一些差异。比如，男生更喜欢说话柔声细语、举手投足间透着文雅端庄的女生；女生更喜欢机智沉稳，有教养、有风度的男生。

3. 内在品质上的两性差异

内在品质是男女生在异性交往过程中最看重的地方。而性别的差异，使得男女生喜欢的异性同伴特点有所不同。通常来说，女生喜欢的异性同伴的特点包括：阳光、刚强、有绅士风度、幽默风趣、意志坚强、彬彬有礼、言行大方、遇事不惊慌、成熟稳重、积极向上、宽宏大量、有责任心等；而男生喜欢的异性同伴的特点包括：美丽、平易近人、气质优雅、自尊自爱、性格善良、善解人意、大方得体、自信、大度、有才华、知性等。这一些品质特点都带有明显的性别色彩。当然，除此之外，男女生所欣赏的异性品质还存在一定的共通性，比如善良、宽容、真诚等，这些人际交往中必不可少的内在品质，在异性交往中也是不可或缺的。首先，善良是受人欢迎的基本条件，只有一个善良的人才会受大家喜欢。其次，宽容的人才能在人际关系的道路上越走越远。最后，常言道“人无信而不立”，以诚相待，才能得到别人的信任和理解，才能受到别人的欢迎，成为真朋友。

表 2-3　男女两性所欣赏的异性的差异

特征和类型	男性	女性
形象外貌	更喜阴柔美，更能激发保护欲	更喜阳刚美，更有一种安全感
语言谈吐	更喜欢说话柔声细语，举手投足间透着文雅端庄的女生	女生更喜欢机智沉稳，有教养、有风度的男生
内在品质	美丽、平易近人、气质优雅、自尊自爱、性格善良、善解人意、大方得体、自信、大度、有才华、知性等	阳光、刚强、有绅士风度、幽默风趣、意志坚强、彬彬有礼、言行大方、遇事不惊慌、成熟稳重、积极向上、宽宏大量、有责任心等

三、 异性交往的发展因素

大学生相对中学生来说，对异性朋友的“依赖”度呈现递增趋势，虽然有着强烈的与异性交往的愿望,① 但是在实际中并不知道如何正确把握。高校心理咨询过程中经常遇到的就是学生关于“异性交往的过程应该持什么样的态度”“异性交往的过程中有哪些技巧”等，这些问题都说明在异性交往教育初期他们是没有打好一定基础的，从而引起身心发育不畅，造成在大学阶段没有足够的交往自信和正确的交往技巧。异性交往不一定涉及性，却一定会牵涉到对异性交往的愿望和需要，所以，了解这一过程中心理发展的成熟必不可少，因为行为是由心理来决定的，良好的心理成熟度有助于建立正确的亲密关系，尤其是对异性交往的认识和态度。

（一）社会心理成熟的转变

随着性生理和性心理的成熟，大学生出现了性要求和性冲动，激素的兴奋作用对性兴趣和性行为产生直接的影响。第二性特征作为社交刺激，发展不是在真空中发生的，而是通过与外界社会的相互作用得到促进或受到阻碍的。生理上的变化促使心理上也发生相应的变化，其性生理成熟现象带来相应的性心理需要，即生物性的发展之外伴随着相应的社会性的发展，开始表现出对异性的倾慕与向往，希望自己能有更多的机会与异性接触和交往，有什么心事也更愿意向异性朋友倾诉。

大学生从严格的相对比较封闭的中学环境进入相对比较自由、自主和开放的大学环境。这样的一种身份转变，相应的其他也改变了，更多的是需要自己处理这些关系。而由于性的发育与成熟，导致大学生在生理层面上有一种性的成熟，表现出强烈的异性交往愿望，但个体的情商仍然没有完全发育完成。异性交往对他们来说也是处在一种学习的过程中。在这一阶段中，一方面大学生的性意识逐渐增强，构成了强烈的性冲动；另一方面大学生的社会心理成熟程度还尚未完成，其社会角色还需要通过异性交往来完成。而父母、学校传递的中国传统文化有别于目前涌入的大量外来的思想。如何正确

---

① 胡珍，等.2000 年中国大学生性心理健康调查对比分析. 青年研究，2001（9）：29－35.

处理这些观念之间的撞击，正确面对社会环境和顺利实现社会角色的转变都是这一时期大学生要处理的。因此，异性交往集中体现了个体是否具有良好的心理状态。

（二）同一性的最终确立

同一性（Ego Identity）的发展围绕解决“我是谁？我将走向何方？”的问题。在这一阶段是为未来做选择与准备，包括人格的完善、情商的发展，也包括性别角色认同。当正确适应与化解了这一发展危机，就完成了这样的同一性确立。同时，同一性的建立是和自我的自尊概念、自控能力联系在一起的。中学生阶段尚未做出自主的选择，即使有一些逆反心理，但是限于多种条件，也更多听从家长或老师的安排。由于这些选择是由其生活中的重要人物建议或嘱咐的，不能发挥个体作为主体的选择，表面在心理上保持暂时安定，但同一性的确立还没有形成。

通常，从中学生的角色转变为大学生的角色过程中，个体的发育还没有成熟，仍然是一个不断发展的过程，包括对个人主观认知能力的提升，教育内容与要求的改变，面对选择的困惑，接受竞争成败的压力，主体的成长还需要进一步完成。通过与异性的交往则可以完成性别认同和性别角色的区分，同时形成良好的完善的自尊人格。所以，同伴的关系变得非常重要。20 世纪 80 年代以前，一个家庭中有多个兄弟姐妹，在相处的过程中，他们学习并认同了自己的性别角色，在一定程度上了解到了男女有不同的生理和心理特征。而现在的孩子大多是独生子女，在他们的性发育过程中，性别角色认同不能在家庭中完成，只能在学校、社会中通过与异性交往来实现。在这样的发展过程中，如果同一性扩散（Identity Diffusion），自我有着不完整的意识，缺乏信念和原则，会迅速地尝试角色，但是也会很快地放弃角色，在异性交往的问题中就可能表现为退缩，也可能陷入堕落，或者表现某些其他的异常行为。

（三）亲密关系的重新建立

大学生的成功不仅是学业的成功，更是健全人格的养成，其社会地位的主要变化就在于不断割裂与父母的关系而开始建立自己的人际关系。现在大学生大多数是独生子女，从小受父母溺爱，现在求学在外、远离父母，会感觉缺少关爱，从而倍感孤独，由于对父母的依赖的弱化，家庭关系此时表面已经和其人际关系结合得不是那么紧密，但是前期的影响仍然是存在的，存在着一个亲密关系建立的过渡阶段。并且，大学的环境中师生之间的相互作用不是那么紧密，其更多的是促进学生作为主体的学习活动。同时，朋友圈子也开始有变化。曾经有的亲密关系由于距离和交流的减少会渐渐失去，需要从大学中重新建立新的友谊或亲密关系，在这一阶段，他们对朋友圈子的满意度是最低的。

于是，在这一阶段，他们就会找一个能陪自己、让自己释放压抑感的朋友来交往。这种过渡是困难的，在大学生生活中，人际交往、学习考试等都可能给大学生造成身心压力，使他们产生压抑感。这一阶段的交往更多是深层次的、更相互依赖的人与人之间的一种异性交往，其亲密程度增加了。比如，通过恋爱与异性建立一种比较亲密的关系，造成注意力的转移，也可以摆脱孤独感。有调查显示，很多大学生选择了“校外公共场所”的交友地点，不再局限“校内”作为主要交往地点，同时“网络交友”等新的渠道增加了大学生扩大异性交往的机会。亲密关系和性没有必然的联系，而更多是源于相互信任，建立良好的同一性的个体更有可能和异性保持良好的亲密关系。随着时间的推移，家庭关系在人们的满意度中所起的作用就越来越小了。作为个体的大学生自主性出现，实现了被动到主动的转变，对问题的看法更复杂和抽象，内化父母或者朋友的价值观为自己的价值观，形成自我管理的能力。

四、 异性交往的问题解读

异性交往本来是正常的社交活动，但有些学生在不良心理因素的影响下，与异性交往时总感到比与同性交往时有更大的困惑，以至产生异性交往障碍，不能与异性进行正常的交往。

（一）大学生在异性交往中的主要特点

首先，大学生异性交往存在问题较多。大学生在严格的社会教育环境下，性道德和性法治观念较强，善于用理智控制自己的情感与行为，大多数学生能集中精力学习文化知识，与异性交往的机会与体验比较少。由于缺乏与异性进行情感交流的技巧、能力和经验，思想相对单纯，社会成熟度及适应性比较低。因而，在异性交往中，对异性充满神秘感，常常会遇到各种心理困扰，并伴随各种性过失行为的发生。

其次，大学生异性交往态度相对保守。由于长期受到传统文化的影响，很多学生把异性交往等同于谈恋爱，等同于性交往，忽略了异性交往除了性爱需要外还有社会化需要和个人成长需要。无论是社会、学校，还是家庭，只注重性道德和性法制教育，关注的是异性交往下一个阶段产生的问题，缺少异性交往礼仪、异性情感交流技巧、性别行为习惯、性生理心理保健常识等方面的教育。大学生渴望得到异性交往方面的知识，能自主处理异性交往中出现的各类问题，但由于得不到及时、正面的指导，导致其可能会做出不计后果的行为。

（二）大学生异性交往中常见的心理困惑

大学生作为一个特殊的群体，无论生理上还是心理上都处于一个敏感时期。对异性的好奇，促使着他们渴望和异性接触，但由于对异性的不了解，常常会使他们产生各种各样的交往困惑，甚至会发展成异性交往的心理障碍。

1. 认知偏见， 回避异性交往

有的大学生和异性明明是友谊，却害怕遭到他人的怀疑和议论。这类学生往往成长于这样的环境中：其父母受现实社会中某些不正确的观念和片面的价值导向影响，只关注孩子的学习成绩，忽视孩子的全面发展。为避免孩子早恋或受伤害，从中学开始就对与同龄异性的交往做了种种限制；但是孩子的内心其实渴望和异性交往的，却往往因为父母的限制产生了不合理的异性交往认知，久而久之对异性采取不接触的回避态度，从而反向形成了心理防御机制的特点，这种内在的心理冲突使其有不安、焦虑的情绪体验。还有的大学生因为各种原因从小缺乏正常的异性交往，对异性有陌生感，用拒绝的方式表达对异性的关注，这部分学生到了大学后有与异性交往的强烈愿望，但不敢与异性交往，在异性面前畏首畏尾、自我封闭。以上两类大学生在异性交往时的共同表现就是能回避则回避，无法回避的交往中则显得特别紧张，尤其在人多的场合或者在集体活动中更感到恐惧，不敢和人打交道，不敢表现自己，严重的可导致社交恐惧症，直接影响正常的学习与生活。

2. 在交往中的自我评价过低

这一类大学生最大的特点就是自卑，从而影响了异性交往的自信，最终显得有些孤僻。不少大学生在经历了“千军万马过独木桥”之后，发现自己不如在中学时那么出类拔萃了，进而形成嫉妒与自卑心理并造成了人际交往障碍，尤其是在异性面前，一方面想表现出最出色的自己，另一方面自我认知的评价又不当，两者冲击之下更容易引起缺乏交往兴趣、拒绝异性交往等问题。在与异性交往活动中时时处于被动的地位，往往觉得对方比自己更优秀，对方的见解比自己更具权威性。这种态度使其失去交往的积极性，表现出毫无己见、平庸消极的个人形象，往往不被异性悦纳。还有一些大学生，由于双方的家庭条件、教养的差距及所处的社会地位不同，往往认为自己不如别人，怕别人瞧不起自己，把异性交往看作一座不可高攀的山峰，遇事总是回避退让，整日郁郁寡欢；缺乏交往的愿望和兴趣，自我封闭、孤芳自赏或存有乖僻；但又特别敏感，经不起刺激，心理承受力差，慢慢地表现出对异性持有恐惧情绪，与异性沟通时表现出拘束不安的状态。

3. 在交往时的自我评价过高

这一类大学生一方面会表现出开玩笑不注意场合、不懂得给人留面子，出言粗鲁伤了对方的自尊心。一般情况下，与自己比较亲近、熟悉的人在一起，开玩笑即使重一点，也不会影响友好关系，但与自己比较陌生的人在一起，就不宜开玩笑，因为你对人家的个性、经历、情趣、隐私不了解，可能在开玩笑中冒犯了人家，引起反感，不利于今后的互相了解和友谊的发展。另一方面还会表现出不懂得尊重对方的风俗习惯，没有注意到一些地方风俗习惯，看到或者听到之后往往会说出一些不尊重的言辞，导致对方尴尬，甚至生气。自我评价过高的大学生还往往只相信自己，不轻易相信别人，在交往中有些傲慢轻狂、居高临下、盛气凌人，因而也不会轻易流露自己的真实想法，很难与人推心置腹，对人怀有很深的戒备心理，存在一定的不合理人际交往认知心理。在人际交往的认知心理四大类型：“我好，你不好——自恃权威的人（抬高自己，否定别人）”；“我不好，你好——自卑的人（自我否定）”；“我不好，你也不好——施害的人、否定别人（表面上否定别人，骨子里否定自己）”；“我好，你也好——快乐的人（良性互动、双赢）”中，这一类大学生一般属于前三种类型。

4. 在异性交往中的表达不当

这类大学生典型的特点就是沟通表达不当，尤其是当代大学生独生子女比较多，从小娇生惯养的不在少数，难免会有一些以自我为中心。这些大学生在异性交往过程中就很容易以自我为中心去考虑问题，具体表现出来则是在交往中的表达显得过于生硬、书生气太足，不注意交往中的“第一印象”，在劝说、批评、拒绝他人时，不讲究艺术、没有顾忌对方的感受等，影响了进一步的交往。表达不当的情况一般可以分为三类：一是与异性存在观点分歧时，沟通困难。比如，男女互不理解相互的笑点、生气点等；二是不知道怎么打破和异性间的尴尬气氛。比如，男生爆粗口或说敏感的话题；三是不知如何不伤感情地拒绝异性，尤其是关系亲密的异性。比如，男闺蜜、女闺蜜的突然表白。

5. 在异性交往中，缺乏技巧

中国社会、学校和家庭往往强调性道德和性法制，对异性交往的技巧教育是忽视的，不注重学生异性交往能力的提升，导致中国学生往往不懂得如何进行良好的异性交往。具体表现在以下三个方面：第一，异性交往缺平时累积。有的大学生不懂得交往在于平时的积累，总希望别人主动关心自己，主动与自己交往，而自己总是处于被动地位；或仅仅是一旦自己有事求人时才去“临时抱佛脚”，使对方感到无论在物质上还是在精神上都不能使自己受益，而且感到是累赘时，这种交往就会终止。第二，举止不当而产生误会。有些大学生在与异性交往时，由于交往动机不纯，加上外在的因素，还未开始交往时便产生了对异性占有的欲望，说出暧昧的话，做出亲密的举动。在这种情况下，很容易引起对方的误会，或者因为害怕而疏远，或者开始冲动。持有这种态度和行为的大学生很难与异性产生深厚的友谊。第三，误会异性对自己有意。有的大学生能正确认识异性之间的交往，并积极尝试与异性的交往，但由于不懂得人际交往，特别是不懂异性交往的原则和方法，不能正确区分和处理友谊与爱情的关系，将学习、生活及经济上的互相帮助误认为是对方对自己的特殊好感。

（三）大学生在异性交往中容易出现的问题

异性的友谊和异性的爱情是喜欢和爱的区别，喜欢不一定有爱，但是爱是建立在喜欢基础之上的。如果不能明确喜欢和爱的区别，会影响我们对异性友谊和异性爱情的把握，而这就很容易引起异性交往问题。

1. 单相思

单相思也称单恋，是指异性关系中的一方倾心于另一方，却得不到对方回报的单方面的“爱情”，这往往是建立在爱情错觉的基础上的。这种情况往往是异性交往中的一方错误地把另一方正常的行为理解为对自己有意，从而将对方的言行举止纳入自己的主观需要来理解，从而造成对对方认知的偏差，觉得对方也爱自己，一言一行都是在向自己示爱。由于青年大学生心理尚未完全成熟，所以单恋现象是比较常见的，且较多地出现在性格内向、敏感、富于幻想、自卑感强的人身上。首先是自己爱上了对方，于是也希望得到对方的爱，在这种具有弥散作用的心理支配下，就会把对方的亲切温柔、热情大方当作爱的表示，并坚信不已，从而陷入单恋的深渊，不能自拔。

单相思的人一开始会体验到一种深刻的快乐，但更多会体验到情感的痛苦，因为他们无法正常地向自己所钟爱的异性倾诉柔情，更不能感受到对方爱意的温馨。单相思的痛苦不仅仅为情，真正让自己痛苦的是自我的否定。比如，“我怎么就那么笨啊”“我怎么就没有争取到啊”“我是不是很差啊”。

2. 多角恋

多角恋是指一个人同时被两个或两个以上的异性所追求或自己同时追求两个或两个以上的异性并建立了恋爱关系。多角恋大多表现为两种情况：一是双方已经确立恋爱关系后出现第三者；二是几乎同期与两个或两个以上的人建立或发展了恋爱关系。处在多角恋关系中的人，有主动和被动之分。主动者主观上并不在乎多角恋的发生，甚至有意制造多角恋爱，内心还得意扬扬，认为自己有魅力，而且愿意将这种关系“保持下去，不断选择”，同时也乐在其中。还有的在多角恋关系中，积极竞争，不愿放弃。被动者则是在自己并不情愿或者不知不觉中陷入多角恋中的，他们自己痛苦，也为别人痛苦，所以积极地想摆脱这种尴尬的局面。

引起多角恋的原因大体有以下三点：第一，择偶标准不明确。由于个性不成熟、生活经验不足，择偶前没有一个较为明确的标准，不知如何才能断定与自己关系密切的异性中哪一位与自己更合适。因此，只好颇费心思地多方应付，多头追逐，从而出现了选择性多角恋。第二，择偶动机不良。有的人一开始和异性交往就出现了动机冲突，一会儿认为张三英俊、潇洒，一会儿又觉得李四深沉、稳重；今天认为王某开朗、可爱，明天又觉得赵某妩媚、艳丽，各人的长处他/她都想兼得。为了满足不同的欲求，只好在不同角色中周旋以寻求快乐，有的甚至发展到玩弄异性的程度。第三，虚荣心强。总以为追求者越多，身份就越高，若退出竞争，就是承认失败，承认自己比别人差；这是恋爱上自私自利的表现，也是导致对别人和自己感情不负责任的多角恋的主要原因。第四，盲目崇拜。明知对方已有对象，但由于盲目崇拜，加上嫉妒好强，固执任性，从而导致冲动性、竞争性的多角恋。

3. 不能把握好亲密度

虽然受西方文化和时代潮流的影响，当今的大学生早已过了“谈性色变”的时代，思想观念更加开放，不会过分地故意疏远异性，然而，与此同时，出现的问题就是不知道如何把握亲密度。回避异性交往固然是不合适的，但是对待异性交往是需要谨慎的。相比同性交往，大学生对待异性交往总是不能那么收放自如。不同性别之间既可存在友情，也可产生爱情。如果与对方相处的尺度把握不当，则很可能使对方产生误解，不明白你的真实心意，你明明从心里把对方当普通朋友，可对方却误认为你对他“有意思”；明明你对他很有心意，对方却云里雾里不知所以。所以说，与异性交往，要注意，不以对象不同对待，不能疏忽大意，否则可能使对方产生误解，双方发生不愉快。除了要把握与异性交往的尺度外，对于异性的感情暗示，也要能够细心领悟，不然可能使你不喜欢的异性误以为你已经默许，或者使你喜欢的异性认为你对他无意而失望地走开，出现哪一种情况，都是不好的。

所以，异性交往时应善于用理智把握自己的感情，而不是执着和专注于某个异性同学的关系，更不要陷入对某一个异性同学的心理仰赖，尤其是和所谓的“异性闺蜜”。即使是再好的异性朋友，毕竟男女有别，还是不能过分亲密。尤其是在一方有恋爱对象的时候，“异性闺蜜”之间的亲密度把握就更会困扰双方了。过于亲密的“异性闺蜜”的交往，会出现在友情范围内类似爱情的行为，这不仅会影响各自恋情的发展，也会影响彼此纯洁友谊的发展，混淆友情和爱情。

4. 不能正确对待感情

第一，对异性的神秘感。大学生都处于青年初期和青年中期，青春期的特点使他们自然会产生对异性的好奇、神秘或热烈而单纯的向往等心理。这种心理变化本来是正常的，但是，一些大学生由于不理解自己生理和心理上的变化，强化了对异性的神秘感，又不懂得为何对异性有神秘感或好奇感，以至于对自己心中萌发的希望接近异性并与其交往的念头感到内疚和自责，或对别人希望与自己交往表示存有戒心，似乎异性交往就等于谈情说爱，甚至视之为不正当行为。① 这种对异性交往的错误理解，常使一些青年大学生产生无法摆脱的烦恼。

第二，不能正确判别感情。有些大学生不能够分清与异性之间的情感到底是好感，还是友情，或者真的是爱情，无法正确判断自己的情感。首先，在年龄相当的青年大学生中，好感的产生更容易成为结交朋友的动因。而对于好感的误解，常常致使男女生在相互的关系上模糊不清，往往会把彼此的好感误认为是爱情。其次，友情是比好感更为亲密、更为稳定的感情，它虽然是爱情的发展基础，但是和爱情有很大的区别。部分大学生将同学正常又纯洁的友谊，如学习、生活、经济上的互相帮助及工作上的合作等误认为是对自己的爱情。

第三，对异性的恐惧感。有些大学生一置身于异性面前便紧张、手足无措，以至于不敢与异性接触，逃避与异性的正常交往。这就是通常所说的异性交往恐惧心理。其主要表现是与异性接触时面红耳赤、内心惊慌、心跳加快、语无伦次，有的甚至仓皇逃离现场。

（四）大学生在异性交往中困惑和问题的原因分析

男生与女生的交往出现问题是有多方面原因的。首先，性格方面可能比较内向，很少主动去接触外面的世界，很少与异性交往，长此以往导致对异

---

① 秦莉．西部高校大学生常见人际交往问题及对策探析．西部素质教育，2015（17）：31－32.

性有种陌生感，尤其是经历了青春期以后，他们对异性更是充满了神秘和陌生感，以至于不敢主动靠近；其次，中国传统的“男女授受不亲”的思想，仍是异性正常交往的一道无形的障碍；再次，也有一些人在与异性交往的经历中遭受过挫折，使得他们现在没有勇气直面眼前的异性。当然，还有些人在他们成长的环境中很少有同龄的异性，缺乏和同龄异性交往的经验，以至于他/她不知道如何面对身边突然“汹涌而来”的她/他。大学生男女交往的影响因素很多，最典型的有以下四点。

1. 传统观念束缚

在我国漫长的封建社会中，“男女授受不亲”的清规戒律，残酷地压抑了青年男女的天性。虽偶有“大逆不道”，如《西厢记》中“书生小姐一厢情愿，私订终身后花园”之类的佳话，实质上是异性交往受到禁止的扭曲反映。不可否认，即使在现代中国，封建传统的影响在许多人（包括大学生）身上还有不同程度的反映。其一，将异性交往一概视为男女私情。不少人把异性交往看作诡秘的事情，交往的人顾虑重重，旁观者猜测纷纷，导致舆论不正常，行动不自然。其二，不懂异性交往的心理距离。由于缺乏正确的异性交往指导和实践，不少进入成年的男女往往视异性交往为难题，交往中过于拘谨、冷漠，或过于热情，不能区分日常的泛泛之交与异性友情、恋情之间的界限。

2. 尺度把握不准

有的大学生在异性交往时，过分拘谨、畏缩，妨碍正常交往；而有的大学生过分热情、随便，又显得轻浮、不庄重，同样不可取。有的大学生则对友谊和爱情分不清，这是当前大学生对尺度把握不准最突出的问题。因为人总是有感情的，在友谊和爱情之间并没有一条不可逾越的鸿沟。超过一定的限度，兴许你自己也分不清是友谊还是爱情了。所以，我们必须保持一个清醒的头脑。在每一种异性交往中，我们都要有一个清醒的意识，清楚自己是什么，清楚自己要的是什么，清楚自己应该做什么，清楚自己应该把持的分寸。关系太亲密了，各种谣言凭空而降，影响心情，也影响学业；关系太冷淡了，同学关系也容易遭到破坏，也不易建立深厚的同窗友谊。异性交往是一门很深的学问，需要好好揣摩学习。

3. 换位思考困难

换位思考，是设身处地为他人着想，即想人所想、理解至上的一种处理人际关系的思考方式。换位思考在同性交往中也是一件很难的事情，和与自己在各方面都存在很大差异的异性交往时更是难上加难。尤其是当前的大学生中大多都是独生子女，从小就是家里的“小公主”“小王子”，在性格上往往更加自我，甚至有时候表现得有些自私，这又为换位思考增加了难度。在实际的异性交往过程中，是否可以首先问你自己同样的情况下会希望对方怎么做？尤其在异性好友有了另一半的时候，我们更要注意把握交往的“度”，多从对方的角度去替他/她考虑，不要去说一些、做一些引起误会的事情。这样不仅可以避免对方恋人的猜疑，不伤害他们之间的感情，而且也有利于彼此友谊的发展。虽然友情和爱情很难划分明确的界线，但是一定不能含糊不清。

4. 缺乏沟通技巧

一些大学生在上大学前，忙于学习，没有时间和异性接触而形成正常的交往；在上大学后的交往中的障碍主要是交往的技巧缺乏造成的。其中，主要缺乏的是进行沟通的方法和技巧，由此与异性间沟通出现障碍。在生活中具体表现为不会选择话题、会紧张、不会自我表白等。他们碰到异性后找不到合适的寒暄方式，不能根据对方的反应选择合适的话题，不会曲直自如地表达自己的意愿。存在两种主要的错误沟通类型：一是指责型。凡事都怪罪在对方的身上，习惯将责任或者错误全部归结到异性身上，一味地批评和埋怨。二是逃避型。避开异性提出的问题，避免直接的目光接触和回答问题，而用一些不相关的事情来做挡箭牌，减轻自己面对的那些压力。

五、 异性交往的有效方法

有人说，异性友谊是杯美酒，比异性的婚恋更芬芳，比同性的友谊更香甜。有人说，男生是经线，女生是纬线，彼此挽起手来，便能组成五光十色的青春世界。但也有人怀疑：异性间真有纯洁的友谊吗？在中国，青少年异性友谊一直是一个备受争议的话题。而作为天之骄子的大学生的异性交往更是受到社会的关注。步入青春后期，由于生理、心理上的进一步成熟，加上思想和行为空间的自由度加大，青年大学生对异性产生了更为强烈的交往欲望。异性交往是青年大学生交往活动的重要方面，是其社会化发展的“必修课题”。因为“人不可无群”，我们的社会男女参半，只有学会与异性健康交往，才会形成良好的人际关系，保证学习、生活的正常进行。

（一）掌握异性交往的原则

想要进行良好的异性交往，最基础的就是要学会掌握异性交往的基本原则。只要把握好了原则，我们在实际交往中才能更好地交流和交往。异性交往的基本原则概括起来大致有五点：一是平等尊重。平等与尊重是人与人之间建立感情的基础，也是人际交往的一项基本原则。古人云，爱人者人恒爱之，敬人者人恒敬之。大学生在异性交往中必须坚持平等，给予他人尊重，才能建立平等直接的沟通机制，才能形成良好的异性人际关系。二是自然大方。我们既要反对男女之间“授受不亲”的传统观念，又要注意“男女有别”的客观事实。男女同学之间，只要是正当纯正的友情，完全是可以堂堂正正地往来接触。因而，明智的人要学会服从良心和社会禁忌，一举一动都要大方得体，不能过于随便。三是坦诚宽容。由于大学生各自的成长环境、个性特征的差异，因误会、不理解而产生矛盾是不可避免的，尤其是男女异性之间本身就存在着许多客观差异。因此，在异性交往过程中，大学生要学会理解与宽容，在非原则问题上不斤斤计较，求同存异，能容忍别人的过失和不足，怀着一颗感恩的心来面对生活，以善良的行为去帮助人、宽容人。这不仅有助于扩大异性交往空间，而且能有效消除男女生之间的矛盾冲突。四是适度交往。不要故意疏远，也不能过分亲密，毕竟男女同学有性别之差。人的一些潜意识往往在与异性的交往中被发掘出来，过于频繁地与异性交往会唤起人的热情，激起人的冲动。要保持适当的心理和空间距离，做到诚恳待人和热情大方。五是注重场合。应多在集体活动中交往，若是单独相处时，一定要注意选择好环境和场所，尽量不要在偏僻、昏暗处长谈。如果在房间里单独相处，不要插门或锁门，以免引起他人的猜测或误解。

（二）勇于开始异性交往

没有开始就没有发展，良好的异性交往首先需要我们勇敢地踏出第一步，抛开各种心理障碍，尝试着开始与异性的接触，并在对方心中建立良好的第一印象，这将有助于我们收获一段美好的异性友谊。

1. 建立良好的第一印象

认识和学会运用首因效应建立良好的第一印象。首因效应（第一印象）指观察者第一次与对方接触时，根据对方的身体相貌及外显行为所得的综合性与评鉴性的判断，亦即我们平时说的“先入为主”。首因效应在人际交往中的应用可以从以下两点入手：第一，建立一个良好的第一印象，展现自己最吸引人的品质。第一次和异性见面时，应穿着打扮整齐、干净，谈吐自然，有礼有节。第二，懂得通过现象看本质，择其善者而从之，其不善者而改之。尤其是见异性朋友时，更要注意首因效应带来错误的印象。具体来说，如何跟异性建立良好的第一印象？可以参考艾根（G. Egan）的 SOLER 模式：S（Sit）——表示坐姿或站姿要面对别人；O（Open）——表示姿势要自然开放；L（Lean）——表示身体要微微前倾；E（Eye-Contact）——表示目光接触；R（Relax）——表示放松。以此表现“我很尊重你，对你很有兴趣，我内心是接纳你的，请随便”的印象。

2. 告别害羞的胆怯心理

一要认清自己，正视交往。害怕在大庭广众中讲话的真正原因是怕得到别人否定的评价，越怕越羞，越羞越怕，于是便形成了恶性循环；异性交往中的胆怯害羞也是如此。第一，告别胆怯的方法。一般来说，胆怯者的身体语言给人的感觉是冷淡的、闪烁其词的。美国心理学家阿瑟·沃默斯建议，只要将身体语言稍微作些调整，就能产生令人吃惊的效果。他使用了“SOFTEN”这个词，以此形象地描述了有关身体语言的全部含义：“S”表示“面带微笑”；“O”表示“坦率，愿意沟通”（注意不要手臂交叉）；“F”表示“身体前倾”；“T”表示“接触或友善性的身体接触”（例如握手）；“E”代表“眼睛对视”；“N”表示“点头”（表示你在听，且已听懂）。如果外在形象给人的感觉是“亲切、随和”，那么即使是你碰到很尴尬的场面，你也将获得其他人友好的支持和鼓励。第二，告别害羞的方法。没有人能够做到完全不害羞，可是大部分人确实学会了在生活中逐渐克服羞怯。如何克服害羞或许可以试试以下方法：第一，不要无缘无故把自己说得一无是处；第二，分析自己的优点和缺点；第三，坐在人群的中心位置；第四，别人没有应答你的话时，要再重复一遍；第五，别人打断你的话时，要想办法继续把话说完。

二要培养自信，开启交往。虽然自信心是一个人的内在心理品质，但在异性交往中起着极其重要的作用。要想在异性交往中告别害羞和胆怯，与异性自然地交往，就应该自觉地培养自信心，让自己成为一个充满自信并且能够把握友谊的人。培养自信心的方法主要有两种：第一种是按心理步骤培养自信；第二种是经自我激励增强自信。在具体实施中，两种方案的步骤如下：一是按心理步骤培养自信。建立自我意识，认识自己，明确自己的需要、想法、目标和动机等，成为一个最了解自己的人。控制情绪冲动，要用适当的态度和方式将自己的情绪表达出来。维护个人权利的同时，能够坚持自己的观点，不受对方的干扰和影响。当遭遇对方反对时，能够尽量理解对方的意思，尊重对方的观点，了解对方的需要。二是经自我激励增强自信。在日常生活中，努力争取去做一些有意义并且能够做好的事情，使自己经常获得成功的体验。将自己目前的学习、生活和工作状况与以前的相比较，找到自己已经取得了进步或有所改善的地方，然后对自己进行积极的肯定和鼓励。将需要完成的任务按照最易到最难进行排序，然后按照先后顺序去做那些事情，在每一次获得成功之后，都给自己一次庆祝和鼓励，多多回味成功的经历，在心里赞赏自己。

（三）乐于维持异性交往

良好的人际关系需要用心经营，同样良好的异性交往也是需要我们用心去维持的。积极参与集体活动和掌握异性沟通技巧，是我们保持良好异性交往两个重要的方面。

1. 积极参加集体活动

集体活动是维持良好异性交往特别好的一个方法，以集体的形式进行广泛交往，既可以免去“一对一”的紧张害羞，也可以避免“一对一”的异性发展，有利于男女学生异性友谊的健康发展。

(1) *扩大交往，建立广泛异性朋友圈。*大学生进行异性交往，建立男女同学之间的友情，首先要建立广泛的友爱圈，使男女同学都处在一个和睦融洽、往来自如的环境中，养成男女同学团结友爱、互敬互助的良好习惯。有了这样的风气和习惯，对异性正常交往的闲言碎语，也就失去了存在的必要。所以，大学生在异性交往时要注意以下几点：第一，注意交往的方式。在集体活动中，大家都为着共同关心的问题或活动聚在一起，这在一定程度上消除了对异性产生的敏感和神秘感，交往也就自如得多。并且在集体中的异性交往，每个人所面对的是一群异性同学，能使大学生吸收众人的优点，开阔眼界和心胸，同时避免了单独的异性发展。集体交往，家长放心，老师支持。集体交往的形式各种各样，如兴趣小组、科技小组、学习小组等。集体活动的内容也是丰富多彩的，如娱乐、游戏、竞赛、旅行、小发明、小制作等。第二，注意交往的层次。友情也是有层次的，大学生要处理好知心朋友和一般朋友的关系，维持几个知心朋友的亲密关系的同时，不忽略一般异性朋友间的正常交往。在男女同学的友爱圈中，有一个或几个关系比较密切的朋友，是正常现象。这种关系与大集体必须是统一的，知心朋友各自也是集体的一员，应以集体的和谐为前提。如果一对男女同学在集体中显得过分特殊，甚至一对一地亲切交往，难免不受欢迎，因为他们已经画地为牢了，别人自然不敢贸然涉足。

（2）提升能力，从容地面对异性交往。第一，主动改变自己的错误认知。在异性交往中，心理学中的晕轮效应、刻板印象和投射效应往往会误导大学生产生错误认知，需要主动认识这三种效应的产生，从而去避免错误认知的形成。晕轮效应是指印象形成中产生偏见的一种心理现象，即判断者常从或好或坏的局部印象出发，扩散性地得出或全部好或全部坏的整体印象，就像晕轮一样，是从一个中心点而逐渐向外扩散成越来越大的圆圈，所以称为“晕轮效应”，也称“光环效应”。因此，在与异性交往时，既要保持理性，不仅要听从心的声音，也要听从大脑的声音；在交往中应避免以貌取人，要实事求是；要尽量消除“偏见”，以“横看成岭侧成峰，远近高低各不同”的原理去多角度分析取舍；正确利用晕轮效应，会达到事半功倍的效果。刻板印象是人们对某一类人或事物产生的比较固定、概括而笼统的看法。所谓的类化作用，按照预想的类型将人分为不同的种类，然后贴上标签，按图索骥。比如，“南方人都很精明，北方人都很憨厚”“长沙妹子不可交，面如桃花心似刀”“ 东北姑娘‘宁肯饿着，也要靓着’”都是刻板印象的结果。所以，在与异性交往时，不要从交往对象的性格、地位、背景出发交往；不要戴着“有色眼镜”，穿着“印象外套”交往。投射效应是指在交往中一个人总是假设他人与自己有相同的倾向，即把自己的内在生命中的价值观与情感好恶影射到外在世界的人、事、物上的心理现象，实质在于“强加于人”。我们经常见到的“以己度人”“以小人之心，度他人之腹”就是这一效应的反映。具体表现为：相同投射——从自我出发做判断；愿望投射——把自我主观愿望强加于人；情感投射——以自我的爱憎指引交往。因此，在与异性交往时，首先，要顾及他人的感受；其次，在交往中遇到问题要理性分析，要学会辩证地、一分为二地对待别人和自己。“己所不欲”时“勿施于人”，“己所欲之”时也要学会“慎施于人”。

第二，学会选择合适的交往对象。作为大学生，我们需要正常的异性交往，更需要学会选择合适的交往对象，这样才能有利于我们的个人发展。特别要提醒的是：一个毫无责任感的人，对自己不负责，对家庭不负责，对社会不负责，这样的人不会是也不应该是我们想要交往的对象。在选择标准上，可以从以下四个方面考虑：一是在心灵上有共同的理念和价值观，并且对这些观念有清楚的认识与追求；二是当发生冲突或争执的时候可以一起来解决，而不是等以后来发作；三是容易沟通，可以很敞开地坦白任何事情，而不必担心被对方怀疑或轻视；四是相处可以彼此逗趣，常有欢笑，在生活中许多方面都会以幽默相待。

2. 掌握异性沟通技巧

语言的交流更多的是一种感情上的互动。交谈的目的是为了给双方带来愉悦的身心感受。心理学家认为，人除了睡眠时间以外，其余时间的70%将花在人际的各种直接、间接的沟通上。特别是和异性交往，更应该加强彼此间的感情互动和沟通。要做到这一点，关键是如何找到有趣味的话题，含蓄地赞美对方、巧妙地拒绝对方等，让情感在彼此的内心流转，让对方加深对你的好感。

（1）学会异性交谈。做到这一点，首先我们要学会寻找共同的话题。“物以类聚，人以群分”，每个人的社交圈，实际上都是以自己为圆心，以年龄、爱好、经历、知识层次等共同点为半径构成的无数同心圆。共同点越多，圆与圆之间交叉的面积就越多，也最容易引起对方的共鸣。那么，如何在沟通交流时让交叉面积尽量扩大呢？这就需要大学生提高寻找到共同话题的能力。具体可以从两个方面入手：一是从对方感兴趣的题材入手，寻找共同话题。在与异性谈话时恰到好处地选择那些生活中的趣事作话题，既可以消除彼此之间的距离，更容易产生共鸣，增加亲切成分。比如，选择一些比较轻松的话题，如校园生活的诗情画意等。这些话题不但可以一下子就激起彼此的谈话兴趣，而且话题的外延广、内涵深，不至于大家刚聊了两句就没话了。二是保持一颗热烈温暖的心，引出共同话题。在异性沟通中，往往会遇到一些说话很被动的人。当别人首先与他/她说话时，他/她惜语如金似的，仅用“是”与“不是”作答，无论你如何发问，他/她总是简单作答。他/她相信，时间能慢慢地使陌生者变得亲切起来，甚至引出他/她有兴趣的话题，逐步改变“话不投机”的局面。但是，实际情况是，遇到有一定社会经验的异性，还会锲而不舍，耐着性子继续进攻下去；遇到社会经验不足的异性，可能很快就没话说了。其次，我们还要换位思考。在生活中，我们常会说到的一句话，叫作“将心比心”，指的也就是换位思考。即使是更能相互理解的同性之间也会产生摩擦，更不用说有着显著差异的异性之间必然更容易产生理解偏差，引发交往问题。但如果在异性交往中，每个人都能抱着“换位思考”的心态去处理问题，相处中将会减少许多纷争，增添许多美好，也会使我们的异性交往更和谐。具体操作时，应该多考虑如果我是他/她，我需要的是……如果我是他/她，我不希望……如果我是他/她，我的做法是……用换位思考三部曲来锻炼自己换位思考的习惯和能力。再者，我们要做到平易近人。异性交往中，“远距离”作战让人总有一种陌生感，难以亲近，“平易近人”才能让人有一种熟悉感，拉近双方的距离。那么在谈话中，如何做到这一点呢？我们需要做到“四不要”：一不要过分拘谨。从心理上像对待同性那样去对待与异性的交往，该说的说，该做的做，需要握手就握手，需要并肩就并肩。二不要过分冷淡。不应过分冷淡，虚与委蛇，这样会伤害对方的自尊心，也会使人觉得你高傲无礼、孤芳自赏、不可接近。三不要过分卖弄。在与异性同学的交往中，如果想卖弄自己见多识广而一直讲个不停，丝毫不给别人以说话之机；或者在争辩中有理不让人，无理也要辩三分，则都会使人反感。四不要过分严肃。太严肃会给人一种“我不愿意跟你交往”的感觉，使人对你望而生畏，敬而远之。

（2）学会赞美异性。随着我们的成长，或许我们已经不会为了别人的一句赞美而彻夜不眠，但是我们在潜意识里都渴望别人的关注、渴望别人的赞美。由此而及彼，别人也渴望我们的赞美。所以，学会赞美别人往往会成为你处世的法宝，尤其是在异性交往中，恰当的赞美可以拉近双方的距离，增加彼此的友谊。然而，赞美并不总是可贵的，不当的恭维会和批评一样有害。“恰当”的赞美，需要遵循以下三大法则：第一，态度真诚。除非你是诚心赞美，否则不要去夸别人。具体来说，赞美时如何体现你的态度真诚，要做到如下几点：首先，不要滔滔不绝地赞扬。赞赏与阿谀之间的界限非常细微；其次，不要太频繁地夸别人，这会降低夸奖的效果；再次，一定要夸对人，不要仅仅因为想不出其他可说的话而去恭维别人。第二，用语准确。模糊不清的赞美不能够起到真正的作用，有时候反而会引起对方的误解，因此，在赞美异性时，一不要使用模棱两可的表述，如“嗯……有点意思”“挺好”和“没那么糟”；二要知道自己要赞扬什么，并准备好详细描述。第三，找准时机。赞美的时机也是非常重要的，不适时的赞美会让人觉得刻意、不真诚，所以，在赞美异性时，一不要在某件事显然已经出错时还去赞美；二不要在你准备请人帮忙前赞美别人；三不要同时夸赞很多人。

（3）学会拒绝异性。假如朋友提出的某些要求过分，不是我们个人力所能及的，往往就会涉及要拒绝对方的问题。很多人往往在处理这类问题时感到很棘手，尤其对象是异性时，更是不知道该如何开口拒绝，明知道一些事情办不成，可又怕伤了朋友之间的友谊。怎样开口拒绝，才不会伤害对方呢？应该从以下几个方面进行考虑：第一，顾全对方颜面。你在说“不”前，务必让对方了解自己拒绝的苦衷和歉意，态度要诚恳，语言要温和。第二，避免模棱两可的回答。类似“我再考虑一下”等回答，会引起对方的期待和误会。第三，区分拒绝和排斥。通常人们都会明白，你有拒绝的权利，就像是他们有权利要求帮助。排斥则不同，会让人感受到一种“厌恶感”，所以这一点在拒绝时要表达清楚，不要让对方觉得你是排斥他/她。

（四）善于把握异性交往

异性交往历来不是一个简单的问题，甚至可以说令人头疼，如何区别清楚“友情”和“爱情”，保持好纯洁的友谊，把握住真正的爱情，对我们有重要的发展意义。面对异性交往，我们需要谨慎，要善于用理智把握自己的感情，而不是执着和专注于某个异性同学的关系，更不要陷入对某一个异性同学的心理依赖。

1. 清楚区分 “友情” 和 “爱情”

很多人都有过这样的疑惑，对于自己某个很好的异性朋友，不知道是什么感觉。有时相处久的朋友会成为恋人，但成为恋人的最后却发现对他/她只有友情。爱一个人和喜欢一个人怎么区分呢？两个人之间的感情到底是友情还是爱情呢？在如何区分“友情”和“爱情”的道路上，需要从思想上和行为上分清友谊与爱情的界限。

（1）从概念上理解不同。要分清两者的界限，首先要搞清楚什么是友情，什么是爱情。友情，词典上解释为“朋友间的交情”；爱情，词典上解释为“男女相爱的感情”，两者还是具有很大不同的。第一，爱情更具有排他性。在爱情中双方的情感依赖是不允许提供给第三方的，双方的这种感情互动只能存在于两者之间。而友情不同，在友情关系中情感依赖是接受第三方的，能够将双方这种亲密关系分享给第三方。第二，爱情更具有私密性。在友情层面，双方所分享的信息可能往往只涉及边缘的价值观，如择偶观，兴趣爱好等。但爱情往往还会涉及一些内在的生理喜好，甚至还包括性价值取向等更深层次的恋爱倾向，比友情在信息分享程度上更深入、更具有私密性。第三，两者的情感体验不同。爱情所伴随的情感体验往往比较强烈，而且在较长的时间范围内会呈现极大的波动性。而友情所伴随的情感体验往往比较稳定，在较长的时间范围内都能够比较稳定、比较持久地维持一种情感体验状态，而且受环境影响变化不大。第四，两者的出发点也不同。爱情是以获得独占的情感亲密度，寻找人生的亲密伴侣为目的，在时间上具有跨度、具有长期性，在环境上可以有变化，具有适应性。而异性友情是以获得异性的好感建立友谊为出发点，在时间上具有阶段性特征，而且受客观环境的影响也比较大。

（2）从行动上鉴别不同。我们无论对恋人或异性好友常会渴望与之亲近，谈天说地，寂寞时希望他/她会在旁让你依赖。两者有共同之处，但是也有本质的区别，尤其在行为表现上是有差异的。虽然有研究报告指出，女性较男性容易分辨友情和爱情，但无论男女，都会产生混乱迷惑的情况。不让自己搅乱了“情人知己”，必要弄清“爱”和“喜欢”的两项标准。要知道，喜欢并不等同爱。第一，行动感受的强弱。你把一个人当成朋友还是爱人和你的情绪感受有关，不同的情绪感受表现出来的行动强弱一定是不同的。比如，若是你的朋友住院了，你当然会去看他/她，也会担心他/她，但若是你爱着他/她，这种担心和感同身受的病痛，会让你睡不着觉，工作和学习也专心不了，仿佛是和他/她一起生病了，就想时时刻刻飞奔到他/她的身边，给他/她最周全的照顾。你可以根据自己的具体表现制定一个“行动的强弱度”评分标准，然后在自己和不同朋友相处的过程中，记录下每次行为的强度。若是有一个人给你的感受，强度明显高于别人，让你表现出不一样的行动力，那这就不只是友情了。第二，生理反应的强弱。有一句歌词唱的是“每一次当爱在靠近，感觉他在紧紧地抱住你”，这是爱情的真实写照。当你爱的人出现，你是会感到心跳加速的，而且是持续一路飙向限速区，心跳一旦快起来就慢不下来。这和朋友之间给你突然带来的惊喜和短暂心跳变化是很不一样的。[①] 除了心跳加速，你还有可能会手心出汗、说话声音颤抖……而且最重要的是这些生理反应你都无法控制。但是，友情是不会出现这样的生理反应的。第三，见面频率的需求。如果是友情，哪怕是再好的朋友，一两个星期没什么交集都是可以的，甚至是过了一两个月，一个电话就能约出去看电影、逛街、找好吃的，在此期间彼此心中并没有度日如年的感觉。但如果你对对方不只是友情，达到了爱情的程度，那么，哪怕只是一天没有他/她的消息，就会觉得难熬，很想见他/她，成语“一日不见，如隔三秋”描述的就是这种状态。似乎与对方常规的、频繁的交流和互动已变成你赖以生存的氧气。比如，微信上跳出他/她发来的消息你就兴奋不已，甚至是做着关于他/她的白日梦，那么你对他/她就不是单纯的友情，而是产生了爱情。[②]

2. 学会保持纯洁的异性“友情”

男女大学生之间纯洁的异性友情应当是健康的、文明的。这种友情要有

① Difference between Love and Friendship, on differencebetween. net.

② Dr. Theresa E DiDonato on Psychology Today. How Can You Tell When You Should Just Be Friends? 2015.

正确的目的界限：为寻找友情、完善人格而交往。而在实际的交往过程中，既要举止大方，又要切忌随便，打打闹闹都是不可取的，任何不尊重对方，拿对方取乐，甚至追求性刺激玩弄对方的行为，都是极端错误的。具体来说，我们在异性交往过程中保持纯洁的异性“友情”要学会做好以下三点。

（1）抵制性诱惑。知心的异性朋友之间的交往，自然会比一般的异性朋友的交往密切一些，但这种密切如果超出了友情的范围，就是恋爱了。异性朋友之间，最好不要过多地单独活动，而要更多地将它引向广泛的友爱圈。总之，要避免造成引起性幻想的交往环境，不致引起性意向的浪漫幻想。而当发觉异性朋友想超越友情时，要学会控制和拒绝超出友情范围的要求，要勇于说“不”。不要为了保持友情而迁就对方的过分要求。如果朋友因为你的拒绝而远离你，不必伤心，而心有他图的朋友不要又何妨。但是注意说“不”的方式，要动之以情、晓之以理，尽量避免伤害对方。已经有恋爱对象的人，可以通过提及自己的甜蜜爱情而从侧面拒绝异性朋友的过分要求。

（2）确保双方的平等。在异性交往过程中，男女双方需要将交往建立在相互平等和相互尊重的基础上，才能维持友谊的长长久久。一方面，要确立平等的观念。我们在异性交往中，首先要有客观的认识，对自己也对他人，从学识、家境、能力等多个方面认识。我们绝不回避差距，但要避免这些差距影响我们的观念，不管同学之间存在怎样的差距，都以一样的态度对待。对于我们自己而言，如果我们的条件较好，绝不自傲，做到平易近人；如果自己条件比一般同学差，绝不自卑，不卑不亢，这才是真正有平等观念。另一方面，要以尊重立平等。所谓尊重，就是对别人的“不同”至少持不冒犯、不攻击的态度。大到不同的人生观、不同的信仰、不同的生活方式……小到不同的发型、不同的衣着风格、不同的口味甚至不同的性取向……我们都无可褒贬，我们能做的而且应该做的只有去尊重。首先因为不同，所以需要尊重。男女两性在生理和心理上是存在巨大差异的，尊重就更是必不可少了。

（3）处理来自他人的阻碍。异性交往往往会引起别人或者当事人一些不必要的误会，因此，需要在交往中规范行为，来破除别人异样的目光和评论，同时也摆正自己的位置。第一，不过分随便。男女生之间的交往过分拘谨固然令人生厌，但也不可过分随便。诸如嬉笑打闹、你推我拉之类的举止应力求避免。须知，男女毕竟有别，有些话题只能在同性之间交谈，有些玩笑不宜在异性面前乱开，这些都是需要注意的。第二，不过分亲昵。男女同学交往时要注意自尊自爱，言谈举止要做到文雅庄重，切不可勾肩搭背；接吻拥抱，也不可搔首弄姿，卖弄风情。须知，诸如此类的过分亲昵，不仅会使你显得轻佻，引起对方反感，而且还容易造成不必要的误会。第三，不违反习俗。男女同学交往的方式也要适合当前的社会心理。比如，当前绝大多数人认为，男女之间经常单独幽会是友情的例外形式。尽管我们并不赞同异性交往都必须集体地进行，但过多的单独幽会容易诱发性爱心理，从而易造成爱情的过早萌动却也是事实。

实验实训

一、盲人寻宝

目的：体会男女合作的异性效应，促进双方的互动、合作，提高团队的凝聚力和战斗力。

材料：糖果或鲜花若干，蒙眼布四条，桌椅若干。

步骤

1. 两男为一组，两女为一组，一男一女搭配为一组，共3组，共同寻宝（宝物可以是糖果或者鲜花）。

2. 桌椅散落摆放（形成障碍物），糖果散落在教室里，可以离障碍物远或者近。

3. 每组派一个人蒙眼睛做盲人，另一个人搀扶盲人，只可以告诉盲人“左边”或者“右边”，以避开障碍物找到“宝物”。

4. 教师统一宣布开始时间，比赛哪个小组在规定的时间（3分钟）里找到的宝物多。

二、寻找“他”和“她”

目的：男女同学通过交流各自欣赏和厌恶的异性的特征和举止，从而了解异性的评价标准，以改进自身的一些不当言行。

步骤

1. 同一个组的同学围成一圈，以便于交流。

2. 鼓励每一个组内同学畅所欲言，交流自己欣赏或厌恶的异性特质。如男生说“我欣赏的女生是……的人”“她有……的性格”，诸如此类；而女生说“我欣赏的男生是……的人”“他有……的性格”，诸如此类。

3. 小组总结男女生分别欣赏和厌恶的异性的特征举止，小组长负责记录。

体验感悟

一、 表白的纸条

刘明借晓红的笔记复习，用完了，刘明还给了晓红，并对她说：“为了表示感谢，我在笔记本里夹了好东西送给你。”晓红一看，原来是张纸条，写着：“晓红，我已经默默地注视你很久了，我每天上课都要把目光偷偷转向你，晚上躺在寝室的床上，一闭眼，全是你的影子，我现在已经学习不下去了。今天晚上七点到学校湖边谈一谈好吗?”晚上，两人来到了小河边……

思考：

1. 假如晓红装作没有看见，并不再理刘明，这对他今后的学习生活会有什么影响?

2. 假如晓红表明自己的态度，从此两人正常来往，这对他俩今后的学习生活会有什么影响?

二、 我的异性交往层次

根据异性交往的三个层次，判断和思考自己的交往层次，并在纸上写出自己目前的交往层次。

1. 是单一的还是多样的?

2. 如果是多样的，各占的比例你认为是多少?

3. 如果是单一的，你认为是合适的状态吗?

推荐书籍

［美］约翰·格雷．男人来自火星，女人来自金星．长春：吉林文史出版社，2006.

推荐理由：本书自问世以来，销量已超过1.4亿册，被翻译成40多种语言，是获得与异性完美关系的最佳指南，是一本有价值、非常有必要的读物，它对理解男人和女人的沟通是一个突出的贡献。男人和女人如同两只刺猬，离得很近可能会彼此伤害。这些伤害大都源于两者的认知差异。那么，这些认知差异主要体现在哪些方面？男人和女人是如何面对压力和处理冲突的？身处人生低谷时，男人和女人应该如何做，才能避免伤害彼此？男人为何会拒绝女人主动提供的建议？女人为什么总是缺乏安全感，不停地追问“你爱我吗”？我们该如何满足彼此的情感需要……格雷博士在本书中归纳出男人和女人在认知上的巨大差异：男人习惯“聚焦式”看待世事，女人则是“发散式”看待周围的一切。这一认知特点导致了男人和女人在思维模式、做事方法、交流形式上的截然不同。

第三章　探寻爱情奥秘　恋爱心理分析

成熟的爱情，敬意、忠心并不轻易表现出来，它的声音是低的，它是谦逊的、退让的、潜伏的，等待了又等待。

——狄更斯（英国作家）

心路历程

一、爱情故事

俄国著名的大文豪普希金曾经狂热地爱上了被称为“莫斯科第一美人”的娜坦丽，并且和她结了婚。在普希金看来，娜坦丽的美貌让人心动神摇，如此美丽的人也必然有着超凡的智慧和高贵的品格，只不过事实并非如此。娜坦丽与普希金其实是截然相反的两类人，每当普希金为她朗诵写好的诗歌时，她都捂着耳朵躲开：“不要听！不要听!”相反，她最喜欢到处找乐子，出席一些豪华的舞会，并要求普希金陪她一起去。为了她，普希金丢下创作，最后债台高筑，还为她决斗而死，这颗文学巨星就这样早早地陨落了。①

二、读懂恋爱的心理

爱情是给予，不是得到。大家都熟悉《海的女儿》的故事，美丽的美人鱼，为了自己心爱的人，牺牲了自己动听的歌喉，用心陪伴在自己心爱的人

① 徐军．生活中的“晕轮效应”．http：//www. sohu. com/a/212996521＿100055993.

身边；为了救自己的心上人，最后化作泡沫。成熟的爱情是在保留自己完整性和独立性的条件下，也就是保持自己个性的条件下与他人合二为一，人的爱情是一种积极的精神力量，这种精神力量可以推动个体创造生命的奇迹，可以推动个体找到人生的目标。爱情是行动，运用人的力量，这种力量只有在自由中才能得以发挥，而且永远不会是强制的产物。恋人将自己的生命给予对方，同对方分享快乐、兴趣、理解力、知识、悲伤等，没有生命力就没有创造爱情的能力。因此，爱情是对生命及我们所爱之物积极的关心，爱的本质是责任、是尊重、是能力、是创造。

（一）爱是责任

只有认识对方，才能尊重对方。不成熟的爱情是“我爱，因为我被人爱”，成熟的爱情是“我被人爱，因为我爱人”；不成熟的爱是“我爱你，因为我需要你”，成熟的爱是“我需要你，因为我爱你”。所有的爱情都包含着一份神圣的责任，这种责任不是义务，不是外界强加的，而是内心的自觉，即为自己所爱的人承担风霜雨雪，而不仅是感官上的愉悦与寂寞时的陪伴。无论对方处于顺境还是逆境、是富裕还是贫穷、是健康还是伤病，爱一个人或者接受一个人的爱，就意味着始终不离不弃，自觉地为对方承担责任。美国著名心理学家弗洛姆认为：爱是我们对所爱者生命和成长的主动关切，没有这种关切就没有爱。大学生恋爱要自愿地为对方承担责任，这是爱情本质的体现。责任的担当，不是单纯的“我的心中只有你”的反复吟唱，而是需要见诸行动的自觉。责任常常就体现在生活的点点滴滴之中，它是风雨下共同撑起的一把伞，是暮色中急切归家的一种情，还可以是寒夜灯影下的一杯热茶。

（二）爱是尊重

恋爱的双方在人格上都是独立的，如果把对方当作自己的附庸，或依附对方而失去“自我”，都是对爱情实质的曲解。真诚的爱是建立在双方平等与理解的基础之上的尊重。爱一个人也是爱一份生活，仅仅因为某种需要产生的爱未必能承担爱的责任。因为大学生活的孤单与寂寞，需要异性的呵护，需要被关爱，也需要消磨业余时间，这些都不会是真正的爱情。恋爱不在乎明天，只关注此刻的感受对爱情本身的伤害是严重的。一个从不考虑未来生活的人，恋爱注定没有结果；同样，缺乏责任感的爱情没有坚实的土壤不可能枝繁叶茂。尊重就是努力使对方能成长和发展自己，而非剥夺；是让自己爱的人以他/她自己的方式和为了自己而成长，而不是服务于我。如果爱他人，就应该接受他/她本来的面目，而不是要求他/她成为我们希望的那样，以便使我们把他/她当作使用的对象。只有当我们自己独立时，在没有外援的情况下也能独立地走自己的路，才能做到尊重。

（三）爱是能力

对自己的生活、幸福、成长及自由的肯定是以爱的能力为基础的，看你有没有能力关怀人、尊重人，有无责任心了解人；利己者没有爱别人的能力。爱的能力不是与生俱来的，也非随着生理成熟自然形成的，而是在社会生活中逐渐成长起来的。这种能力包括施爱的能力、接受爱的能力与自我成长的能力。有人说："好男人是一所好学校，好女人也是一所好学校，由两性构成的学校促使男人与女人共同学习，共同进步。"爱的能力要求恋爱的人始终保持高度理性而非随着感觉走。也就是说，爱一个人需要付诸行动，否则永远是一种停留在自己心间的感觉，或者只是一句空乏无味的口号。更重要的是，爱一个人是一种能力，真正爱一个人需要勇气、信任、责任、关心、细心等能力，否则种种行为实际上只是以爱为名的伤害而已。

（四）爱是创造

爱是一种活动，不是一种消极的情绪。爱主要是"给予"，而不是"接受"。一个人奉献给另一个人的是什么？他/她奉献自身，奉献他/她的宝贵之物，奉献他/她生命。这并不一定意味着他/她为他人牺牲生命，而是意味着他把自身有活力的东西给予他人，他给他人以快乐、兴趣、理解、知识、幽默。这就意味着爱是创造爱的能力。在给予的因素之外，爱的主动特性明显地表现在这样的事实中，即所有形式的爱常常包含着共同的基本要素：关心、责任、尊重和了解。所有这些都让人在爱中成为更好的自己。就像有人说，爱情具有的魔力能够使人开创一个新的自我。爱情是神奇的，爱情不仅能够创造新的生命，而且真正的爱情对恋爱双方都是一个新的创造，它净化我们的灵魂，鼓舞着我们为挚爱的人奋斗进取，也创造着两人美好的明天。①

心理视点

一、 恋爱心理规律解析

爱情既可以是美酒佳酿，给人以莫大的幸福和欢乐；也可以是涩水苦果，给人带来无穷的痛苦和烦恼。只有保持健康的恋爱心理才能培养健康的爱情，带给自己、恋人及朋友快乐。也因此，培养健康恋爱心理就具有了重要意义。而培养健康恋爱心理的前提是我们了解和掌握恋爱心理规律。

（一）爱情发生的规律

爱情之火是由双方的共同情趣、互相需要、好奇心和吸引力等因素而点燃的，其中，外貌的吸引往往是男女相爱的先导。有了这种外貌的吸引力或刺激力，两个人才有可能接近，从而去发展情感的、心理的和精神层次的爱。所以，爱情的发展有着它自身的生理基础，也有它背后的心理层面原理。

1. 爱情发生的生理基础

恋爱的基本动力源自人的性欲因素，但并不完全归结为性欲。它是经过社会文明所净化的美好情感。恋爱的逻辑起点是人的性机能的成熟，这时会产生对异性的要求，这是人的自然属性。但不能把恋爱完全归结于性欲，因为人还有社会属性，人对异性的要求不是简单地以自然方式，而是以复杂的社会方式进行的。当性的愉悦被恋爱这种精神因素所维系时，它就更加高涨并具有动物所不具备的持久性。恋爱的本质是满足男女双方的心理需要。男女双方产生恋爱并不是因为某种不可捉摸的神秘力量使他们相互吸引，而是因为对方的优美的体貌、高雅的气质、出众的智慧、健全的体格、良好的情趣、高尚的品格等，能通过双方恋爱、结婚而得到满足。恋爱是相爱者双方内心感情激流的汇合，是两颗心灵弹奏出的和谐的旋律。客观环境是导致恋爱的外部条件，恋爱的目的是获取以为能满足自己生理和心理需要的对象。

---

① ［美］弗洛姆．爱的艺术．李健鸣译．上海：上海译文出版社，2008.

2. 爱情发生的心理原理

著名心理学家弗洛姆在其名著《爱的艺术》一书中指出，人类的爱分为五种，即兄弟之爱、父母之爱、异性之爱、自我之爱和神明之爱。且不论这种分法是否正确，本章所指爱情当属异性之爱。尽管不同学者对于爱情定义的表述有差异，但基本内容是一致的，主要涉及生物因素、精神因素和社会因素三个方面。生物因素是指爱情产生于男女两性之间，异性相吸的生物本能使人产生性欲，从而具有与之相结合的强烈愿望；精神因素主要是指爱情是一种高尚的情操，健康的爱情会愉悦身心，使人产生美好的心理体验；社会因素则是指爱情是社会现象，一方面受社会道德、法律规范的制约，另一方面爱情还将涉及养儿育女、传宗接代的社会功能。①

（二）恋爱发展的规律

长久以来，心理学家一直认为人类有一种内在的驱动力，促使他们建立恋爱关系。例如，马斯洛提出的需要层次理论认为，爱和归属的需要是人类的基本需求之一，必须首先得到满足。而且，恋爱关系也是人类赖以生存的基础。巴斯等提出的进化心理学认为，恋爱关系促进了家庭的形成，使得人类能够更好地适应生存和繁衍过程中遇到的问题。恋爱关系不仅提供了性行为的框架，增加了繁衍的机会，而且有利于个体的安全，因为具有他人陪伴的个体更可能避免来自其他非人类生物的攻击和伤害，从而提高生存的几率。从这个意义上来看，恋爱关系的发展能够提高个体生存和繁衍的能力，具有十分重要的进化意义。每一对恋人的情感发展进程都不尽相同，但是在恋爱发展过程中却仍有共同的心理规律，掌握这一些规律我们可以更好地发展一段恋情。

1. 拉近心理距离的举动

恋爱有了萌芽之后，拉近彼此的心理距离很重要，这将有助于恋爱的迅速发展，关系到一段恋情是否能够生根发芽。如何拉近彼此之间的心理距离，我们可以参考以下几个方面。

（1）拉近物理距离。关于“靠近的因素”，美国心理学家科恩曾经做过

① 程淑华，等．当代大学生恋爱心理问题与对策分析．理论观察，2016（9）：133－134.

一个实验，让两位女士同时与一位男士闲聊，不过其中一位女士距离男士只有 50 厘米，而另一位女士离该男士 2. 4 米，目的是借此研究距离和好感之间的联系。结果发现，男士对距离自己近的女士更有好感，该女士也有同样的心理。心理学家还在对公寓住户的关系和距离之间的联系进行的调查中发现，住得越近的邻居，关系越好。由此可见，人容易对距离近的人产生好感，心理学家将这种规律称为“靠近因素”，所谓“近水楼台先得月”大概就是这个意思，这也可能是为什么异地恋分手率那么高的原因。

（2）*适当自我告白*。拉近彼此心理距离有一个很实用的方法，那就是向对方倾诉一些自己的事情，或者谈论一些具有隐私度的话题。当对方了解你的一些秘密，尤其是当他/她知道这些秘密你从未向其他人提及时，心里就会出现一种对你的亲切感，这就叫作自我告白。根据心理学研究，当人接受了对方的自我告白后，很容易对对方产生好感。不过，有不少人也许不太愿意跟别人讲自己的秘密或谈及隐私性话题，这也许是因为他们担心和别人讲了之后会招致讨厌。其实，结果往往恰好相反，自我告白的举动能够迅速拉近彼此间的心理距离，让对方感受到你对他/她的信任感，加深彼此之间的感情。

（3）*寻找共同点*。人们对于趣味相投或生活方式相似的人总是会容易产生好感，这是人类共同的心理特征之一。如果想要拉近与某人的心理距离，不妨找一找对方与自己共通的地方，并且在他/她面前多提及你们之间的相似之处。当人们了解到对方和自己存在类似或者共通性时，会感觉到安全并产生亲切感，进而更容易敞开心扉。“类似性因素”是拉近你们距离的强有力因素。与类似性因素的个数相比，“类似点”的深入程度更加重要。例如，假设两个人的共同爱好有看电影、体育运动、读小说等十个，但每一种爱好的相似程度都不大；还有两个人，他们的共同爱好只有一个，就是看电影，而且单单只喜欢看法国导演吕克·贝松的电影。很明显，后两个人之间的好感度要高于前两个人。

（4）*求助与赞美*。这个法则通常适用于女士对于男士。如果一个女士想要拉近与某个男士的心理距离，有一个很简单的方法：向他求助。人都会有一种认为自己有价值的心理，男士在这一方面强于女士。当别人找自己帮忙的时候，他们会认为自己在别人眼中有价值，自尊心会得到很大的满足。这种求助，既然不是真正的帮助，那就可以挑一些简单的“困难”向对方求助。得到对方的帮助后，不仅要表达谢意，还要将自己对他“值得信赖”“有帮助”的印象很好地传达给他，使他获得赞美感。

2. 恋爱发展的影响因素

并不是所有的好感，甚至是一见钟情都能够最终发展成为稳定的恋情，影响恋爱发展的因素有很多，以下是常见的八种因素。

(1) 互信的程度。两个人之间的关系应当建立在真诚互信的基础上，互相猜疑的爱情是永远也不会长久的。然而对比较含蓄的中国人来讲，很多时候不愿意过多地解释，总是以为自己的恋人能够明白一切，自以为“心有灵犀”，然而，另一个人也常常顾虑重重，却让心中的疑虑沉默，疑问的累积将成为矛盾，而矛盾孕育着感情的破裂。只有主动坦白才是明智之举，才有利于彼此爱情的发展。

(2) 爱情的老化。爱情中女士常常会抱怨“他变了”，也许他的态度确实有所改变，但这或许是因为交往时间久了，而不一定代表他的感情变质了，可能只是麻木了。当你们相识、相知、相互拥有之后，他放松了自己，不再追求甜蜜，甚至缺乏耐心了，我们称之为“爱情老化”。爱情是否能永葆青春，有时需要我们去创造浪漫，去体味生活中细微的幸福，不要误以为爱情不做任何努力都是一成不变的甜蜜，爱情的发展是需要双方努力经营的。

(3) 爱情的理智。爱情是心的冲动。对方的美好遮蔽了我们的双眼，当然不是所有都有弊端，然而，生活中我们怎么能够永远生活在梦幻中。无论多么幸福的情人都需要理智。当他人对你的爱人稍微有些亲近，你是否吃醋？当你的爱人对别人略过关注，你是否怀疑过自己在他心中的地位？爱情是自私的，但是我们要克制自己不能对这一切过于敏感，甚至是疑神疑鬼。用理智去思考之后，你会会心一笑，笑自己的痴、自己的冲动，千万不要让这发展成为彼此爱情矛盾的导火索。

(4) 相互的交流。交流是相处的基础，是增进感情的必需品。然而，有时我们似乎过于腼腆，无论是内心的感情或者生活中的郁闷，我们都不习惯与他人交流，尽管是你的另一半，也是如此。但爱情的力量超忽你的想象，它可以排解忧愁，也可以让你的恋人欢欣雀跃，无论苦与甜，都应该与他/她交流，因为这也是他/她的责任，也是他/她十分愿意的。所以，勇敢地去和恋人交流，去表达你的感受，他/她在等你。

（5）*爱情的见解*。当浪漫主义者面对现实主义者时，总会有摩擦。浪漫主义者认为他/她的爱人太愚笨，不懂情调，而现实主义者则用异样的眼光看着自己的爱人，心想他/她怎么那么幼稚，甚至有些神经质。不要去相互指责，而应该细心去体会彼此之间的点滴，因为浪漫是由心而生，只要你去细心体会，它将充满你的生活。当浪漫成为一种习惯，当浪漫成为生活中的一部分，你的他/她又怎么能无动于衷，之后你们的爱情浪漫将成为自然。

（6）*脾气秉性*。其实，性格相似或互补对恋爱的影响并不在于两个人交往的最初，反而这两种类型都有可能促成恋爱的发展。所以，互补也好，相似也罢，只是恋爱产生的引子，并不决定最终的发展和恋爱的质量。真正更容易促成恋爱长久和稳定的是彼此的性格相似性。心理学家齐克·鲁宾等人在长达数年的时间里，调查了202对正在交往的情侣，他们中有103对最终分手。这些情侣跟其他终成眷属的情侣相比，在性别角色、跟熟人发生性关系的态度、浪漫主义及宗教信仰方面存在较大的差异。也就是说，性格的差异极有可能导致恋爱关系的破裂，而性格相似的情侣更有可能维持稳定的婚恋关系。

（7）*价值观念*。事情总有对错，在每个人心中他们的分量也不尽相同。当观点迥异的人在一起，争吵是不可避免的。就像日剧《四重奏》当中的两对夫妻，丈夫和妻子一起看自己最喜欢的电影时，看到兴奋之处想要与身边的人分享，却发现对方已在中途睡着；还有那本婚前送妻子的诗集，她因为不感兴趣再也没翻开过……价值观的不合，他一幕幕看在眼里，却从不说破，但内心深处充满痛苦，最终丈夫跑出了那个家，再也没回去。但如果是两个价值观相似的人相处，产生冲突的机会就会大大减少，那么在解决冲突和矛盾上花的时间和精力就少，两个人的相处会留下相对较多的愉悦体验。

（8）*行为习惯*。每个人都会在自己的成长过程中形成有特色的习惯，不论好与坏，它都存在而不可忽视。两个行为习惯截然不同的人相处，不用说，一定会产生各种各样的矛盾，生活中处处能够体现到。比如，情侣去饭店吃饭，女生喜欢吃清淡的素食，而男生喜欢稍微有点油腻的菜，结果双方因为点菜吵得不可开交。这没有谁对谁错，只是习惯不同。即使是像抽烟、喝酒这样不好的习惯，我们也不能强迫自己的爱人“洗心革面”。我们要去提醒、去教育，也要去容忍。对于那些没有好坏之分，只是不同的习惯，我们应该学着去认同对方，否则势必将增加矛盾和争吵，影响彼此的感情发展。

二、 恋爱心理效应透析

在爱情发生发展的过程中，总会有一些有趣的现象，这些现象都可以通过心理学效应得到解释。比如，“为什么男生追女生总带去游乐园”“为何初恋最难忘”“为什么爱情受到的挫折越多感情越深”“为什么美女配野兽”“为什么父母越反对越是分不开”等。认识这些恋爱心理效应能够帮助我们更好地理解爱情的发生发展，更加理性地对待爱情。因为爱情是一种强烈的情绪，在追爱或者恋爱中的人，可能会因为这些恋爱心理效应变得盲目。所以我们希望在深入了解恋爱心理效应的基础上，大学生在爱情中能够保持多一份理性，这样才能让爱情更长久，乃至以后的婚姻更稳固。

（一）多看效应

对越熟悉的东西越喜欢的现象，心理学上称为“多看效应”。20 世纪 60 年代，心理学家查荣茨做过这样一个实验：他向参加实验的人出示一些人的照片，让他们观看。有些照片出现了二十几次，有的出现十几次，而有的则只出现了一两次。之后，请看照片的人评价他们对照片的喜爱程度。结果发现，他们更喜欢那些看过二十几次的熟悉照片，而不是只看过一两次的新鲜照片。也就是说，看的次数增加了喜欢的程度。这表现在恋爱当中，则是彼此多见则增加了喜欢程度，从而提高了爱情产生的概率。所以，如果要追求某个异性，可以从增加彼此见面的机会入手。

（二）吊桥效应

不经意间的视线接触就会小鹿乱跳，仅仅是聊天也会心跳加速……和异性接触，会有一瞬间的心跳反应让你觉得“说不定这就是爱情”的想法。但这样的表现真的是因为“爱”吗？答案是“不一定”。在美国曾经进行过这样一个实验，实验者让很多男性走过一座位于高处且看上去非常不安全的吊桥之后，再让他们和同一位女性见面，结果约有八成男性表示见到的那位女性非常有魅力，这就是有名的“吊桥效应”。产生这一结果的原因是大部分男性把横渡吊桥时因为紧张所致的口渴感及心跳加速等生理上的兴奋误认为是性方面的冲动，自以为对那名女性产生了兴趣，是恋爱情感的效应。当然，虽然实验结果这么说，也并非只要心跳加速就会对当时在场的人心生爱意，这最多可以被认为是恋爱产生的契机。

（三）黑暗效应

在光线比较暗的场所，约会双方彼此看不清对方表情，就很容易减少戒备感而产生安全感。在这种情况下，彼此产生亲近的可能性就会远远高于光线比较亮的场所。心理学家将这种现象称之为“黑暗效应”。有这样的一个案例，有一位男子钟情于一位女子，但每次约会他总觉得双方谈话不投机。有一天晚上，他约那位女子到一家光线比较暗的酒吧，结果这次谈话融洽投机。从此以后，这位男子将约会的地点都选择在光线比较暗的酒吧，几次约会之后，他俩终于决定结下百年之好。社会心理学家研究后的结论是，在正常情况下，一般的人都能根据对方和外界条件来决定自己应该掏出多少心里话，特别是对还不十分了解但又愿意继续交往的人，既有一种戒备感，又会自然而然地把自己好的方面尽量展示出来，把自己的弱点和缺点尽量隐藏起来。因此，这时双方就相对难以沟通。而黑暗登场，对方感官失效后，自己便没了危险，不需要伪装，表情不需要安排，自然而然地自我流露；而自己的感官失效后，人就会变得脆弱而敏感，倾向在黑暗中抓住同伴的安全感，这种吸附性非常强。所以说，黑暗效应就产生了。

（四）拍球效应

拍球时，用的力越大，球就跳得越高。拍球效应的寓意就是：承受的压力越大，人的潜能发挥程度越高；反之，人的压力较轻，潜能发挥程度就较小。如情侣间吵架，本来只因为一件小事，结果越吵越凶，甚至把事态发展得很严重。还有就是正面的例子，如爱情的力量让人更努力，更优秀，像电视剧《杉杉来了》中，男主角封腾是风腾集团的总裁，无论家世，个人能力及外形都很优秀，而女主角薛杉杉却出身于普通家庭，在大城市里做着一份普通的工作，过着普通年轻人的打拼生活。他们相爱以后，因为两个人之间的差距导致女主角压力一直很大，甚至导致感情一度出现问题，后来经过深思熟虑，女主角薛杉杉决定要通过努力让自己变得更优秀，虽然成不了那个最优秀的人，但是可以成为最优秀的薛杉杉来配封腾，这就是恋爱中拍球效应中的正面例子，爱情会让人充满前进的动力。生活中也不乏这样的现象，有的同学为了毕业以后能跟男朋友/女朋友在一个地方，决定考研，并且在准备考研的阶段正好是她/他实习的阶段，时间很紧张，但只要想着如果考不上研可能就不能跟男朋友/女朋友在一起，她/他就会摆脱惰性，克服困难，努力学习，最终如愿以偿。

（五）契可尼效应

西方心理学家契可尼做了许多有趣的实验，发现一般人对已完成了的、已有结果的事情极易忘怀，而对中断了的、未完成的、未达目标的事情却总是记忆犹新，这种现象被称为“契可尼效应”。“契可尼效应”经常会跟初恋联系在一起。为什么初恋最难忘？契可尼效应很好地解释了这一现象。初恋是爱情交响曲中的第一乐章。我们总在不知不觉的好感和朦胧的不确定性中接触第一个所爱的人，希望能与对方长久地待在一起，这是大多数人初恋的心态。但是，初恋毕竟是恋爱的起步，有尝试的性质，它来得容易去得也快。尽管如此，初恋的感觉仍旧令人回味无穷甚至刻骨铭心。因为初恋的对象留给自己的印象是非常深刻的，这一最先的印象会直接影响到我们以后的一系列恋爱行为。而由于我们把初恋看成是一种“未能完成的”“不成功的”事件，它的未完成反而更使人难以忘怀，同样，在未获成果的初恋中，我们和初恋情人一起度过的美好时光，大多会深深地印入我们的脑海，使我们一生都难以忘却。初恋之所以令人刻骨铭心，正是源于初恋的未完成性。①

（六）罗密欧与朱丽叶效应

为什么受阻挠的爱情更坚不可摧？莎士比亚的经典名剧《罗密欧与朱丽叶》中罗密欧与朱丽叶相爱，但由于双方世仇，他们的爱情遭到了极大阻碍。但压迫并没有使他们分手，反而使他们爱得更深，直到殉情。这样的现

---

① 袁源．男女恋爱心理学：揭秘恋爱的12种趣味心理．www. sohu. com/139077086－114731.

象我们叫它“罗密欧与朱丽叶效应”。心理学家德斯考尔等人在对爱情进行研究时发现，在一定范围内，父母或长辈越干涉儿女的感情，青年人之间的爱情会越深。就是说如果出现干扰恋爱双方爱情关系的外在力量，恋爱双方的情感反而会更强烈，恋爱关系也会变得更加牢固，这种现象就被叫作罗密欧与朱丽叶效应。这种情形不仅发生在男女的爱情之间，也会发生在许多地方。对于越难获得的事物，在人们的心目中地位越重要，价值也会越高。学者们尝试以阻抗理论（Reactance Theory）来解释这种现象，他们指出，当人们的自由受到限制时，会产生不愉快的感觉，而从事被禁止的行为反而可以消除这种不悦，所以才会发生当别人命令我们不得做什么事时，我们却会反其道而行的现象。

对于以上六种恋爱心理效应，需要深刻理解，积极的心理效应会提高恋爱效果，消极的心理效应则会降低恋爱成功率。因此，在恋爱过程中，需要正确运用心理效应、运用好积极的心理效应，减少心理效应的消极作用，对自己的看法加以正确认知和评价；并尽量多用几面“镜子”来照自己，以反映真实的自我，形成完整的自我形象，以利于自身从实然的自我出发，扬长避短，按照客观的要求形成理想的、应然的自我。赋予自己适当的角色，自觉按照角色的行为规范塑造自己的思想行为，关注自己不起眼的行为对自己在恋爱过程中的影响。

三、 网络恋爱现象分析

随着网络的普及，由于网络与爱情之间的某种契合度，人们发现了在虚拟的网络空间可以同时满足对爱及安全感的需求，于是乎网恋应运而生。网恋即以网络为媒介，借用聊天工具等互相聊天，互相了解，从而相恋。网恋有其优势，但是同时也具有虚幻性，不可避免地会存在诈骗和危险。随着经济的发展，人们的情感需求也呈上升趋势，现存的交友方式和生存压力导致很多人无处排解内心的愤懑，还有的人是不满现实社会中的自己，极度缺乏自信，需要从网络中寻找自信和自豪感，以至于沉迷于网络，随之而来的网络恋爱问题也成了一个历久弥新的话题。尤其对于缺乏社会经历、心智尚未成熟的大学生来说，网恋需要谨慎。

（一）网络爱情的界定与特点

简单地说，“网络”就是一种基于互联网技术的电子信息传输网。其本质是一种更广、更快、更丰富、更互动、更低成本的信息交流工具。网络在把人类生存的范围和深度从物理世界向一种网络化的虚拟世界加以极大地伸延和扩展的同时，也缩短了人们相互之间交往的时空距离，从而把世界连接成一个前所未有的“地球村”。网络使得世界各地的人们可以轻松地突破时间和空间的限制，迅捷方便地交流思想和情感、交换信息、商品和服务。① “恋爱”就是异性之间进行爱情、情感和精神交流的过程。一般来说，随着时代的变化，恋爱的方式也在发生着相应的变化：从封建时代的“父母之命，媒妁之言”，到“革命年代”的“红色恋人”“爱人同志”，再到改革开放初期的“广告征婚”“婚介热线”，一直到目前网络时代的“网络恋爱”“E 代情缘”。就“网络”与“恋爱”之间的关系而言，可以说恋爱的方式因时代、观念和技术的变迁而异。

在现代网络社会，现代人往往面临着“两难”：一方面，激烈的竞争（巨大的工作压力、快节奏的工作方式和高流动性的工作职业等）往往使得人们筋疲力尽，无暇顾及其“终身大事”；另一方面，基于生理本能需求和心理归属感，往往又使得人们火热、疯狂地追求爱情。而网络作为最新的交流技术，以信息传递的瞬时性、广泛性、超时空性、虚拟性、符号互动性等特点，极大地满足了现代人尤其是青年人的需求，成为现代人交流、恋爱的“理想”工具或载体。由此，我们认为“网恋”可分为两类：一类是将网络作为载体的“网络的恋爱”。在网上认识，在网上恋爱，甚至在网上“结婚”，组成网上“家庭”，在现实生活中双方是完全不接触的纯精神性的“柏拉图式”的“网恋”。另一类是将网络作为工具的“网络 + 恋爱”。首先在网络上认识，双方都有进一步交流了解的愿望，这种交流了解慢慢发展为恋情，然后再通过见面的形式，从网络走下来开始传统的恋爱过程。根据以上的网络恋爱的特点，我们可以认为“网恋”就是有爱情意向的年轻男女，以超越时空限制的网络作为载体或者工具，对情感对象进行虚拟性或者虚拟性和现

① 郝雁丽．“网络性行为”对大学生性道德的负面影响及干预策略．理论导刊，2007（5）：70－72.

实性兼而有之的理性选择的“交易”过程。①

（二）网络爱情的利弊分析

网络恋爱虽然有着方便多发的特点，但它也带来了很多的弊端，尤其是对于三观不稳定、人格尚未成型的大学生而言，会有许多负面影响。

首先，网恋易上瘾、易失控的特点，会导致恋爱主体过多时间、过多精力的浪费，进而对身体造成不良影响。由于网恋需要过多的网络接触，长期下来会引发诸如神经衰弱、失眠、头疼、肩酸背疼、视力下降等症状，更有甚者还会在空闲时出现手指不由自主敲键的动作，出现所谓的“互联网成瘾综合征”。其次，网恋的不确定性、欺骗性，容易引发恋爱主体的各种心理问题，导致社会恶性事件的发生。有专家认为，在一定情况下，过度投入网恋可能是心理问题或障碍存在的指示剂或催化剂。网恋会限制人们的其他行为，忽视其他所有生活领域，导致上网行为不断上升，甚至出现不受控制、越来越诉诸暴力或退缩等症状。尤其是大学生来说，单纯、易信，陷入网恋更容易发生被诈骗、抢劫，甚至奸杀等事件。而且，由网络虚拟引发的欺骗、不负责任会影响其现实的生活态度，甚至会造成人格分裂或其他精神障碍。再者，由于网恋费时、费神、费钱，对于尚处于求学阶段，未有稳定收入的大学生来说，很容易引发学业危机、经济危机，并且导致其现实人际关系的疏离，其他兴趣爱好的荒废，现实生活陷入困境。最后，网恋极易造成不健康的恋爱观、人生观 、性欲观。网恋的虚拟、责任性低，容易使深陷网恋的大学生在网络爱情游戏中，变得对他人猜疑、不信任、喜欢想象、不务实、轻易承诺、不负责，性观念开放、泛滥等。

（三）网络爱情的伦理与安全

网络为大学生的恋爱提供了广阔的空间，增加了恋爱的机会和成功率，但是网恋同样会对网恋者带来痛苦和烦恼。由于一部分网恋者缺乏正义和社会伦理道德，网恋中受骗上当、被骗财骗色的现象屡见不鲜。有些大学生每当听到网络恋人的“甜言蜜语”和露骨性的挑逗之后，便不知所以然，很轻

① 曾坚朋．虚拟与现实：对“网恋”现象的理论分析．中国青年研究，2002（6）：30－36.

率地答应了对方见面的要求；轻者被骗取钱财，重者失去自由并失身，进而造成生命危险。所以，认识网恋的伦理和安全对保护大学生情感和人身安全至关重要。

1. 网络的责任伦理

大学生网恋的责任问题，主要表现在网恋过程中能够逃避责任。网络的自由性可以使网名和网号自由地更换而不受任何限制，所以一些大学生在网恋中采用经常更换网名和网号的方式逃避应承担的责任，并以新的面孔继续编造虚假事实，保持与对方的网络“恋人”的关系，骗取对方的信任和好感，待到需要承担责任时，便再次逃避，因此给对方的心理和精神上造成了伤害。在网恋中，可以同恋人尽情地享受生活中的快乐，而不需要承担任何责任，并且可以逃避责任，这是部分大学生选择网恋的一个重要原因。

2. 恋爱的道义伦理

网络中的各种道德和非道德的信息影响着大学生的价值观、恋爱观，加之网络的虚拟性和隐蔽性，导致有些大学生在网恋中难以自觉遵守道德规范，做出一些违背道德的事情，出现欺骗甚至敲诈勒索等行为。正因为网络缺乏监督，一些抱有侥幸心理的人为了自身利益做出不道义的事情，这就需要人们自律。当然，高尚的品德和情操不是一下子能培养出来的，而是要靠一个长期的过程才能达到，如果不对小恶加以防范，那么这些恶习通过网络呈现出来，就容易使自己的正义感逐渐削弱。比如，在网络上建立恋爱关系后，通过一些非法手段达到自己的不良目的。在网络社会中，只有大多数人自觉遵守道德规范，才能使网络社会处于一个良性发展的趋势中。随着网络社会的自由度越来越大，受商业驱使的利益化也越来越强，这种形势下的道德自律更难，只有把道德自律与他律联合起来，并且使网络的规章制度约束和网络主体自我的道德约束联合起来，才能达到真正道德的网络社会。只有这样，在网恋中，大学生才能有很好的判断能力，不做非道德的事。在这种良性环境中，才能使网恋得以从网上走到网下，并有一个美好的开始。

3. 网恋中的诚信伦理

在现实生活中，恋爱双方都需要进行身份的“认证”，其真实性是不容置疑的，缺乏真实性的“恋爱”也是无法存在的。但是在虚拟的网络空间，恋爱的真实性便不复存在，因为网恋不需要进行身份认证，网络管理者也无法对其进行身份认证，这是客观存在的事实。虚假的网恋信息和鱼目混珠的网恋行为，使许多善良的网友真假难辨，最终上当受骗。在虚拟的网络恋爱过程中，因其缺乏真实性，各种虚假信息充斥着网恋的全过程，就容易产生姐弟恋、兄妹恋、父女恋、母子恋等现象，婚外恋、多角恋的行为更是屡见不鲜，由此引发的社会悲剧不断地上演。目前，国家虽然出台了网络实名制上网政策措施，但仅限于上网过程本身。网名（包括微博）不能够进行实名认证，是造成网恋“虚假性”的重要原因。

网恋中存在的种种伦理问题让我们必须要学会正确地处理网恋，维护自身的安全。在网恋中，一定要做到，一是不要寻找那些有着浓浓色情网名的聊天者，无论是在网站的聊天室里，或是在ICQ提供的在线名单中，总有不少起着“我爱你”“爱无限”“情意浓”之类网名的聊天者；有的网名甚至就是赤裸裸的色情语。这些网络上的聊天人，一般都是精神空虚者，有的甚至是“性变态患者”或“网上痞子”，其中“以男扮女”者的比例极高。许多不明真相的初聊者，常常会找上这些人，聊的结果十之八九都是不欢而散，甚至还可能会受到侮辱和谩骂。二是不要随便给网友发自己或家人、朋友的照片。网上聊天聊到一定程度常常会有一方提出要看看对方的照片。如果我们真将照片通过e-Mail寄出，则自己的肖像权就有可能被侵犯。照片既然到了别人的手里，你的头部就有可能被居心不良者移到另一个人身上，而“另一个人”很有可能就出现在你不愿意看到的画面上。三是不要随便给网友提供住宅电话。许多网友聊天之余，还想通过电话听听对方真实的声音，于是就随意地把自家的电话号码或手机号码提供给对方。殊不知，你的电话号码提供出去就收不回来了，一些坏心眼的“网友”就可能通过打你的家庭电话，给你的生活造成困扰。爱情是需要经过实践和时间的洗礼的，在网上相恋甚至引为知己的两个人，在面对真实的问题时并不一定就真能有默契。能够很好地相互理解和彼此支持，是网恋成为真正的爱情时必须面对的难点。网恋走下网来，才有可能让网恋成为完美的爱情。

四、 恋爱心理困惑剖析

恋爱现象在大学校园里客观存在着，恋爱在帮助大学生心理发展走向成熟的同时，又带来各种困惑和苦恼。这些问题的出现影响了大学生恋爱的正常发展，甚至影响其学业的完成。因此，大学生要在认识恋爱过程中的各种心理困惑的基础上学会调试自我，正确对待恋爱中遇到的问题。

（一）大学生恋爱心理困惑的类型

大学生恋爱心理困惑多种多样，从心理学角度出发，可以分为认知、情绪、人格三个方面的问题。

1. “认知型” 恋爱心理困惑

在大学阶段，大学生的自我意识迅速增强，但其社会经历的有限性，心理上的不成熟使其不能全面了解一个人的整体面貌，对人的认知往往带有理想化的色彩，这就为大学生恋爱对象的选择埋下了“恶”的种子。比如，因为首因效应（第一印象效应）的影响，造成不少大学生多以对方外在的相貌为主，往往忽略对方内在的性格因素，这就是所谓的“以貌取人”，它具有表面性和片面性，在恋爱中发生率极高。再比如，因为晕轮效应（光环效应）的影响，往往会使恋爱中的当事人不能客观地评价他人或评价自己，造成感情上的错觉，由此带来恋爱中的心理问题。在晕轮效应中最突出的两种情况是“情人眼里出西施”和“西施眼里觅情人”。“情人眼里出西施”即在恋爱过程中对对方产生的晕轮效应。恋人在光环的笼罩下，对方的许多不足与缺点被忽略、掩饰，妨碍了双方对彼此正确的、深刻的了解。在此种心理基础上建立的恋爱关系一旦随着时间的推移，情感光环消失，感情冲动逐渐平静，便会发现眼前的崇拜偶像并不完美，对方毛病百出，心理上产生一种“受骗”的感觉，甚至造成日后爱情的悲剧。“西施眼里觅情人”即在恋爱择偶的过程中对自身所产生的晕轮效应。有些人在选择恋爱对象时，过高地评估自己，过低地评价他人，强烈的自我优越感使其对择偶的期望标准过高，脱离了自己的实际水平，对对方百般挑剔，结果在现实生活中屡屡碰壁，难以获得爱情。另外，恋爱中的大学生还容易受到投射效应的影响，以己度人，认为自己具有某种特性，他人也一定会有与自己相同的特性，把自己的感情、意志、特性投射到他人身上并强加于人的一种认知障碍。当前盛行的“网恋”就是恋爱中“投射效应”的最好写照。由于网络的不真实性，人们往往容易把对方想象成自己的理想型而坠入恋情，有的因为见面失望而分手，有的因此上当受骗。

2. “情绪型”恋爱心理困惑

“情绪型”恋爱心理困惑主要包括三种：焦虑感、空虚感和无聊感。首先，在大学生恋爱成为普遍现象的情况下，由于种种原因尚未涉足“爱河”的学生，难免感到莫名的心理压力，甚至焦虑起来，在高年级未恋爱的学生中表现尤为明显，这是恋爱中一种较为普遍的不健康心理状态。其次，恋爱中的男女大学生，会在不知不觉中放弃自己原有的生活节奏。尤其是在那些细微之处。比如，本来爱学习、爱集体活动，但是为了恋人，他们会荒废自己的学业，放弃参加集体活动；本来有一群很要好的密友，也是为了恋人，他们和朋友渐渐疏远；本来有一个目标计划，最终也为了恋人而放弃了。种种小小的让步，慢慢地积累起来，使恋爱中的人渐渐失去自我，其综合效应便是空虚，只有两个人的世界总是没有那么精彩。再者，恋爱的无聊感源自大学生对待恋爱轻浮的态度，他们视恋爱为游戏，将“快乐”作为爱情的最高原则。“不求天长地久，但求曾经拥有”“合得来继续，合不来就散”“普遍培养，重点选择”……这些观点在当今大学生中不在少数。以这种心态投入恋爱，迟早会发现原本所谓的快乐，只是肤浅的享乐，恋爱失去了心与心的交流，最终让人体验到的是无聊感。

3. “人格型”恋爱心理困惑

不同的人有不同的人格特质，有的人自信，有的人自卑；有的人主动，有的人被动。在恋爱中，人格的差异可能造成不同的心理问题，导致交往中的误解、矛盾与冲突，往往妨碍了男女大学生之间的正常接触，影响了双方彼此的了解、感情的深化，甚至由此错过了对方。因人格原因引起的恋爱心理困惑主要有三种：自卑回避型、害羞孤僻型和主动鲁莽型。自卑回避人格类型的大学生，并不一定一开始就是自卑的，他们有的确实是由于天生的生理缺陷而自卑，也有的是因为能力、家境等其他原因造成的，还有的是有过某些过失或失败的恋爱经历而产生的。恋爱中的自卑心理易使人孤立、回避，不愿与异性交往。遇到理想异性时因担心对方看不起自己，不敢大胆追求而失去时机。害羞孤僻人格类型的大学生，生来内向，不太合群。他们面对爱情，要么过分害羞，遇到自己喜欢的人时不能有效表达自己的情感和意愿；要么自我封闭，极力克制自己内心对爱情的渴望，在心理上树立起屏障。而主动鲁莽人格类型的大学生，在面对爱情时，一般言行举止具有冲动性；在恰当性和分寸感上把握不好，容易伤及对方，破坏彼此感情，有时还可能会造成严重的后果。

（二）大学生恋爱心理困惑的表现

在不同的大学生恋爱心理困惑类型下，会有不同的恋爱心理困惑表现，通过调查归纳，集中表现在以下几个方面。

1. 盲目从众

“从众”是一种常见的心理现象。美国社会心理学家阿希曾经对此现象做过实验，结果发现，只有大约四分之一到三分之一的人保持了独立性，没有发生过从众行为。从众行为是指个体的认知和行为会在不知不觉中迫于所处群体的无形压力，而不由自主地想与多数人保持一致的心理现象。大学生也普遍存在这种心理现象，不仅表现在消费、学习等方面，同时也表现在恋爱上。而大学生的恋爱盲目从众包括动机、标准和行为等各方面。首先，恋爱动机从众。有些大学生恋爱并不是出于爱情本身，而是看到周围的人都恋爱了，为了弥补自己内心的空虚、孤独也选择了恋爱。在这种动机引导下发生的恋爱往往功利性极强，没有共同兴趣建立的广泛话题，一旦双方有所矛盾，很容易激化导致感情破裂而分手。其次，恋爱标准从众。部分大学生选择恋爱对象没有自己的标准，而是在意别人的看法。当周围的人普遍肯定自己的对象时，觉得特别骄傲，有面子；而当自己的对象遭到周围人质疑和否定时，就会觉得丢脸，不开心。恋爱标准的不确定性、从众化，很容易导致择偶标准的理想化，不切实际。这种情况下建立的恋爱关系是极其不稳定的。最后，恋爱行为从众。我们经常看到班级或者寝室这种小群体中的恋爱现象往往是扎堆的。有一个同学谈恋爱了，接二连三的其他同学也恋爱了。大学生正处于青春期，缺乏自我肯定，有人会为自己没有恋人而感到自卑，即使有的学生本来没有谈恋爱的念头，但是看到周围的同学谈恋爱，就会激起恋爱的动机和行为。所以，很容易出现恋爱行为从众的现象。

2. 追求完美

追求完美，是每个人心中的愿望，对待爱情也是如此。谁都希望自己的对象一切都好，成为众人中的佼佼者，可是我们必须清楚地知道，“完美”是一种可望而不可即的状态，我们只能努力追求，却没有任何一个人能够达到。如果你不明白这个道理，在恋爱中一味用“完美”去要求、去衡量，那么很大程度上不会获得一份美好爱情，因为你心目中的完美状态几乎是不可能达到的。而青年大学生由于心理还不成熟，对爱情充满美好的幻想，往往把爱情看得过于理想化，把恋人看得过于理想化，于是标准定得不切实际，“债台高筑”，超出了现实的可能。具体表现在：一方面，追寻爱情时渴望恋爱模式的完美化，总希望彼此相处的模式是自己心目中的模样，但是你认为的“完美”模式不一定是你恋人喜欢或者说认可的“完美”模式，所以当你一味按照自己这个“完美”的标准去衡量你们的恋爱，去衡量对方，是很容易希望落空，出现失望、烦躁等消极心理，从而影响彼此的感情；另一方面，在交往过程中追求恋人的完美化，用自己心目中“理想”的完美异性去对标自己的恋人，一旦恋人和这个完美形象有所出入，就会感到失望。如果选择不提出来，对方也一直没有改变，慢慢地，当你觉得无法忍受的时候，你们的感情就会产生问题；而如果你选择提出来，对方也不改变或者改变了也达不到你的要求，你就会更加失落，甚至责怪对方。在恋爱中，追求完美的心理每个人或多或少都会有，但是要有一定的限度，不要苛求一定达到完美状态。一旦这种追求完美的心理超过一定的限度，就容易因现实与理想之间差距过大而导致心理不平衡，就会影响到彼此感情的稳定性，影响到恋爱关系的继续发展。

3. 敏感多疑

人本主义心理学家卡尔·罗杰斯说：“爱是深深的理解和接受。”成熟的爱情是在保存自己独立性和完整性的前提下两颗灵魂的完美融合，但是，恋爱往往会使人变得敏感多疑，怀疑自己对恋人的吸引力，特别关注恋人的一举一动，自己的喜怒哀乐都跟对方的一言一行息息相关，甚至周围环境的变化，比如天气变化、一部电影、一片落叶，也会影响恋爱当中人的心情。在恋爱心理咨询中经常会听到很多男孩抱怨自己的女朋友太过于敏感，经常因为很多鸡毛蒜皮的小事变得很不开心；女孩子自己在变得很敏感多疑的时候，往往也会不喜欢甚至讨厌这样的自己，但她们却没有办法控制自己，忍不住关注很多的细节，一旦抓住男朋友不在乎自己、不重视自己的一点点迹象，就会像拿着放大镜一样，把这一点点的敏感无限放大很多倍，让它成为自己的一件极大的心事。还因此影响了自己的情绪，甚至跟恋人闹矛盾、耍性子。

4. 容易嫉妒

《牛津高级英语辞典》将嫉妒定义为："嫉妒是由于怀疑、忧虑或知道有竞争者而产生的心理状态，表现在爱情等方面是指惧怕在感情上被别人代替，或者对心上人的忠诚不信任，尤其是对妻子、丈夫和恋人。"① 大学生恋爱嫉妒心理是非常普遍的，并且男女双方都有，是占有欲的一种表现。恋爱的一方如果发现有与自己同性别的人接近自己的恋人或对其表示好感，立即变得非常敏感，生怕别人"插足"抢走自己的恋人，产生一种不安全感；伴随着这种不安全感的存在，嫉妒心理也会不断地增强。在嫉妒者看来，潜在的思维逻辑是：既然我俩相爱，你就是属于我的，一切必须以我为核心，否则就是对我不专一。在不同的恋爱阶段，嫉妒心理会有不同的表现。比如，在恋爱萌芽阶段，一方知道对方在热恋自己时，他/她会感到一种梦幻般的陶醉。他/她又爱这样想："他/她过去有没有和别人恋爱过？也爱到这种程度吗？"如果一旦知道自己所爱的人曾同别的异性有过较亲密的接触和感情上的交流，便耿耿于怀，这是对恋人过去生活的一种嫉妒。当两人进入恋爱稳定期，成了生活中不可缺少的一部分时，双方对对方的言行举止就更加注意了，即使是一些细小的事情或行动，也容易招来疑惑，引起嫉妒。

（三）大学生恋爱心理困惑的成因

引发大学生恋爱心理困惑的原因是多方面的，总结起来，关键在于以下四个方面。

---

① Homby S. Oxford Advanccxl Dictionary. Oxford University Press，1996：454.

1. 性格特点的缺陷

恋爱心理问题的形成跟个人的性格特点有关，而性格特点的形成跟人的成长环境有关。在不同环境下长大的人，具有不一样的性格特点。有的人自信豁达，有的人敏感多疑，有的人沉着冷静，有的人激动暴躁……在性格特点上有缺陷的人，在遇到恋爱问题时更容易出现心理困惑，产生心理问题。有研究表明，有自卑性格特点的人容易产生孤独和压抑的情感体验，从而对情感采取敏感的态度，而这种性格容易在处理恋爱关系时孤芳自赏，又或者发展为爱情虚荣心理，进而掩饰自己的自卑情绪。

2. 现实环境的压力

歌德曾说："哪个少男不钟情，哪个少女不怀春。"大学生产生爱情和开始恋爱都是自然的、正常的，禁止或压抑这种自然、正常的心理情感的产生和发展，从心理学角度讲，不利于大学生正常的心理情绪宣泄，久之，则更会导致个性扭曲和心理变态。当前，大学生恋爱已相当普遍，在大学校园里随处可见成双成对的男女生。但是，大学生就一定要恋爱吗？这一点是值得商榷的。当下，很多大学生恋爱并不是出于遇到了喜欢的、合适的恋人，而是因为周围环境的压力，一方面是时下恋爱的低龄化和普遍化，使他们看到同学甚至是学弟学妹们多数已经恋爱，对他们构成了一定的恋爱心理影响；另一方面是由于当前大众媒体过分渲染大龄女青年择偶难，家中长辈或者同辈都对女大学生的恋爱问题特别关注，也在一定程度上造成了她们的心理压力。

3. 人格的不稳定性

大学生的人格尚处于发展阶段，具有不稳定性。他们的社会阅历浅、思想单纯，大多数对于自己的人生目标和需要还没有一个很清晰的概念，所以对于恋爱也没有明确的方向，不知道自己想要什么样的恋人，也不知道什么样的恋人适合自己，甚至不知道自己该不该恋爱；多数情况下就是遇见了就恋爱了，别人恋爱了也就跟着恋爱了。也正由于他们人格发展的未完成，导致他们在与异性交往中，不仅思想上，而且行动上简单、幼稚和不成熟；感情和思想会随着环境不知不觉产生改变，容易产生感情纠葛，爱情对象漂浮不定，这就很容易导致恋爱心理问题的产生。

4. 文化氛围的影响

周围文化环境对大学生的恋爱心理具有诱导作用。一方面表现在恋爱动机和行为上。因为当前大学校园恋爱现象普遍，导致很多大学生因为从众心理而加入恋爱大军当中。大学生中流传着这样一句话——“在大学里没有谈过恋爱，就不算一个合格的大学生”。也有人说，“不谈恋爱的大学生活是不完美的大学生活”。甚至有人认为，“大学没有被人追求或者主动追求过别人的人是不健康的人”。在这些思想的影响下，大学生积极投入恋爱大潮。另一方面表现在恋爱价值观上。如超越生死的爱情电影、风花雪月的言情小说、缠绵悱恻的爱情歌曲、帅哥靓女的爱情生活等，都会潜移默化地影响大学生的恋爱心理和行为。而这一些影响并不一定都是正面的，更多的是引起负面的影响，错误地引导了大学生的恋爱思想和行为，也就很容易引发恋爱心理问题。

（四）大学生恋爱心理困惑的危害

在追爱和恋爱的过程中，难免会有不如意的地方，所以不免会发生恋爱心理困惑。如果不能够及时调整和解决，则会带来方方面面的消极影响。

1. 影响自身心理健康的维护

由于恋爱所造成的情感困惑或危机，如果不能及时解决，特别容易使大学生心理发生变异，严重的将会演变成抑郁症、焦虑症等心理疾病，甚至还会导致自杀等危害生命的行为。浙江大学马建青教授在 2010 年至 2011 年间，对全国 300 多所高校的心理健康教育工作者进行过问卷调查。调查结果显示，恋爱情感问题是大学生产生心理危机最主要的诱因，可以说是大学生心理健康的“头号杀手”。心理的健康并不是指欢乐，一些大学生热衷于恋爱的快乐，认为自己就是幸福和健康的。其实这种不成熟的追求可能破坏爱情在他们心目中的高尚性、纯洁性、恒久性和严肃性，进而形成一种只重个人体验、缺乏贞操观念、忽视爱情道德义务的及时行乐爱情观。同时，他们也忽略了人生的追求、理想、事业等，使他们的世界观、价值观、人生观逐渐发生了扭曲，甚至也发生了人格的扭曲。这些都是心理不健康的表现。

2. 影响情感关系的健康发展

恋爱心理困惑对情感关系的影响包括对恋爱关系本身的影响和对其他人

际关系的影响两个方面。首先，恋爱心理困惑的不及时解决，直接影响的就是彼此的恋爱关系。我们说最感动人心的是爱情，最困惑人心的同样是爱情。恋爱中引起的心理问题最容易引起恋人之间的冲突和矛盾，比如猜疑、嫉妒、自卑等心理都是引起恋人吵架的元凶，而吵架很容易使人情绪失控，说出一些伤人的话，做出一些伤人的事，从而伤害了彼此之间原有的感情关系，影响彼此情感的维持和发展。其次，恋爱心理困惑的不及时解决还会进行泛化，影响到除恋爱关系以外的人际关系。因为大学生一旦产生恋爱心理问题，情绪和行为往往不受意识控制。他们失调的情绪和非理智的行为很容易波及身边的朋友、同学、室友等，而并不是每一个人都能包容他人在恋爱中产生的这种情绪和行为的，尤其是在不知情的情况下，这就很容易恶化彼此的关系。

3. 影响学业及前途的发展

爱情是一把“双刃剑”，如果处理好了，可以促使恋爱双方奋发向上，不断进步；如果遇到恋爱心理困惑处理不当，容易使当事人沉溺其中，萎靡不振，影响正常的学习，甚至导致一些本来天赋极高，很有才华，渴望成为栋梁之材的大学生被汹涌的爱情狂涛所淹没。尽管现在大多数大学生都认识到爱情与学业及事业的冲突矛盾，在涉足爱情之前就有充分的思想准备，但一旦身临其境，却往往会与学业、事业发生易位。良好的学业和前途发展需要有一颗专注投入学习的心，但是陷入恋爱心理问题的大学生是没有心思完全投入到学习中的。他们因为心情不好，往往上课不能集中精神，甚至有的直接旷课，这就严重影响了学业和前途。在现实的大学生活中，因爱情处理不当，影响事业追求，阻碍成才的事例屡见不鲜。因此，大学期间不能妥善处理和调适恋爱心理困惑对学生当前的学业及将来事业都有一定的影响。

五、 健康恋爱关系的养成

大学生拥有健康的恋爱心理，学会自我调适恋爱过程中出现的各种心理困惑，不仅是健康恋爱关系养成的保障，同时更是大学生心理健康的重要前提。

（一）健康恋爱关系的表现和特征

犹如幸福、成功往往都具有相似性，健康的恋爱关系也具有相似的表现和特征。

1. 健康恋爱关系的表现

（1）相互尊重。尊重是爱情心理结构中一个不可缺少的心理因素，一对恋人的互相尊重是恋爱成功的一个重要心理条件。在建立和发展爱情关系的过程中，恋爱双方应该保持平等的关系，尊重对方的情感和人格，平等履行道德义务，不能把自己的意志强加于人。每个人都有爱和被爱的权利，有选择各自爱人的权利。在当事人确立恋爱关系时，必须出于双方共同的意愿，彼此相爱。任何一方都不能强迫或诱骗另一方接受自己的爱，即使这种爱慕是纯洁的，也不能强求对方违心地接受。双方一旦建立起爱情关系，就要共同承担起这一关系所包括的各种义务。

（2）内心快乐。大学生要学会爱惜自我、完善内心，使自己有足够的信心去获得和经营真正的爱情。一个人只有独立，才能够爱他人，方能给对方自由空间，而不必总是去控制恋爱中的对方。习惯于猜疑和控制的人，总是希望通过控制对方来获得安全感，来排除因自身不够强大带来的焦虑，但这种控制所带来的安全感是虚假而短暂的，很容易在恋人的反抗下破灭。所以正确的方式应当是不断积累生活智慧、不断成长，获得足够的能量来获得久远的安全感，从而获得恋爱带来的快乐。①

（3）坦诚信任。爱情是两个人之间的情感交流，在交流中升华并达到爱情的顶峰。但是深入的情感交流并不意味着暴露所有的隐私，在爱情中我们也是需要给对方留下一定的私人空间的。当然，这是建立在信任对方的基础上。爱情里，要给对方信任，也要让自己值得被对方信任。当发现了自己的错误时，要及时弥补，也要对对方坦诚。也许有的谎言是善意的，但有时候，谎言就是谎言。只有两个人坦诚、信任、坚定，爱情才会长久。

（4）平等公平。恋爱过程中要平等相待，互敬互爱。既然你选择了对方做你的恋人，就不要去考量比较一些外在的条件，拿自身的长处去比较对方的短处，以此炫耀、抬高自己，从而达到戏弄、贬低对方的目的；也不宜想方设法考验对方或摆架子，这些都可能挫伤对方的自尊心，影响双方的感情。

---

① 赵婵娟．高校女大学生恋爱心理误区及健康恋爱心理的培养．教育与职业，2012（35）：90－91.

在恋爱中，只有以平等的姿态去真诚地对待对方、包容对方，才可以使双方的感情更加长久。

（5）良好的沟通。良好的沟通是保持良好人际交往的关键，恋爱交往同样也属于人际交往范畴，是一种很亲密的人际交往，同样需要良好的沟通作为基础。在恋爱交往中，双方都要诚恳、坦率、自然，不要为了显示自己而装腔作势、矫揉造作，更不能出言不逊、污言秽语、举止粗鲁；遇到冲突先心平气和地去相互了解，不要无休止地盘问对方，使对方自尊心受损，否则只会使之厌恶，伤害感情。

2. 健康恋爱关系的特征

一段健康的恋爱关系，恋爱中的双方一定存在着以下特征。

（1）学会爱自己。一个自爱的人是自知的，一个心理成熟的人会自然而坦然地表达自我。自爱是要成为你自己，而非通过爱情变成他人。自己若是世界上最好的李树，而你所爱的人却不喜欢李子，那时你可以选择变成杏树。不过，经过选择变成的杏树，是次等品质的杏树，只有做原来的李树，才能结出好的果子。如果你甘愿变成次等的杏树，而爱你的人喜欢上等的杏树，你就可能被抛弃，于是只有倾尽全力使自己变成最好的杏子或者找回做李子的感觉。① 世界上没有两片相同的叶子，更何况人呢？个体正因为其差异性才构成色彩缤纷的世界。

爱自己首先需要正确的自我认知。特别是女性，更要积极关注恋爱中的自我。有人说“恋爱损伤女性的大脑，降低判断力”，事实上，恋爱特别是热恋中的男女都会将恋人“理想化”，特别是热恋中快乐与痛苦的心理感受都是放大了的。当处于热恋中时，认为自己是世界上最幸福的人，而失恋后便认为自己是世界上最痛苦的人。固然，恋爱双方强烈而丰富、敏感而不稳定的感情并非异常，但如果陷入情感的幻想中，自我判断、自我评价与自我意识都会发生偏差；有的因为恋爱失去了自我，有的因为恋爱更加自恋，有的因为恋爱更加成熟，其中的差异在于个体对自我的认知。

爱自己要学会珍惜自己的感情、尊重自己的感情。当“新新人类”进入大学校园，以一种偏离传统、自我贬损、充分的自我张扬的方式凸显其个性

① 杨欢欢．大学生心理健康教程．北京：北京理工大学出版社，2016.

时，如韩剧“我的野蛮女友”，靠身体的对抗与争执赢得爱情，受到大学生的喜欢。时尚的未必是永恒的，也未必是正确的。大学时期的感情纯洁、真诚，这也是将来幸福生活的基础。有的同学因为恋爱而放纵自己的感情，甚至本不是爱情，仅仅为了满足自己生理与心理乃至物质的需求。用青春与爱情赌明天，都不是珍惜感情的体现。

爱自己要学会说“不”，特别是在热恋时，要控制爱情的温度。1994 年，美国青年发表了“真爱要等待”的宣言——本着真爱要等待的信念，我愿意对我自己、我的家庭、我的异性朋友、我未来的伴侣及我未来的子女有一个誓约：保证我的贞洁，一直到我进入婚约的那天为止。① 这昭示着美国青年个人生活更加严谨，这也是爱自己的重要方面。爱自己也包含对自己负责。恋爱不是为了让我们放弃自我，而是学会更加负责地生活。这当然也包括失恋后的自爱。一个人只有本着对自己高度负责的态度学习、生活，处理好恋爱中的自我与他人、现在与未来、学业与爱情等之间的关系。爱不仅是情人节的玫瑰，也不只是每日的相守，更是守望的美丽与对彼此生命负责的人生态度。②

（2）学会爱他人。爱自己和爱他人是密不可分的。人们只有认识对方、了解对方才能尊重对方。我们只有用他人的目光看待他人，把对自己的兴趣退居二位，才能了解对方。爱他人不是无我状态，按照对方塑造自己，也不是将你爱的人塑造成你所喜欢的人。爱他人包括以下几个方面。

一是尊重你爱的人。恋爱既是两个人心灵的共鸣，又是自我成长，是使双方积极的潜能发挥而非按照某种愿望或标准塑造对方，使其成为你希望的那样。事实上，每一份爱情中，都包含着期待效应，对方都在向着彼此喜欢的方向发展。这就要求更加尊重你所爱的人，让对方在爱的港湾中自由发展，以他/她自己喜欢的方式发展自我。

二是帮助对方积极发展自我。恋爱唤醒沉睡的心灵，积极的恋爱使个体潜在的心理能量得以释放，为所爱的人努力；爱也是积极向上的精神力量，催促着相爱的两个人向着更好的自我发展，更加努力地自我完善，自我发展，

---

① 徐峰，等．大学生心理健康向导．沈阳：东北大学出版社，2005.

② 刘欣荣．人生必修课——直面大学生恋爱．科教导刊（中旬刊），2013（6）：222－224.

而非自我束缚，自我放纵。重要的是将爱情引向积极的有利于人类发展的方向。

三是共同创造美好未来。真正的爱情是神奇而具有魔力的，它能够激励我们开创全新的自我，鼓舞我们为挚爱的人奋斗进取，这种内在创造力是对我们灵魂的净化，包括了关怀、尊重、责任心等。所以，爱不是一种消极的冲动，而是积极追求被爱人的发展和幸福。这种追求的基础是爱的能力①，一种爱他人，和被爱人一同创造两人美好的明天的能力。

（二）大学生恋爱心理积极调适

大学生的心智发展还不够成熟，容易受到周围环境的影响，在恋爱过程中不可避免地会出现这样那样的心理困惑和问题。为了能够保持健康快乐地成长，大学生应该积极正面地去进行心理调适，消除不良心理所带来的消极影响。

1. 保持乐观的恋爱态度

对于爱情，有人采取顺其自然的态度，有人则是没有勇气面对，而有人却是努力地争取；有人相信一见钟情，有人相信日久生情，也有人不相信爱情。不同的人其恋爱态度是不一样的，而不一样的恋爱态度所产生的恋爱心理也是不一样的，有积极和消极之分。因此，保持一个乐观的恋爱态度，对大学生培养健康的恋爱心理有积极作用。

（1）*爱情不在一时一事，而应一生一世*。大学生处于生理高峰期，加上心理未成熟，很容易把一时的感情冲动地误以为是爱情。其实，那只是对对方的一时好感，时间久了，了解多了，审美疲劳了，新鲜感没有了，就会烦了，厌倦了，那一定不是真的爱情，更不是对待爱情的正确态度。对待爱情不仅是一时的热恋，而应做到一辈子的相守。

（2）*爱情不能一厢情愿，而要一往情深*。爱情是有来有往的，一往情深、相互爱恋才是爱情；仅仅是一厢情愿的单相思，那便不是爱情。如果执迷不悟的“剃头挑子一头热”，那便很可能会给自己和别人都带来心理困扰，造成心理问题。

---

① ［美］弗洛姆．爱的艺术．李健鸣译．上海：上海译文出版社，2008.

（3）爱情不能一劳永逸，而需一直保鲜。爱情并不是像小孩子摆过家家那样简单，因为爱与情的完美组合才是爱情；爱在情浓时，情在爱淡中。有的大学生在追求对方的时候，感情浓烈，对对方事事上心，处处周到。一旦把对方追到手了，成了恋人，就以为可以一劳永逸了，就没有必要再像追求时那样用心了。这是对爱情的亵渎，也会引起对方的一些恋爱心理问题，比如怀疑、失落、不安全感等。

（4）爱情不能一意孤行，而应一发千钧。每个人都有自己的父母，都有自己的亲友，都有自己的工作，都离不开自己所生活的社会环境。男女之间的感情能否发展为爱情，举一发而动千钧，必须考虑到许许多多的客观因素，照顾到方方面面的接受能力。否则，一意孤行的爱情难以承受住来自各方面的各种诱惑或各种打击，就会夭折。①

2. 克服错误的恋爱观念

片面的认知方式和错误的观念，是大学生在恋爱中产生不良心理问题的根本原因。以下是大学生恋爱中需要克服的三种典型的错误恋爱观念。

（1）你有恋爱，我也要有。“你有我也要有”的恋爱观念植根于部分大学生心里，就跟消费的攀比心理一样，这些大学生产生了恋爱攀比心理。他们看见周围的人都成双成对，而自己却形单影只，心理极度不平衡，因而产生强烈的寻爱动机。如果找不到，他们往往会形成自卑的心理；如果找到了，也会因为他们恋爱动机不纯，产生恋爱心理冲突。因此，需要克服“你有我也要有”这一错误的恋爱观念。

（2）谁先开口，谁就输了。“谁先开口，谁就输了”的恋爱观念往往出现在自尊心较强的大学生身上，他们在爱情中要么即使喜欢对方也不愿意开口，忍受着猜测、忐忑的心理煎熬；要么即使是自己的错也不先低头，承受着自责、悔恨的心理压力。他们的恋爱心理体验都是负面的，长此以往，会产生心理问题。其实，恋爱中没有输赢，彼此尊重和体谅才能体验爱情带来的快乐，所以根本没有必要坚持“谁先开口，谁就输了”这一错误的恋爱观念。

（3）不是情人，就是仇人。“不是情人，就是仇人”是一种极端的、偏

---

① 包成海．怎样对待爱情．https：//wenku. baidu. com/view/e6acbd49a32d7375a5178009. html.

执的错误恋爱观念。持有这种恋爱观念的人，当恋爱遇到阻碍时容易产生嫉妒和报复心理，给自己和对方带来一些不必要的心理困扰，甚至给对方造成身体上的伤害。

3. 控制消极的恋爱情绪

对于恋爱中的相似情境，不同的人有不同的情绪反应。譬如，同样是恋人约会迟到，有的人失望、烦躁、怀疑，有的人平静地听对方的解释；同样是看到恋人和别的异性交谈，有的人大方淡定地加入交谈，有的人则郁闷、伤心，自我怀疑。大学生在恋爱中常会产生不良的情绪，如若不能及时调适和消除，则会引发心理问题。因此，想要保持恋爱心理健康，必须要学会控制消极的恋爱情绪。

（1）*焦躁的控制*。第一，可以采取冷处理的方法。不去想恋人那些令你焦躁的行为表现，把要爆发的焦躁情绪压下去，让心情平静下来。第二，采用换位法去理解对方。努力想象恋人不解行为背后的原因，站在对方的角度思考问题。第三，还可以用宣泄法消除焦躁情绪。当暴躁的情绪难以控制时，及时进行宣泄，可以选择体育活动来出汗，然后心无所思地看书或听音乐，使心情愉快轻松起来。以上三种办法的最终目的是保证恋人之间的沟通不是在“焦躁”的情绪中进行的。因为在暴躁情绪下质问对方只会让情绪越来越糟，事情越来越乱，矛盾越来越深。

（2）*抑郁的控制*。一种是可以采用情境远离法。不要在脑中重复地去想恋爱中让自己抑郁的片断和场景，这样只会陷入抑郁的心境。如果可以，这个时候可以选择来一次郊游，或者旅行，让自己的心灵感受大自然的声音。这样，你的这些抑郁情绪也会随风而去。另一种是可以采用自我催眠法。在恋爱中抑郁的时候要对自己好一点，以前不舍得吃的食物和不舍得买的衣服，纵容自己去吃一些，买一些，当然是在自己的能力范围之内。要让自己看起来更加漂亮，这能够增加自己的自信，增加内心快乐的体验，抑郁的情绪自然也就有所减弱。

（3）*消沉的控制*。一方面可以采用自我激励法。恋爱中之所以会消沉，很大的原因是对自己失去了自信，如果能够采取自我肯定、自我激励的方法来提升自信心，例如“我还是很优秀的，失去我是他/她的损失”，虽然这有一点“阿Q精神”，但能够帮助自己慢慢走出消沉。另一方面还可以采用重心转移法。爱情不是大学生活的全部，遭遇恋爱打击时可以移情学习，把学习当成生活的重心，有了为前途和未来奋斗的决心，就能够很快走出意志消沉的心境。

4. 提升恋爱的心理品质

（1）全面认识自我。大学生既要认识自己的外在形象（如外貌、衣着、举止、风度、谈吐），又要认识自己的内在素质（如学识、心理、道德、能力等）；既要看到自身的优点和长处，又要看到自己的缺点和不足。所谓“金无足赤，人无完人”，我们每个人都有自己的缺点，但同时每个人也都有自己的闪光点。面对纷繁复杂的人生世界，如果你把目光都集中在痛苦、烦恼上，生命就会黯然失色；如果你把目光都转移到快乐之中，你将会得到幸福。同样的道理，面对自己，如果你只看到自己的缺点、不足，你将会悲观失望，止步不前；如果你能看到自己的优点、长处，你将会充满信心，迎接生活的挑战。但是如果只看到自己的优点，看不到自己的不足，用自己的长处比别人的短处，就会沾沾自喜，骄傲自大，原地踏步，甚至会倒退。① 因此，为了全面认识自己，我们既要看到自己的优点和长处，又要看到自己的缺点和不足。在全面认识自我的前提下，我们才能找到更加志同道合、更加适合自己的恋人，也才能更好地与恋人相处，维持良好的恋爱关系。

（2）坚定自信心。自信心作为心理素质的重要组成部分，也是非智力因素的重要组成部分，与自我效能感和自卑等密切相关。它对激发大学生在恋爱中的意志力、对恋爱能否取得成功有重大影响。恋爱过程中自信心不足或自卑心理正日益困扰着相当一部分大学生，培养和维护大学生的自信心，帮助他们克服自卑心理，对于大学生在恋爱期间的心理健康尤为重要。

（3）具备同理心。爱情中的同理心十分重要，爱情是人类最美好、最圣洁的感情之一。它以终身共同生活为目的、以性生理和心理成熟为前提，以两情相悦、心心相印、事业和生活相互理解、相互支持、相互激励、相互监督、相互关心、同甘共苦为主要内容，具有专一性、持久性和责任性的特点。

---

① 郑帅．大学生挫折感的成因与消解途径．https：//wenku. baidu. com/view/b328d50a804d2b160b4ec053. html.

爱情的价值不仅在于它能满足恋爱双方的情感和归属需要，达到两情相悦，更表现在恋爱者的相互期望和督促及自我期望和警醒，会成为双方不断完善和提高自身素质、努力追求事业成功的强大精神动力。只有具备了同理心，才能有对他人和自己都高度负责的态度。慎重选择恋爱时机，在自己真正成熟、恋爱观基本稳定、成才目标基本实现及彼此了解较深、真正相互倾慕的时候，文明节制地进行恋爱交往，自然而然地步入爱情殿堂，并使爱得到升华。

（4）培养快乐感。注意在恋爱过程中寻找快乐感，克服恋爱中的心理偏差。恋爱中的心理偏差主要有自卑心理、猜疑心理、嫉妒心理、控制心理、报复心理等，这些都不利于恋爱的健康发展，更妨碍爱的升华。我们应注意用已学过的心理调适方法培养健康的人格，克服这些心理偏差，在恋爱的过程中不断完善自己，追寻恋爱中的快乐感。

（三）大学生恋爱心理的有效管理

针对大学生恋爱中出现的一些心理困惑，我们应该努力地寻求积极的交往方式和合适的解决方法，对恋爱心理进行有效管理，培养健康的恋爱观念。

1. 提升爱情心理的自我修养

从大学校园恋爱现状来看，为数不少的大学生“恋爱时不懂爱情”，因为不懂得什么是真正的爱情，所以在遇到恋爱困境时，容易产生心理偏差，从而做出许多后悔的事情，甚至最后酿成悲剧。因而，大学生需要通过以下三方面来加强自我心理的爱情教育，管理自己的恋爱心理。首先，要端正自己的恋爱动机。不良的恋爱动机会引起恋爱中更多的争吵，引发不良心理问题，只有端正恋爱动机才能获得真正的爱情，感受爱情带来的快乐感。但当前大学生的恋爱动机令人担忧，据江苏某高校学生恋爱心理调查资料显示，大学生中有51.3%的人谈恋爱是为了排遣寂寞，16%的人是出于攀比心理，15.1%的人是为了寻求刺激，还有4.1%的人干脆就是逢场作戏。其次，要分析自己恋爱的性质。恋爱性质包括彼此相爱的原因、恋爱相处模式等。如果不清楚自己恋爱的性质，就不能很好地把握这段爱情，便会产生各种心理困惑和问题。最后，去理解什么是真正的爱。如果大学生能够懂得爱情是一种相互理解，是相互信任，是一份责任和奉献，那很多恋爱问题就不会产生，即使产生了也能够顺利解决，也就没有因处理不当而产生心理问题了。

2. 消除不合理的爱情信念

不合理的爱情信念是导致恋爱情绪困扰的根本原因，不良情绪又是诱发心理问题的直接原因。因此，想要避免产生恋爱心理问题，就需要消除不合理的爱情信念。根据心理学家韦克斯勒的不合理信念理论，不合理的爱情信念同样具有三种特征：第一种是绝对化要求。总以自己的意愿为出发点，对恋爱中的事物怀有认为其必定发生或者不会发生的信念，如"我喜欢她，她就必须喜欢我""我一定要追到她"等。第二种是过分概括化。以偏概全、以一概是的思维方式。一次恋爱失败就认为自己一无是处，再也得不到爱情，自惭形秽，自暴自弃等。第三种是糟糕至极。认为如果恋爱中发生一件不好、不顺利的事情将会是非常可怕、非常糟糕的，这种想法会导致个体陷入极端不良的情绪体验，如耻辱、自责、焦虑、悲观等。

3. 树立良好的恋爱道德

一是择偶标准道德。首先，恋爱寻求的是在自己心里倾慕已久的人本身，而非其他的一些外在的修饰，因此，恋爱对象的内在修养、知识水平显得尤为重要；其次，抛开一切世俗的东西，从追求真爱出发，拥有共同的理想和志趣，是使得爱情之树常青的重要因素。① 总结起来，择偶道德有三点：人品第一位、志趣相同、内在美与外在美的统一。二是恋爱行为道德。恋爱的行为道德感要求恋爱中的双方必须尊重彼此的生活方式和生活态度，不强人所难地要求对方做其不愿意做的事情，理解、信任、宽容对方，不与第三者发生恋爱关系等。在恋爱中的双方，彼此对自己的行为负责，对对方的身心健康负责。简单来说，也可以概括为三点：对待爱情要严肃认真、忠贞专一；恰当的爱情表露方式；负责与自重。

实验实训

一、爱情左右走

目的：帮助学生解决爱情中的心理困惑，增进对异性的了解。

① 李桃. 90后恋爱心理浅析. 中国—东盟博览，2013（6）：258－259.

材料：卡片、纸、笔。

步骤

1. 全体学生围城一个圈，每个人在卡片上写出自己在恋爱中或者知道的在恋爱中最大的心理困惑（问题）。

2. 把所有人的卡片集中起来，教师抽出其中的十张卡片。大家对这十个问题，进行讨论，出谋划策，解决彼此的困惑（问题）。

3. 思考

（1）从其他同学的分享中你学到了什么？

（2）其他同学的观点和思维对你有什么启发？

二、 恋爱心理成熟度测试

第一部分 请填写你的个人信息，选择符合你的实际情况的选项，并将相应的代号填在题目前方的横线上。

________1 你的性别 ① 男 ② 女

________2 你的年龄

________3 你的年级 ① 大一 ② 大二 ③ 大三 ④ 大四

________4 你的专业 ① 文史类 ② 理工类 ③ 艺术、体育类

________5 你的恋爱经历 ① 单身，从未有过恋爱经历② 目前单身，曾经有过恋爱经历③ 已有非常确定的恋爱关系④ 已婚⑤ 离异

________6 你的恋爱次数 ① 零次 ② 一次 ③ 两次 ④ 三次 ⑤ 四次及以上

第二部分 本部分列举了一些与恋爱有关的句子，这些句子描述的是恋爱过程中的行为、感受等。请根据自己的恋爱经历，思考句子描述的内容和你的恋爱经历的符合程度，并在相应的数字上打“✓”。如果你没有恋爱经历，请根据你的理解进行判断。（1. 代表非常不符合。2. 代表比较不符合。3. 代表有点不符合。4. 代表有点符合。5. 代表比较符合。6. 代表非常符合。）

	题目	非常不符合	比较不符合	有点不符合	有点符合	比较符合	非常符合
A1	当我们的恋爱出现问题时，我一般能保持乐观的心态	1	2	3	4	5	6
A2	我能用坚强的毅力克服恋爱中出现的问题	1	2	3	4	5	6
A3	我能够冷静、理智地处理我们恋爱关系中出现的问题	1	2	3	4	5	6
A4	我能经得起恋爱中的风风雨雨	1	2	3	4	5	6
A5	我能从容面对我们恋爱关系中出现的问题	1	2	3	4	5	6
A6	我能以大度包容的心态去处理恋爱中的问题	1	2	3	4	5	6
A7	我有勇气面对我们恋爱关系中出现的问题	1	2	3	4	5	6
B8	我很珍惜我们之间的感情	1	2	3	4	5	6
B9	在恋爱中，我很尊重对方，并且也能做到自尊自爱	1	2	3	4	5	6
B10	我认为恋爱时必须要遵守道德	1	2	3	4	5	6
B11	我很关心、爱护我的恋人	1	2	3	4	5	6
B12	我会尽自己最大的努力来维持爱情的长久	1	2	3	4	5	6
B13	在恋爱中我始终和对方保持着平等的地位	1	2	3	4	5	6
B14	恋爱时，我能够坦诚面对对方	1	2	3	4	5	6
B15	恋爱时，我能给予对方有效的支持	1	2	3	4	5	6
C16	恋爱时，我擅长制造浪漫	1	2	3	4	5	6
C17	我经常能让对方体验到恋爱的激情	1	2	3	4	5	6
C18	恋爱时，我善于做一些事情，让对方保持新鲜感	1	2	3	4	5	6
C19	恋爱时，我擅长做一些事情让我们的爱情充满情趣	1	2	3	4	5	6
C20	恋爱时，我总能让对方感到惊喜	1	2	3	4	5	6
C21	恋爱时，我经常能让对方感到快乐	1	2	3	4	5	6
D22	恋爱时，我会考虑到以后生儿育女的问题	1	2	3	4	5	6
D23	恋爱时，我会考虑结婚以后的事情	1	2	3	4	5	6
D24	我恋爱就是为了结婚	1	2	3	4	5	6

续表

	题目	非常不符合	比较不符合	有点不符合	有点符合	比较符合	非常符合
D25	我觉得我的恋爱经历直接关系到我们以后的婚姻状况	1	2	3	4	5	6
D26	我认为恋爱双方应该白头偕老	1	2	3	4	5	6

体验感悟

一、 恋爱心理困惑表

请回顾以往自己在恋爱当中遇到的心理困惑，并写出在本章学习前的解决办法。思考后，写出本章学习后的解决办法，并对比前后的解决办法，谈谈自己的感悟。

序号	恋爱心理困惑	学习前的解决办法	学习后的解决方法
1			
2			
3			
……			

二、 健康恋爱关系图

请结合本章内容，画一幅自己认为的“健康恋爱关系图”，对图的构思进行原因解释，并举例说说自己的体会和感悟。

推荐书籍

［英］阿兰·德波顿．爱情笔记．上海：上海译文出版社，2004.

推荐理由：这是一部融合理性与感性、细腻生动的恋爱过程的全记录。其间，才子德波顿细述一段情缘的邂逅，迷恋，平凡中的幸福，熟悉后的倦怠，女友移情别恋，挽回无望，自杀，醒悟，以至一段情完全成为过去。他认真思辨自己的感觉，忠实记下与女友交往中的各个细节，特别是心理和哲学层面的思考，文字生动，处处机锋，不仅有极大的阅读乐趣，阅毕更令人回味无穷。而细节描写是《爱情笔记》的一大特色。在对爱情哲理展开思索的同时，德波顿还对许多细节展开描写。让读者领略精辟的爱情哲理的同时，亦让读者感受小说情节的具体，使哲理分析不孤立于小说情节之上，导致哲理分析与情节脱节。在谈到“我”在飞机上邂逅克洛艾并心仪对方时，“我”为自己对克洛艾的倾慕找出一系列的理由，把二者的相识归于命定。就在读者还沉浸在“爱情宿命论”的分析中，德波顿笔锋一转，用许多让人匪夷所思的生活细节佐证他的爱情哲理，同时也把读者从抽象思维中带入具体的现实生活：“我们都出生在双数年份的同一个月的午夜前后；我们都学过竖笛；我们都会在阳光下打喷嚏……甚至我们的书架上都有同一版本的《安娜·卡列尼娜》（牛津出的老版本）”。以上的细节描写把邂逅双方的倾慕归于滑稽可笑的理由：牵强附会的共同生日、同一种乐器、共同的生理反应、共同拥有的一本小说，甚至还细致到小说的版本。德波顿一本正经地认为这是二者命定的因素，调侃之意泛于字里行间，让读者忍俊不禁。他的高明之处在于让读者领略长篇哲学联想的同时也能感受德波顿式的冷面幽默。读者很自然地体会到现代爱情的盲目、毫无理性、荒诞幼稚的一面。如此精妙的细节描写使读者对德波顿长篇哲思产生共鸣的同时，还可以感受现实生活的具体，更深刻体会哲学是现实生活的升华，对生活具有现实的指导意义。

第四章　培植幸福玫瑰　爱的能力提升

爱，不是一种单纯的行为，它是我们生活中的一种气候，一种需要我们终身学习、发现和不断前进的活动。

——惠特曼（美国诗人）

心路历程

一、 生活故事

来自农村的小吴是一家公司普通的销售员，眼看着别人步步高升、频频跳槽，心里很不是滋味。自认为由于事业上没能取得大的成就，加上自己个子长得不高，体魄也不够强壮，所以还没有女朋友。曾经有人为他介绍几个对象，都因为自己条件不够优越而告吹。他很自卑，甚至悲观到对恋爱、婚姻失去信心："像我这样的人，恐怕一辈子都不可能有女朋友了。"

后来，在工作中，小吴认识了一个来自上海的女孩小英。两人经常在一起聊天，很开心。小吴感到自己的条件很差，总觉得配不上这位"上海小姐"，一直没有勇气表露自己的爱意。

为了能在事业上有所作为，小吴离开了原来的公司，借钱开了一家餐馆。由于经营有方，小吴的生意做得很红火，两年后，在全市开了五家连锁店。这时，小吴认为自己事业上有了一定成绩，各方面条件有所改善，于是向小英发出了求爱信。结果等到的是一本厚厚的日记本和一张薄薄的信纸。日记本记载了小英三年来苦苦等待的心迹，而信纸上只有一行字：我已经结婚了。①

二、 爱的五种能力

心理学家指出，爱不仅是一种情感，也是一种艺术、一种能力。既然爱是一种能力，它必有高低之分。有的人能在青春时期找到属于自己的真爱，和自己的另一半共度幸福人生；而有的人则苦苦寻觅，一无所获。究其原因，恋爱能力是很重要的一个方面。爱是一种能力，但又不止一种。严格来讲，爱的能力包含五个具体的方面，有了这五种能力，无论你跟谁恋爱相处或者生活，一定会比原来更加幸福。这五种能力分别为：一是情绪管理。每个人要管理好自己的情绪，才有能力去爱别人；不能管理好自己情绪的人，常常让与自己相爱的人感到非常痛苦，容易错失爱的机会，甚至会伤害他人。二是述情。是指用不伤害关系的方式表达自己的需求、愿望和感受。人们在表达和沟通上常犯的错误是，要么有了情绪或需求不说，闷在心里，隐忍，等到忍不住了就爆发了，要么就是常常用指责和抱怨的方式表达和沟通。隐忍伤害自己，指责和抱怨伤害对方。三是共情。理解并支持对方、善解人意。这是几乎所有人都希望自己的爱人能有的能力，但很多人都没有，很多人都是习惯了讲道理，教育对方，而不知道对方需要的其实是共情。四是允许。尊重差异、允许成长。爱人之间吵架，发生分歧，很多时候都是因为不允许所导致的，不允许对方跟自己不一样，不允许对方有些缺点，要控制对方或改变对方。五是影响。做好自己，对方也会变得更好。每个人都会变，在爱情关系里的人更是会因为自己的爱人而变。可以说，一个人找了不同的爱人就会变成不同的人，人有可能越变越好，也有可能越变越不好。那么，自己怎么做对方就会变得越来越好呢？这就是影响的能力。②

在现实生活中，人们渴望爱、祈求爱，然而愿意把恋爱作为一门学问、有意识培养自己恋爱能力的人却为数不多。正值青春年少的大学生，虽然在

---

① 别因为自卑心理，让你的理想爱情姗姗来迟或者失之交臂 . http：// www. sohu. com/a/259819394 _ 100261051.

② 赵永久. 爱的五种能力. 北京：中国华侨出版社，2013.

生理上已经成熟，渴望获得属于自己的一份真爱，然而，或许目前他们还并不完全具备恋爱能力，导致他们要么自寻烦恼，要么与爱失之交臂，或者导致已经拥有的爱情中途夭折。因此，大学生十分有必要提高爱的能力，学会如何表达爱、接受爱、拒绝爱和保持爱。

心理视点

一、 爱的表达能力提升

有“爱”就要说出来。当心中有爱的时候，一定要敢于表达，因为爱情不是单方面的爱恋，它必须建立在两情相悦的基础上。如果我们把爱藏在心里，不与对方表达出来，对方永远不会知道，那么彼此也就不可能产生“爱”。

（一）大学生表达爱的常见类型

表达爱是有悠久的历史传统的。我国古典诗歌里就反映了古人爱情表达方式的丰富多彩，用质朴、含蓄、浪漫、真诚、高雅的表达方式来赞美它，由此导演出一幕又一幕感人至深的爱情生活剧，不仅富有生活情趣，更是蕴含着质朴、纯真和健康的美感。相比之下，当代大学生并不懂得如何恰如其分地表达爱，常见的类型有以下四种。

1. 隐藏型

这类大学生往往性格比较内向，不善于表达，也羞于表达，在与对方日常交往时默默地付出，在学习生活的细节中提供关心帮助。比如，主动指导对方学习困难科目、变天的时候提醒对方注意身体等。在行动上往往也是隐晦地表达自己的爱意，但在语言上始终没有明确地表达，有的同学甚至就这样默默暗恋对方和默默付出爱意长达数年之久，直到毕业也不敢表达。这种隐形的表达方式，被爱方不一定能够接收到求爱信息，或者说接收到了因为不确定不敢表达自己的心意，因此给自己留下了遗憾，失去了一段真挚而美好的感情。这类表达方式的大学生最好的处理方式是能够克服自己的害羞心理，大胆明确地跟对方表达爱意，这样更有利于一段真挚感情的获得。

2. 含蓄型

这类大学生或因自身性格的内敛含蓄，或因害怕表达被拒的尴尬等，虽然有表达爱的行动，但是方式不够直接、过于保守。含蓄型和隐藏型表达爱的方式有一些类似，最大的区别在于他们有语言和行动的表示，只是不够直接。他们通过一般普通的联系方式私下示爱，跟对方的好友间接表达、托朋友递送求爱信、在对方书中留下求爱纸条、用委婉的文字话语表达等。同样地，这些含蓄的表达方式，如果对方不是特别敏感就不一定能够接收到他们爱的真实信息而就此错过，也可能因为你表达方式的不直接因而觉得他们的爱不够真诚而拒绝。应该放下顾虑，抛开尴尬，直抒胸臆地明明白白表达自己的心意，不要假手于人，让对方感受到你的真诚和用心。

3. 开放型

这类大学生一般性格外向、乐于表达，但是对浪漫和直率的理解有些片面，表达爱的方式过于开放，通常是大胆地在公共场所求爱。比如，在寝室楼下搞轰动的求爱门、聚集同学给对方准备意外的求爱会、在操场上大声露骨地求爱等。这种表达爱的方式一方面对校园安全稳定的秩序不利；另一方面也是最重要的，这种方式往往容易让对方措手不及，在突如其来的表白面前一下不明确自己的真实想法导致下意识回避爱，又或者在浪漫氛围冲击下一时激动、没有明确自己的想法却因为震撼或者感动接受爱，又或者在在场同学的起哄下感受到压力觉得不好意思不接受从而被动接受爱等，都不利于爱的正确判断和接受，对建立一份真挚的感情有所影响。这类表达方式的大学生应该多思考求爱的场所和方式是否合适，多了解对方爱的语言，以对方喜欢的方式去表达，而不是一味满足自己的性格需求过于热烈地去表达爱。

4. 歪曲型

这类大学生往往性格有点偏激，表达爱时过于自我，不考虑对方的感受，采用一些诡异的方式表达爱。比如，秘密跟踪和窥视、写匿名求爱信、打骚扰电话等，这些行为属于一种异常行为，会引起对方的恐慌和害怕心理，都给对方带来一定的困扰。这部分大学生往往是存在恋爱心理偏差的，存在一些不合理的恋爱观念和心理，才会出现一些不恰当、不合适的求爱行为。采用这种表达爱的方式，对方不但不能够感受到爱，还会对表达爱的人产生厌恶甚至恐惧心理，接受爱更是无从谈起。因此，对这类表达方式的大学生如果不想错过对方，应该纠正自己的恋爱心理偏差，采用真诚平和的求爱方式告诉对方自己的心意，也不要在对方拒绝之后采用激烈的方式回应，这样才能让彼此留下好的印象，给彼此留下感情发展的可能性。

（二）大学生表达爱失败的原因

爱是一种很自我的感觉，爱的这种特性则注定了不同的人会选择不同的表达方式，同一个人不同的时间也会有不同的表达，即使是同一种表达方式，它蕴涵的内在含义在不同的时间和环境下，肯定也不尽相同。同时，对方也可能会有不同的理解。所以，表达爱能不能成功，关乎人本身及方式、时间、地点等多种原因。

1. 心理原因

（1）*过分羞涩*。害羞在日常生活中是相当普遍的现象，几乎人人都有过害羞的体验。但是，有时候它会给人们的生活、学习、社会交往等带来不愉快的影响甚至障碍。例如，害羞的人由于担心不好的社会评价而限制了他们社会交往的愿望。害羞的人突出的特征是会花很多时间监控自己的感觉和行为，担忧自己给别人留下不好的印象，因而变得非常不安。害羞的人常认为自己缺乏社交能力，为自己在社会交往中的失败找借口，可能更容易出现自我责备和被羞辱感。① 常认为自己在社交中得不到重视，过高地估计别人对自己的批评态度。所以，过度的羞涩会影响感情的交流，也会影响与表达对象的沟通。

当然，没有一点害羞，女人似乎看起来会像个情场老手，男人则会看着像个登徒浪子。然而，过分的羞涩会影响感情的交流和表达，让爱情与你擦肩而过。虽然当代大学生在感情上更加积极主动，但是仍然在表达爱的时候存在过分羞涩的情况，主要有两种原因：性格内向导致过分羞涩和缺乏恋爱经验引起羞涩。人们似乎默认羞涩是女孩的专属名词，其实不然，现下有些男孩的羞涩并不亚于女孩。生活中，我们经常看到女孩自然大方，而男孩却羞涩地脸红的情况。过度的羞涩心理会妨碍爱情的进展，会给对方造成被拒

① 刘薇，戴晓阳．害羞的心理学研究进展．中国临床心理学杂志，2006（2）：200－202.

绝的假象。

（2）过分自卑。过分自卑的人，往往不能实事求是、恰如其分地评价自己和他人，往往“仰视”别人，“俯视”自己。在遇到心仪的异性时，不敢表露自己的心意。过分自卑一般由两种情形造成：第一种是自身外在条件差引起的自卑。有些人因为自身天然条件的制约，比如个子不够高、身材不太好、长相不够英俊或漂亮、家庭不太富裕等，在爱慕的人面前心生自卑感，因而不敢把“爱”字说出口。这是造成当代大学生表达爱时过分自卑的主要原因。其实，相对于外部条件而言，女孩更为青睐男孩的胆识和智慧，男孩更为在意女孩的性格和气质。第二种是多次恋爱失败后而失去自信。导致在表达爱时过分自卑心理的另一个重要原因是经历多次失败的爱情。一次又一次的失败经验，会使人质疑自己，失去对爱的信心。虽然他们内心仍然渴望得到爱情，但是当需要表达爱时，往往会犹豫地不敢踏出这一步，他们害怕再一次的失败。因为这是对自己不足的证明，渐渐地，他们甚至丧失了爱的表达能力。

自卑是恋爱中男女双方都可能产生的一种心理。自卑心理往往会过分夸大自己所谓的“缺陷”。例如，自认为在生理上有某些缺陷，大致身有残疾，小至单眼皮、低鼻梁，或者把职业、住房、收入等外在条件，学历、籍贯、性格，甚至把父母没文化、兄弟姐妹多等都视为自身的“缺陷”。应当看到，这些“缺陷”有些是客观存在，有些是无中生有，有些并不是缺陷，而是社会偏见造成的。这样，就没有自信与对方平等相处，理想的爱情便姗姗来迟，或者失之交臂，已经获得的爱也有可能得而复失。

（3）过分自信。过分羞涩和过分自卑导致“爱在心中口难开”，因而错失了爱情，这是一种没有表达爱的失败。而另一种已经表达了爱的失败，则是因为表达者过分自信，同样不能正确评估自己和别人，最终导致表达爱的失败。他们往往存在两个特点：过高地估计自身的条件和错误地理解对方的感情。这一类人往往认为自己其他方面很优秀，长相好、学习好、家庭好、人际关系也好。因此，他们往往对自己过分自信，认为只要我把爱说出口，对方肯定会答应，因为对方没有不答应的理由。然而，爱情并不只是看外在条件的，并不是条件好就一定能够得到喜欢的人。同时，他们也会把对方愿意跟他们交往和帮助他们理解为对自己的好感，甚至是爱。

2. 行为原因

(1) *方式过激，不够大方*。用跟踪、监视、打匿名电话、写匿名信等不当方式表达自己对对方的爱意。遇到这种有爱不说出来，偷偷摸摸，甚至诡异变态的行为，女生大都反感，可能还会害怕，男生可能会认为你有神经病，心理不正常，更不会对你心生爱意。想要认识对方，就应该大大方方去搭讪、大大方方要联系方式、大大方方接近，然后大大方方表白。① 真诚平和的表达方式就算是对方当下没有接受，也给对方留下了一个好印象，认识以后好好深入了解或许还有进一步发展的可能。

(2) *行为鲁莽，破坏关系*。在不确定对方是否喜欢自己的情况下，还强吻、强行拥抱、在公众场合求爱等。这种粗暴的行为首先就是不尊重对方的表现，更不会让对方感受到你的爱，最直接的就是造成尴尬场面，也会让对方误会你的意图、怀疑你的人品，甚至即使对你有一些好感也因此瞬间荡然无存了。如果原来你们是朋友关系，或许经此一役，朋友也做不成了。如果不采用这种强迫的表达方式，或许好好培养还真能发展出一段真挚的爱情，但是如果一旦行为鲁莽过激，对方从此对你有了心理防线，彼此就完全没有了可能。

(3) *急于求成，缺少诚意*。初次见面或刚刚认识，彼此只有一个第一印象，并没有更深的了解，这时候谈不上爱，只能说是外貌等言行举止的一种欣赏或者说喜欢。这种喜欢往往比较表层，而在没有深入了解的时候就急着表白，并且还不给对方思考的时间，急于甚至强迫对方答应，这会让对方怀疑你的诚意；如果你一而再再而三地逼迫，甚至会引起对方反感，别说答应你的求爱了，甚至会拒绝与你接触。一般来说，“一见钟情”最终在一起的概率还是很小的。

（三）大学生表达爱的正确方式

在现实生活中，有的大学生双方相互爱慕，而且爱得很执着、专一，但羞于启齿，不好意思开口表明，一直没能相互表达；或者想表达，但不知如

---

① 梁绮贤．四个表白技巧你要清楚 表白不要急于求成．http：//xinli. familydoctor. com. cn/a/201608/1186613. html.

何表达，或者表达方式失当，最终错过了自己爱慕的对象，留下了终生遗憾。① 这些现象在当前大学生当中屡见不鲜，因此，大学生很有必要通过学习掌握表达爱的正确方式。

1. 掌握表达爱的原则

当你爱上一个人，就要大胆去表达。爱需要表达，但爱的表达不是唯唯诺诺，不是简单粗暴的。

（1）勇敢大方地表达自己的爱意。爱的表达是自我成长后一种自信的表达，想成功地使对方接受自己，需要有绝对的自信心，能够勇敢大方地和对方表达自己的爱意。自信心是做好一件事情的基本条件，表达爱意也不例外。不敢勇敢大方地表达爱意在于我们往往害怕表达，原因在于我们害怕被拒绝。不表达就可能还有希望，而表达后被拒绝就等同于把唯一的希望也无情地浇灭了。但是如果我们不表达，对方不知道，我们连被拒绝的机会都没有，更不会有被接受的可能。很多时候我们因为害怕被拒绝而不敢开口直接跟对方表白，而请朋友帮忙代替表达自己的心意。这样的做法会让对方觉得没有诚意，往往会弄巧成拙。面对爱情时，我们要自己去把握，凭借自己的实际行动，依靠自己的力量去追求对方，让对方感受到我们的真心实意和真情实感，尽量避免让朋友或家人帮忙。

（2）表达爱时的言行举止要文明。想要自己的爱意的表达能够获得对方的接受，很重要的一点是表达爱时言行举止要文明，这样才能在对方眼中留下良好的印象，给自己爱的表达加分。如果采用太露骨的言辞和粗暴的行为，势必引起对方的反感，不小心还惊吓到对方。在这种情况下，对方答应你的求爱可能性会大大降低。

2. 做好表达爱的准备

当你向爱恋的异性表达爱，希望得到令你满意的回应时，就需要做好表达爱的准备。

（1）清楚了解自己和对方。首先，要了解彼此的心理行为特点。怎样恰到好处地表达爱呢？最重要的是要全面地剖析自己，同时准确把握对方的性

---

① 魏会卿．大学生恋爱能力刍议．太原城市职业技术学院学报，2010：89－90.

格特点和心理状态，这样才能有针对性地避免一些因性格和情绪不合产生的冲突，也会帮助我们寻找到彼此更合适的恋爱对象。其次，去寻找彼此的相同共通之处。对趣味相投或生活方式相似的人容易产生好感也是人类的心理特征之一。并且心理学研究表明，与类似性因素的个数相比，“类似点”的深入程度更加重要。例如，有两个人的共同爱好是看小说、听音乐会、唱歌等，但看的小说类型、喜欢的音乐风格都不太一样，也就是说同一爱好的相似程度不高；还有两个人，他们的共同爱好只有一个，就是看电影，而且单单只喜欢看美国著名导演史蒂文·斯皮尔伯格的电影。很明显，后两个人之间的好感度要高于前两个人。特别是当自己的某种兴趣爱好平日里根本得不到周围人的认可，而从别人眼里看到的都是不屑一顾的眼神时，如果此时出现一个人竟然也热衷于这种兴趣爱好，那么我们就会感到自己得到了认同，心情会无比快乐。① 对于给予我们快乐的人，自然会对其产生好感。

（2）拉近双方的心理距离。一方面要创造近距离接触的机会。人对多次接触的人或事物，容易产生好感，这在心理学上被称为“单纯接触原理”。因此，如果你喜欢上一个人，又想赢得对方的好感，应该频繁与对方接触，最好经常出现在他/她身边。美国心理学家罗伯特·扎因斯通过实验证明，人们对熟悉的人或事物具有一种正面感情。他给大学生看一些随机抽取的异性脸部照片，但每张照片给受试者看的次数不同，有的照片看的次数较多，有的则只给看一次。结果发现，受试者对看的次数较多的脸更有好感。② 另一方面要敞开心扉地自我分享。向对方倾诉一些自己的秘密或谈论隐私性的话题也是一个拉近彼此心理距离的好方法。当对方知道了你的一些秘密，尤其是当他/她还知道这些秘密你只向他/她提及时，他/她对你的亲切感会立刻升温，这就是“自我暴露”，也叫“自我分享”。一方面，适当的自我暴露可以减轻因积压太多秘密而带来的心理压力；另一方面，当我们把心里话说给对方听时，对方会产生一种要进行同等程度自我告白的心理，这就是“自我暴露的回报性”。结果，两个人通过相互的自我告白，彼此共享了各自的秘密和隐私，由此形成了亲密关系，这就很容易对对方产生好感。当然，自我暴

① 陈怡凡．每天懂一点恋爱心理学．http：//blog. sina. com. cn/s/blog_635d55580100mfcr. html.

② 恋爱秘籍：频繁见面增进感情．http：//www． docin． conop－1010027949． html.

露要遵循一定的原则——由浅入深、循序渐进。所以，进行自我告白的时机一定要把握好，如果两人的交往还不多就进行很深入的自我告白，大多时候恐怕只会适得其反。比如，对于刚认识没多久的朋友，就告诉人家一个具有冲击性的秘密，那非把人吓跑不可。最后，还要学会真心适度地赞美对方。想和心上人拉近距离，赞美也是一个不错的方法，而且，不只是赞美，还要是真心的赞美。因此，想让自己的赞美有效果，最好不要刚认识就把人家吹捧上天。接触几次后再真心地发表你的赞美，这才是适当、得体的做法。刚一见面就一顿赞美的话，不仅效果微弱，搞不好还会被对方认为是"不可靠的人"。有时，我们实在找不出溢美之词时，该怎么办？如果对方是女性，可以说"眼睛很漂亮""动作很优雅""衣服很搭配"等，赞美她们的外表；如果对方是男性，则可以赞美他们的内涵，如"您真幽默""真有学识"等。

（3）选择恰当的表达时机。爱表达的成功还在于我们能不能选择恰当的表达时机，最佳的时机是：第一，选择合适的时间。一般来说，不宜在认识不久就提出恋爱的邀请，这样会吓到对方或让对方感到唐突，"你了解我有多少？怎么就会说这种话？"同时会给对方造成冒失、冲动、急躁、不成熟的印象。因此，一般建议相处一段时间后，当彼此有了一些了解，两个人彼此互动的经验感受也都不错，比较有理由说服自己"为什么喜欢她/他"，而不只是外在的吸引力在作祟时，再提出来。同时，要在自己和对方心情好的时候表达。比如，在考试失败等心情烦躁的情况下，不仅你爱的表达会大打折扣，对方可能也会心不在焉或者更加烦躁。另外，表达爱的地点也很重要，在舒适清幽的环境中，能够增添爱表达的气氛，更容易让对方接受你的爱。第二，要有适合的心态。第一次向另一个人表达感情是很紧张、期待和兴奋的，见面的一刹那欣喜，对方的出现又伴随不自在，"不知道该说些什么，或做些什么表情才比较好？"总的来说，这并没有统一的标准。放松是最好的策略，平常心是最佳的应对之道。同时，也要有"我有权发出我爱的请求，对方也有权做出属于自己的决定"的健康心态，倾听自己心中的声音，也尊重对方的决定。自己个人的价值不会因为被拒绝而消失，对方也不会因为拒绝自己而有内疚感。

（4）运用合适的表达方式。现实中求爱成功的方法多不胜数，但是在表达方式的选择上决不能生搬硬套，要因人而异，主要要把握两个原则：一是自己相对擅长的，二是对方容易接受的。对于大学生来说，表达爱时可以把对方约出来，在安静的、气氛也不错的地方表白，也可以用精挑细选的卡片来传达爱意；可以放一首表达情意的歌曲，在创造出氛围后表白，也可以在两个人都熟悉的团体中当众表达；可以通过短信、网络等通信工具表达，也可以采用传统的书写情书的方式表达。表达的情景是选择两个人私下的场合还是当众的场合，方式是要用说的方式还是写的方式，可根据自己和对方的个性及自己较擅长的表达方式来决定。但一定也要是对方最容易接受的，如果对方是一个性格内向的女孩子，最好就不要在公开场合表达爱意。

3. 学会表达爱的技巧

一个人向另一个人传达爱需要载体，要了解对方和自己爱的需要是什么？这样能更顺利地开展相互的沟通。美国婚姻辅导专家盖瑞·查普曼根据不同人对爱的需求不同，归纳了爱的五种语言：肯定的言辞、精心的陪伴、互赠礼物、服务的行动和身体的接触。我们可以了解对方喜欢哪种语言而进行有策略地表达。

（1）运用肯定的言辞。美国心理学家威廉詹姆斯说过，人类最深处的需要就是感觉到被人欣赏。肯定的言辞是在恋爱中希望得到对方的欣赏和赞美。对于主要爱语是肯定的言辞的人来说，能说一些鼓励的话语，往往能激发出其极大的潜力。马克·吐温曾经说：“一句称赞的话，可以让我活两个月。”我们从字面上来解释，一年中有六句称赞的话，就能使马可·吐温活下来。欣赏的言语是爱的有力沟通工具。在对异性表白的时候，如果能多跟对方说一些赞扬、肯定、正向的话，会给他/她带来很好的内心体验，让他/她更容易接受你。当然，对于肯定的言辞来说，说话的方式是积极而重要的。同样的一句话，用不同的说话方式会产生不同的效果，“言为心声”，用真诚的方式表达出的情感也是真诚的。

另外，在肯定的言辞中，请求对方帮助也是一种方式，因为请求对方也是在肯定对方。但是，爱是提出请求，而不是要求。比如，“我英语成绩不好，想请你帮我辅导功课，不知道愿不愿意”，是在肯定他/她的价值和能力，让他/她感觉到被需要，而不是让对方觉得在指使他/她，这就适得其反了。

（2）花时间耐心陪伴。花时间在一起，同甘共苦，陪伴也是一种爱。有人说，一个男人愿意给一个女人多少时间，就是他爱她有多少。再多的爱马仕也抵不过每天早晨跑几条街为你买豆浆油条的幸福，再好的甜言蜜语也不如需要时陪在身边肩并肩的相伴。世界上最奢侈的人，是肯花时间陪你的人，爱不爱，不是看有钱没有钱。也许过于绝对，但也说出了一个道理。这里所说的花时间耐心陪伴就是指给对方不分散的注意力，就像每天早晨跑几条街开心地为你买豆浆油条的那份执着。中心思想是“同在一起”，不仅指距离上的接近，而且是给予对方的关注，花时间关心对方的情感，不是“同床异梦”。

在餐馆里，总是看得出婚前约会的男女和已婚夫妇之间的不同：约会的男女彼此注视着交谈，已婚夫妇则坐在那儿东张西望。当然花时间耐心陪伴的意义并不是必须用所有的共处时间凝视对方，而是两个人在一起有没有给予对方最大的注意力。它的目的是两人一起经历什么事，事后觉得“他/她关心我，他/她愿意跟我一起做我喜欢的事，而且他/她有正面的态度”。共同做了什么是次要的，重要的是花时间关心对方的情感，活动只是创造了那种同在一起的机会。

（3）赠送精心的礼物。在每一种文化中，送礼物都是爱情和婚姻过程中的一部分。国外多数的婚礼，包括了赠送和接受戒指。我们中国古代也有定情信物，礼物是爱的视觉象征。从议婚到完婚有固定的礼节，叫“六礼”。其中纳彩、纳吉，都是需要礼物的。送礼物是不是一种表示爱的基本方法呢？起码是一种表达方式。

如果对方爱的需求主要是接受礼物，那你要成为一个有效的送礼者。你也许需要改变自己对金钱的态度。我们每个人对金钱的目的，都有个人化的认知，而且，我们有各种与花钱有关的情绪。有些人具有花钱倾向，因此在花钱的时候，会感觉良好。而倾向存钱和投资的人，则是在存钱和有智慧的投资的时候，对自己感觉良好。这样可能就会在情绪上对抗这种以花钱来表示爱的想法。“不为自己买东西，为什么为对方买东西？”其实你在为你们之间的关系做投资，礼物不需要是昂贵的，也不需要每个星期送一次。礼物的价值只与爱的程度有关。对方得到爱的需要以后，多半会以你能了解的语言，来回报你情感上爱的需要。把自己当作礼物有种无形的礼物的感觉，有时候胜过那些可以拿在手里的礼物，称之为“自己就是礼物”，或以“在场做伴”为厚礼。当你的恋人需要你的时候，你就在那里陪伴。这会对主要爱的语言是接受礼物的人传达强烈的信息，让他/她感觉到你的付出。

（4）进行服务的行动。所谓服务的行动，是指对方想要你做的事，你设法替他/她服务，而使他/她高兴。借着替他/她做事，而表示你对他/她的爱。有很多人只有看到他人为自己做事的时候，才感受到对方是爱他/她的，而再好听的话，再漂亮的礼物，再精心的陪伴，都很少让他/她感觉到对方爱的存在。在大学校园里，经常看到男生为女生买重物、为女生处理电脑问题，女生为男生洗衣服、打围巾等，这都是用服务的行动在表达和接受爱的语言。

在服务的行动中，有人用愧疚来操纵“如果你是一个好恋人，你会为我做这件事”，这不是爱的语言。有人用威胁来强迫“你最好这么做，否则你会后悔”，这跟爱更是背道而驰。我们可能允许自己被人利用，可是事实上，我们是有情绪、思想和愿望的，而且有能力做决定和采取行动。允许自己被人利用或操纵，并非是爱的行动；事实上，那反而是不忠的行动，等于允许他/她养成不人道的习惯。

（5）增加身体的接触。牵手、亲吻和拥抱，这些身体接触都能让人感到爱的温暖。我们早就知道，身体的接触是沟通情感的一种方式。在儿童发展方面，无数的研究下了这样的结论：有人拥抱、有人亲吻的婴孩，比那些长期没人理会、没能接受身体抚触的婴孩，在情绪发展上会来得健康。我的任何部分都住在身体之内，触摸我的身体就是触摸我；远离我的身体，你就是在感情上远离我。在我们的社会里，握手是向一个人传达率直和社交亲密的方式。偶尔，当一个人拒绝跟另一个人握手的时候，则传达了他们间关系有问题的信息。任何社会都有一些身体接触的文化，是社交问候的工具。①

在遇到危机的时候，我们都会互相拥抱。为什么？因为身体的接触，这几乎是出于天性，是爱最有力的传达者。在危机中我们需要的是感觉被人爱，我们不总是能改变事情，但如果我们觉得是被人爱，就会有生存下去的勇气。所有的恋爱和婚姻都会经历危机，如同父母的去世是不可避免的。车祸每年使千万人伤残和死亡，疾病对人一视同仁，失望是人生的一部分。在危机中

① 爱的五种语言. http://www.sohu.com/a/198808280_183732.

你能为恋人做的最重要的事，是爱他/她。如果对方主要爱的语言是身体的接触，你说的话也许不算什么，可是你的身体接触会传达你的关心。危机为表示爱提供了一个独特的机会，也许在危机过去很久以后，你温柔的拥抱仍然会被对方记得；如果对方爱的需要是身体接触型的，而你用这种方式来表示爱，可能永不会被忘记。

二、 爱的接受能力提升

表达爱的能力是能否开启一段爱情的第一把钥匙，其重要性不言而喻。然而，只有一方的正确表达，没有另一方的正确接受，同样不能创造美好的爱情。因此，爱的接受能力也很重要。

（一）大学生接受爱的错误类型

在现实生活中，年轻人被异性追求是件再正常不过的事情，但是面对异性施爱不是所有大学生都具有这种接受爱的能力。缺乏这种能力的人，面对异性追求，有的是“匆忙行事”，有的是“无从把握”，最终难有好的结局。①

1. 匆忙行事型

“匆忙行事”者，一般做事比较轻率，面对别人追求，在不了解对方的情况下，或者对爱情还没有做出准确判断的时候，就匆忙接受了对方的求爱。真正的爱情是男女基于一定的社会基础和共同的生活理想，在各自内心形成的相互倾慕，并渴望对方成为自己终身伴侣的一种强烈、纯真、专一的感情。② 爱情产生的最重要的情感基础就是相互爱慕，各自既是爱者，又是被爱者。如果仅仅是对方爱慕自己，而自己没有任何感觉，双方一定不会产生爱情。常见的匆忙行事型接受爱有这几种：一是在对方夸张浪漫的求爱方式下，心智不成熟、人格不稳定的大学生很容易被冲昏头脑，无法正确判断自己的感情，从而匆忙答应；二是在对方的穷追不舍下被感动，又因为害怕伤害对方而接受爱意，但是事后自己又会产生反复，觉得不喜欢对方，从而表

---

① 魏会卿. 大学生恋爱能力刍议. 太原城市职业技术学院学报，2010（11）：89－90.

② 书可. 喜欢一个人和爱一个人. 妇女生活，2008（5）：56.

现出模棱两可的态度。这会让喜欢自己的人产生幻想和希望，会给对方造成更大的伤害，也可能会让对方因爱生恨，产生报复伤人的恶念，最终害人害己。

2. 无从把握型

“无从把握”者却刚好相反，他们明明喜欢对方，表面上却装得很平静或是异常冷淡，让对方误认为对他/她没有感觉而放弃表达，从而错过了本应属于自己的爱情。有的认为恋爱会影响学习而拒绝。大学生把学习放在首位是无可厚非的，但是如果抱着“恋爱必定影响学习”的想法而过分克制自己的感情，把对异性的正常好感压制在心底，即使对方跟自己表白也强迫自己放弃，就是一种“过分”的表现。有的分不清自己的感受错失爱情。这种情况常常发生在异性好朋友之间，两个人起初因为相同的兴趣爱好，或者相似的脾气性格而格外投缘，通过长时间的相处，发展出了深厚的友谊。彼此之间的情感会超出一般的异性朋友，就是我们现在所谓的“异性闺蜜”。在外人看来，“异性闺蜜”很像一对情侣，除了像接吻、牵手、拥抱等过于亲密的情侣行为之外，他们会单独一起逛街、一起吃饭、一起玩耍。而当他们之间的感情有了微妙的变化，产生了爱意，甚至连他们自己都分不清到底是“友情”，还是“爱情”，导致两个如此合得来的人最终也只停留在好朋友这一关系。

（二）大学生接受爱的基本步骤

表达爱是对方的自由，而接受爱是我们的权利，也是一种责任。轻易地接受或者拒绝一份爱都是不负责任的表现。对于反感的、不喜欢的爱情表达，我们恰当地去拒绝，而对于希望的、喜欢的爱情表达，我们也要负责任地去接受。

1. 准确判断对方的爱意

准确判断对方的爱意主要包括两个方面：一要能够敏感地接收到别人透露出的爱意。一句问候、一个邀请、一次关心都可能是爱的信息传递。当我们面对异性时，要有不一样的敏感性，能分辨出普通异性和对我们有好感的异性对同一件事的不同做法。比如，普通异性为了感谢你的帮助邀请你吃饭会带上你或者他/她的朋友缓解尴尬气氛，而对你有好感的异性则会为你们两个人创造独处的机会，增加彼此在一起的可能。因此，我们要能够及时地接收对方的爱意，才不至于错过爱情。二要能够小心谨慎地对待别人的示爱。一见钟情后的示爱，着急要答复的态度，这些信息都透露着这份示爱并非那么真挚，或许他/她真的爱你，但是这种可能性非常小。大多数情况下，这些人的恋爱动机是有问题的，或者并没有考虑清楚自己的感情，只是一时冲动的行为。所以当遇到类似的情况，我们必须要能够谨慎地处理。

2. 理清自己的内心感受

许多人在接收到爱意的表达时，内心都会有掩饰不住的高兴和喜悦。但并不是每个人都会单纯地去享受这份喜悦，有许多人在收到爱意表达时，在短暂的高兴过后，往往是难以抉择的内心纠结，纠结是应该接受，还是应该拒绝。这个时候，我们应该平复自己的心情，保持冷静的头脑，对自己内心深处的感受进行分析。我是喜欢他/她呢，还是不喜欢他/她呢？这一阶段要以自己的感受为衡量标准，而不要受到外界环境和压力的影响，别因为周围同学朋友都恋爱了而草率接受一份爱，别因为父母家人的压力而轻易地拒绝了一份爱。爱情首先要立足于自己内心的感受，如果感情不是真挚的，那么结局一定不会完美。

3. 做出明确的关系选择

经过对对方爱的判断和对自己感受的整理之后，我们就可以做出接受、谢绝或者再观察的选择了。但是无论做出何种选择，都要跟对方清楚地表明态度，给出可以信服的理由，而不是模棱两可地吊着对方或者直接回避拒绝，这样对人对己都是不好的。如果接受爱，就大大方方地接受，并且用心去对待和经营彼此今后的关系；如果拒绝爱，就明明白白地拒绝，并且说清楚拒绝的理由，维护好彼此可以有的一般朋友关系；如果是要继续观察后再判断，也要跟对方表达清楚，千万不要让自己和对方处在一个似有非有的关系状态，这样对彼此都会产生负面影响。

（三）大学生接受爱的正确方式

接受爱并不是随意的，我们要明确自己的和对方的心意，采用正确的方式去接受，这是为彼此爱情美好发展奠定良好的基础。

1. 合理的判断

在接受爱之前，我们要对爱进行合理的判断。只有在合理判断之后，才能做出是接受爱，还是拒绝爱的选择。作为大学生，要懂得什么是真正的爱情，以及爱情与其他情感的区别，并能准确判断出自己和对方的情感是同学之间的友谊还是异性之间的爱情。在现实生活中，个别大学生不能正确判断爱情，在异性间的接触往来中，出现“爱情错觉”，错误地认为对方对自己“有意”，或者把双方正常的交往误认为是爱情的来临，结果自作多情、自寻烦恼。①

2. 明确的态度

爱情不能勉强和将就，优柔寡断或屈服于对方的穷追不舍，只会对双方不利。当要拒绝一份“爱”的时候，态度一定要明确。拒绝难免是一种伤害，但不能因此而犹豫不决，更不能暧昧。如果拒绝爱的态度不够坚决，很容易给对方造成误会，最后带来更大的伤害。虽然每个人都有拒绝爱的权利，但珍重每一份真挚的感情是对他人的尊重，也是一种自珍。因此，拒绝对方一定要注意选择恰当的方式和时机。

3. 恰当的反馈

面对异性施爱，首先，要积极面对。有的大学生因为性格内向，缺乏与异性交往的经验，往往比较被动。对于这一类大学生，一方面要有意识地增加与异性交往的机会，积累交往的经验，提高自己的社交能力。另一方面，在与自己心仪的异性相处时，要有意识地调整心态，积极面对，不要故意冷淡或疏远对方，让对方产生错误的理解。其次，大学生在面对爱情时，要慎重选择。倘若不经过慎重考虑轻率接受，经过一段时间交往却发现存在诸多问题，再抽身后退反而增添了许多不必要的麻烦和困扰。

三、 爱的拒绝能力的提升

爱情来不得半点勉强和将就，当一份自己不愿接受的爱到来时，有的大

---

① 周六春. 青年学生健康恋爱心理的培养与引导. 中国青年研究，2008（4）：94－97.

学生会怕伤害对方而犹豫不决，或者态度暧昧。有的女生则会屈服于对方的穷追不舍，但这样发展下去的结果对双方都是不利的。所以，敢于勇敢地拒绝不希望得到的爱情，果断地说出“不”，也是评价恋爱能力高低的一项重要指标。

（一）拒绝爱的基本原则

拒绝本身难免就是一种伤害，所以在我们拒绝别人的爱时，除了审视清楚自己的感情后，负责地做出拒绝的判断和选择，在拒绝的方式上也要注意，把握尊重、无伤、明确、果断等一些基本原则。

1. 尊重对方，用语委婉，不用轻蔑的话无情打击

不当的拒绝会给对方造成心理上的伤害，这种伤害有时候甚至是永久的。因此，要学会善于拒绝“爱”，在拒绝对方时要注意选择恰当的方式和时机。在方式选择上，应该考虑到双方平素的关系和对方的个性特点，选择冷处理、书信或面谈等方式，但最好不要采用托人转告的方式，以免产生不必要的麻烦，更不可随意公开他人的求爱信，或是对对方加以冷嘲热讽。在时机的选择上，一般来说，不要在对方刚表达之后立即加以拒绝，因为此时对方很难接受，但也不可拖延太久，那样会给对方造成误会。注意拒绝的艺术，做到既拒绝对方，又不伤害对方，给对方留下余地。①

2. 态度明确，表达清晰，明确彼此没有发展的可能

当一份不愿接受的爱摆在面前，一定要在第一时间明确地、理智地拒绝，因为爱情不是同情或怜悯，也不是单方面的一厢情愿，并且拒绝对方的态度一定要坚决。这时别人的爱恋或追求才开始，感情并没有深入的发展，必须态度明确果敢，不要使对方误解。当然，在态度坚决的同时，拒绝的理由一定要充分，以便使对方彻底死心。如果理由牵强，对方会以为是你的借口而不愿意轻易放弃。模糊不清的拒绝或许降低了当下的冲击，但是很容易给对方造成误会，最后的伤害只会更大。

3. 言行一致，摆正位置，拒绝后不无端接受好处

当你明确拒绝对方之后，千万不要再接受超越普通朋友的帮助和好处。

---

① 易心．少男少女的情人节．中等职业教育，2005（1）：38.

如果你不能正确处理你们的关系，一方面，你会降低你之前拒绝的可信度，引起对方的误会，对方的内心会重新燃起你接受爱的希望，这种模糊的言行会增加对方的困扰；另一方面，你也会对自己的人品产生怀疑，产生“我这样是不是太卑鄙了”“我是一个玩弄感情的人”的想法，影响自己的心理健康。

（二）拒绝爱的技巧

拒绝爱也要讲求方法和技巧，恰当的拒绝方法能够将拒绝的伤害降到最小，不恰当的拒绝方法会让本身就求爱失败的异性受到更大的伤害，甚至引起对方的恨意，从而导致两败俱伤的结果。所以，我们很有必须学习拒绝爱的技巧方法，让拒绝爱既负责任，又相对无伤。

1. 感谢对方爱意的表达

拒绝时，对对方的感谢不仅能够让对方觉得获得了起码的尊重，而且还能够让对方对自己感情的付出进行肯定，这将大大减小拒绝带来的伤害。毕竟爱在产生的那一刻都是善意和美好的，即使不能接受，如果能表达感谢，那么对方也能善意地结束它，保存它原有的美好。

2. 肯定对方身上的优点

拒绝总是让对方有一种受挫感，他/她可能会怀疑是不是自己不够优秀，有什么缺点，所以你不能够接受他/她的爱。因此，如果在拒绝时能够对对方的优点加以肯定，让对方发现自己的可取之处，这同样能够降低伤害的程度，同时也使对方更容易接受你的拒绝。

3. 坚定地表明自己没有意愿

拒绝时，坚定地表明自己“不愿意”的立场，能够阻断对方的幻想和期待，得到明确答案的对方一般也不会再继续纠缠你。如果态度犹豫，很可能引起对方的误会，展开进一步的追求，付出越多之后，期望就越大，最后的伤害也会越大。

4. 说明可以接受的互动方式

彻底断绝来往的拒绝是很伤人的，也没有必要。在拒绝的时候可以说清楚自己可以接受的互动方式，明确表示两人做一般同学、朋友是可以的，而做恋人是不行的。可以接受的也只能是类似一起学习、一起运动等一般异性朋友的交往方式，这种做法往往能让对方心理冲击不那么大。

5. 必要时，可请朋友帮忙

当明确而又友好的拒绝不能产生作用的时候，我们可以请好同学或者好朋友帮忙做工作。当然，所拜托的这个中间人也一定要注意用语措辞和方式方法，以免他/她产生报复或自残行为。本来是美好的一份爱，如果因为处理不当产生悲剧就太遗憾了。

（三）拒绝爱的注意事项

接受爱相对容易，因为它对对方的感情没有直接的伤害。拒绝爱则相对较难，因为它让对方的感情直接碰壁，对他/她来说本身就是一种挫折，所以我们强调在拒绝爱的时候，一定要注意方法。

1. 慎重理智地考虑

被一个人爱是一种幸福，被两个人爱可能就是一种痛苦，因为你必须拒绝一个人的爱。如何婉转而又坚定地拒绝一份不想要的感情确实是一件不容易的事。不过，在拒绝之前，大学生一定要好好地问一下自己："我有没有真正弄清自己对他/她的感情？我是不是回答得太快了？我是不是还需要好好地想一想？"如果确定不爱他/她，那么就坚决离开他/她，勇敢而温柔地说上一句："对不起！"拒绝时应慎重考虑，不要错误开始一段爱情，也不要错失一段真挚的爱情。

2. 不给对方以幻想

在恋爱过程中，有两种情况必须明确拒绝：一种是当别人追求你，你却觉得对方并非你所爱的人时，要理智地拒绝；另一种是当恋爱进入心理碰撞阶段后，发现对方并不是你心目中的他/她时，也应该理智地拒绝。如果你的态度模棱两可，会造成对方的误会，给对方一种不真实的幻想，这样不利于后续的拒绝，可能会造成更大的伤害。

3. 避免激烈的交锋

在拒绝对方之前可以做一些铺垫，不要太突然，让对方有心理准备。你要清醒地分析对方可能会出现的情绪和行为，并做好应对准备。你的拒绝使对方激动、气愤甚至发怒，都是可以理解的。所以你必须冷静，避免激烈交锋，更不要轻视他/她。

培养拒绝爱的能力，自己不愿或不值得接受的爱应有勇气加以拒绝。拒绝爱要注意两个方面：一是在并不希望得到的爱情到来时，要果断勇敢地说“不”，因为爱情来不得半点勉强和将就。如果优柔寡断或屈服于对方的穷追不舍，发展下去对双方都是不利的。二是要掌握恰当的拒绝方式，拒绝他人的爱是你的权利，但是起码我们要对这份真挚的感情表示尊重，不应以恶劣的方式去回应，这也是对自己的尊重，更是对自己道德情操的检验。①

四、 爱的保持能力的提升

恋爱在于“谈”。谈恋爱的目的在于增进双方相互了解和促进双方感情交流，为今后的爱情生活打下良好的基础。任何人都想把爱情牢牢抓在手心，以为有了爱情就等于获得了幸福。其实爱情和幸福，一个在天边，一个在海角，需要用心维持爱，才能获得长久的幸福。然而，每个人都有每个人的脾气秉性，相爱并不是那么容易，想要保持和恋人的爱则更加困难。

（一）解决冲突， 维系爱

人与人之间的冲突在相互交往中经常发生，当然在情侣之间也不例外。相爱的恋人能否正确认识和理解冲突，并且能够恰当、有效地处理随时可能出现的各种冲突，对于维持两人的爱情具有决定性的影响。因此，有必要弄清楚冲突产生的原因及其危害，并掌握解决冲突的原则和方法，有效维系彼此的爱。

1. 冲突产生的原因

恋人之间发生的冲突有许多起因，一时很难给出一个全面的总结。根据在大学生中开展实际调查所得到的结果，梳理出以下三个容易引起情侣之间冲突的因素。

（1）双方各方面的不同。尽管两个人开始是因为共同的兴趣爱好走到一起的，但是彼此之间还是存在着很大差异的，比如性格、价值观、生活习惯

① 耿步健．大学生健康恋爱心理的培育．当代青年研究，2006（10）：65－69.

等，这些不同都可能引起冲突。第一，性格不同。如果两个人的性格存在差异，在许许多多方面都会有不同的表现。所以，当存在诸多性格差异的恋人遇到一起，自然会产生许多摩擦甚至是冲突。在一项以恋爱为主题的大学生调查中，当被问到“你在恋爱过程中遇到的主要困难和疑惑是什么”的时候，约有80%的被调查者感到“双方性格不合引起了一些矛盾和冲突，一直找不到适当的解决方法”。由此看来，性格不合并且不知道如何正确对待，是青年人在恋爱时普遍遇到的问题。[①] 第二，价值观不同。人的价值观不同，其生活和工作的重心就会不同，时间和精力的分配也将不同。如果两个价值观存在很大差异的恋人在一起，势必会由于价值取向的不同而出现思想上的不一致和行为上的不协调，很容易在彼此之间发生争执和矛盾。而且，由价值观差异所造成的冲突，通常是很难调节的，与其他原因引起的矛盾相比，价值观冲突的强度是最大的。第三，生活习惯不同。从大量的恋爱案例中我们发现，男女恋人之间发生冲突的一个主要原因是生活习惯不同。生活习惯是一个经过长期的生活过程而养成的，具有较强的稳定性和持久性，不容易因旁人的要求或强迫而改变。个人的生活习惯涉及许多方面，如饮食、穿衣、花销、作息时间等，这些将构成日常生活的模式。如果两个人能相互理解和努力地适应，也许会减少一些摩擦，逐步达到彼此的融合。但如果双方或某一方不能容忍对方的生活习惯，硬性地强迫对方改掉原有的做法，就必然会产生很大的矛盾和冲突。

（2）沟通的方式错误。第一种，安抚型。这一种错误的沟通方式往往发生在刚开始谈恋爱的时期，典型特征就是嘴里总是挂着“是的”“好的”“没问题”“我想也是如此”等顺应式的回答。具体可以分为两类：一类是讨好型的沟通。无论对方提出何种要求或想法，也不管其要求和想法是否合理，都一味地给予满足；一类是怀柔型的沟通。非常仔细地倾听，并尝试取悦对方，而不强调自己的观点。喜欢用安抚型沟通或怀柔型沟通方式与恋人交流的人，不太在意自己在恋爱中付出的代价，其代价就是长期这样互动下去会使他们自己感觉在对方的心里没有分量，得不到该有的理解和爱的回应。第二种，指责型。这一种错误的沟通方式的突出表现是凡事都怪罪对方，习惯

---

① 恋人之间的冲突. https：//ask. kxfsw. com/shownews_2905. html.

于将责任或错误全部归结在恋人身上，一味地批评和埋怨。“都是你的错”“你到底怎么搞的”是他们的口头语。这一类人往往一是有较多的失败经历，二是具有“完美主义”情节，三是缺乏情绪管理能力，四是情感表达能力比较差。为避免指责型沟通模式的形成和延续，情侣应及时释放和消解他们的压抑和怨恨这两种极端情绪，要以爱的态度来表达内心的负面情绪。无论是压抑负面情绪，继续强迫自己关爱恋人，还是变得充满怨恨，任意发泄心中的不满，都对恋爱关系有害无益。第三种，超理智型。这一种错误的沟通方式的典型表现是极端客观，只关心事情合不合规定、道理是否正确；在与恋人沟通时还表现出从不接受对方指出的错误，却总是希望恋人能遵守规则和履行职责；不轻易表露自己的情感，也对恋人的情感予以压抑，他们时刻告诫自己：“人一定要理智，不论代价如何，一定要保持冷静、沉着，决不能慌乱。”但真正能够使爱情得以发展的是相互的体谅、宽容和信任，彼此的帮助和担当，而绝不是那些看似公平的所谓的“道理”。所以，我们常听到这样一句话：“家不是说理的场所，而是讲爱的地方。”处在恋爱中的情侣也是一样，切忌总是强调道理，过于理性化，要以真诚的爱情为前提，展开相互的交流与沟通，用包容来对待两人之间的差异和矛盾；少一些过于强词夺理的辩论，多一些充满爱意的宽容和理解。第四种，逃避型。这一种错误的沟通方式的典型表现是避开对方提出的问题，避免直接的目光接触和回答问题，而是经常迅速转移话题。例如，在对方说出一件难以回答的事情时，这类人会说：“什么问题？我们好长时间没有看电影了，你想去吗?”只有这一种沟通方式的人往往伴有焦虑和畏惧的情绪，缺少归属感，害怕如果说出了自己的真实想法和观点，会引起对方的反对或不满。其实，坦诚能够在双方内心之间架起一座桥梁，也如开启了通往内心的大门，让两人都能感觉到真实的对方。反之，如果没有感情上的坦诚，总是回避自己的真实想法，彼此的关系就会停留在表面上，无法扎根于深入的了解和信赖之中。

（3）强行命令对方做事。恋人之间产生冲突的另一大原因就是一方或者双方不设身处地为对方考虑，自私地只顾自己，往往用命令式的话语跟对方说话，要求对方做一些他/她不愿意做的事情。这种情况往往出现在一方强一方弱的情侣当中，这种相处模式可能因为弱的一方一时不敢反抗而维持，但是随着时间的推移，总有一天积累的抱怨会爆发，这个时候双方的恋爱关系可能瞬间破裂。

2. 冲突产生的后果

冲突产生的结果有两种：一种是积极应对和沟通，顺利渡过矛盾期；另一种则是错误反应，产生消极后果，严重的导致分手的结局。这里主要演绎冲突发展过程中引起的三种消极后果，以警示大学生在恋爱中遇到冲突，不要以错误的方式对待。

（1）*激化矛盾*。情侣之间产生分歧或者摩擦时，如果一味批评、指责对方，很容易激化矛盾。这里所说的批评，是指说话的内容直接指向对方的特定行为，而且话语中带有责怪和指控。这种批评一般都出现在对话的开始，例如，"你又把这弄乱了！为什么总是这样？真是无法理解。"这样批评对方多半会成为争吵的开始，因为如此指责，一定会让下面的谈话陷入争执。约翰·哥特曼（John Gottm）博士说："只要有类似的开场白，一般在3分钟内两个人就会吵起来，而且96%的结果都是不欢而散。"批评与抱怨听起来没有多大区别，但同抱怨相比，批评引起争吵的可能性要大得多。批评往往不只是针对行为，还会含有人格攻击，严重地贬低对方。批评时刻薄的语气会让对方非常生气，通常等不到话说完就会开始反驳。批评的语气仅比抱怨重一点点，抱怨听起来是斤斤计较，但批评听起来具有很强的指责性，更让人感到糟糕。可见，对话方式的微小偏差就会导致交流结果的巨大差异。所以，在双方沟通交流时，避免用批评、指责的态度对待对方，这可以很大程度上避免矛盾的升级。

（2）*加深矛盾*。一旦恋爱的一方说出了带有批评语气的话语，另一方就很可能摆出防卫的架势。例如，"最近我工作很忙，所以忘记了这件事，你再提醒我一下就好了，就不会误事了。"这样防卫性的话语会让对方觉得很气愤，因为这让他/她觉得你不但不承认自己的疏忽，反而还推卸责任。做出防卫的人是在强调，"引起问题的责任在于你而不在于我"，不愿意为出现的问题负责。如果类似的防卫反复地出现，对方一定会做出回应和反击，致使已经开始的争吵继续下去，局势向更坏的方向发展。防卫之所以对于恋爱关系有很强的破坏力，是因为防卫的人出于本能的反应，看不到防卫本身的危害性，导致两个人越吵越厉害，矛盾不断升级加深。

（3）*感情破裂*。当恋人之间的对话中反复出现批评和防卫时，接下来很可能就会有嘲笑、挖苦甚至蔑视的言语出现。例如，“你就是个小气鬼、吝啬鬼，这么看重钱”“只有你才会说出这么无聊的理由”“我不知道自己怎么和你这样的人谈上了恋爱”。根据华盛顿大学的约翰·哥特曼博士的观点，蔑视和批评的区别在于“蔑视是对伴侣的故意侮辱和心理伤害”。无论在怎样的情况下，蔑视都是造成谈话破裂的直接因素。只要到了这个阶段，不管最初谈论的是什么，都会变成极具破坏性的争吵。蔑视让夫妻或恋人之间的每一份美好感觉都不复存在，它一旦进入两个人的关系，婚姻就会从不好变得更加糟糕。同样，如果蔑视在恋人之间的吵架中频繁出现，那么他们的情侣关系也就到了危机的边缘，弹指可破，感情濒临破灭。

3. 解决冲突的原则

张爱玲曾说：“生命像一袭华丽的袍，只是上面爬满了虱子。”心理学研究告诉我们，相爱的激情总是要退去的。当吸引力退去之后，我们该如何面对年复一年，日落日出。爱情能不能经得起相濡以沫的现实。恋人之间产生冲突并不一定是坏事，两个人之间发生争吵也并不可怕，可怕的是情侣自身不清楚如何解决冲突，也不知道怎样吵架。在冲突的解决过程中，一般需要把握以下原则。

（1）*正确表达自己的感受，让对方了解自己的想法*。在情侣遇到问题开始交流时，很多时候会因为表达不当而使沟通难以进行。例如，话语的逻辑性差，无法使对方理解；内容偏离主题，使谈话很难集中，不能在一个问题上停留足够长的时间来解决；认为自己已经理解了对方，轻易下断言或下结论；随意打断对方，相互之间无法正常交谈下去。这些表达中的问题会在很大程度上对恋人的沟通产生负面作用。要避免这些情况的发生，提高交流的效果，情侣首先应遵循的原则是，将谈话的内容聚焦在对方的一个具体行为上，并且尽可能平和地、详细地进行描述。这样的“行为描述”不仅能告诉恋人自己的真实感受，还能使谈话不偏离中心，不涉及对方的其他方面。

恋人在针对具体行为谈论个人观点的时候，应当用第一人称“我”来表述自己的感受，这对于双方都是有利的。例如，应该说“我现在心情非常烦躁”，而不要说“你惹烦我了”。“我”的句式表达出对于理解的心理需要，更容易激起对方的同情与认可。而“你”的句式会成为爱情关系的障碍，除了使对方感到被责备、批评和指控以外，几乎没有别的，所以会本能地给予“还击”。

在恋人面前清楚、诚恳地表达出当下自己的真情实感，让对方了解你内心的真实想法，这样容易促使对方认可我们的感受，给出一个体贴的、歉意的回应。在发展恋爱关系的过程中，真诚是最重要的，无论是哪一方都需要一个真实的恋人，而不是一个“完美”的恋人。

美国著名婚恋研究专家雷格认为，解决冲突时，表达内心消极情绪的最好方法是写“感受信”。首先，把自己的感受写出来；然后，再一一念给恋人听。他还对“感受信”的内容层次进行了总结，认为其包括愤恨、悲伤、害怕、自责和爱五个情绪层次。通过对这五个由浅入深的情绪层次进行倾诉及对自己内心真实感受的触及和探索，处于极端负面情绪的恋人会有非常好的心理释放，并且能够重新体会到积极情感的重要性，再次产生对彼此爱情的渴望和追求。

（2）积极倾听对方的想法，理解对方的缘由。在交流中接到对方的信息时，恋人有两个重要的任务，都基于认真地倾听。其一是准确地理解对方的意思，其二是将关注和理解表达给对方，使他/她能知道自己的话语已经被听到和注意到，并且也被理解了。在情侣交流的过程中，倾听是非常重要的，98%的良好沟通都取决于倾听。按照心理学的定义，倾听是通过积极地把听到的信息反馈给对方而产生的一种互动。

许多时候，情侣双方都把沟通的重点放在自己要说什么，而没有认真倾听对方在讲什么，也没有把自己对于恋人话语的理解及时地表述给对方，尽管双方都说了很多，但因为都没有认真地倾听对方所说的内容，也没有及时地反馈自己的理解，所以造成两个人越说越不通，越说越气愤，最后无法使沟通进行下去，反而加深了冲突的严重性。瑞士著名心理学家保罗·涂尼尔曾说过：“我们再怎样强调需要别人的倾听、认真对待和理解都不过分……如果连一个理解我们的人都没有，世上就没有人能自由地成长并拥有完整的生活。”许多婚恋研究发现，比起那些简单地自认为理解了伴侣意思的人们，使用倾听技巧的人们通常有更幸福的婚姻生活。①

（3）*真正尊重对方的人格，不进行人身攻击。*无论两个人是刚刚开始谈恋爱，还是已经交往了一段时间，一直保持对于对方的尊重是一条非常重要的原则。如果两人之间失去了应有的尊重，感情就不会发展，爱情关系也很难维持。尊重是一切良好人际关系的前提，更是健康恋爱维系的基石。情侣之间经常发生负面的、具有破坏性的吵架，很重要的一个原因是彼此都失去了应有的尊重。恋人之间的尊重具体表现在如下三个重要方面。

第一，去接纳对方。每一个人都有自己的优点和缺点，即使有一些方面是令人非常难以接受的，但一经决定对方成为自己的恋人，就应该全然地接纳他/她。美国婚恋专家认为："接纳既不是让你的恋人任意妄为，也不是迫使自己说一些煽情的话。它是让你的恋人拥有自我、拥有轻松、自由和平静的心态。它增强恋人的自信心，避免他/她迎合你的喜好而扭曲自己。"接纳是建立温暖恋爱关系的前提，更是解决两个人冲突的关键。

第二，具有同理心。要避免恋人之间发生破坏性冲突，双方都必须具有同理心。所谓的同理心，是指从对方的角度看待周围的事物，对待当下面临的问题和冲突。在心理学研究中，人们也常把同理心称作"换位思考"。同理心是人的情商的一个重要方面，是理解他人情绪和人格特征的一种能力，要求一个人能设身处地去体验他人的主观感受及内心的各种情绪状态。勒斯·帕罗特在《爱的隐藏的敌人》一书中讲到，只用心去爱是同情，只用脑去爱是分析。同理心是把同情和分析连在一起，心脑相连地去理解自己的恋人。遇到冲突的情侣一旦能够用同理心去处理问题，解决起矛盾来就会容易很多。

第三，不贬低对方。当恋人之间的交谈出现争论或不愉快时，常常会伴有贬低性语言。这类言辞对双方感情的伤害是巨大的，例如，"看你笨的，连这点事儿都做不好""晓丽的男朋友可能干了，都当上部门经理了，可你还是老样子，真没出息"。这些话非但不能解决两个人面临的冲突，对于调节矛盾无济于事，反而会给对方的怒气火上浇油，使被贬一方的自尊心受到严重打击。对于男性来讲，他们非常忌讳听到"笨蛋""无能"和"没本事"等贬低性用语。你可以说他粗心大意，但绝对不能用这些词来指责他。

---

① 恋人沟通的原则与方法．https：//ask. kxfsw. com/shownews_2912. html.

这样一些说辞会贬损他们的人格与尊严，使他们感到自己在对方眼里毫无地位和价值，因此就会发起最强烈的反抗与回击。

另外，还有些人习惯在争吵时贬低对方的父母或家人，这也是非常致命的。尽管人们允许自己去批评自己的父母和家人，但决不能忍受自己的恋人去指责或贬低他们。许多研究结果显示，一句贬低性的话语能够抵消对恋人说出的数小时的好话。所以，要想建立快乐、永久的恋爱关系，情侣应当遵循的又一条重要原则是，在交流与沟通的过程中一定不能彼此贬低。我们常常看到，在尊重和礼貌方面，人们对待自己的恋人往往不如对待其他人，越是亲密的人越容易相互贬低和伤害。这是一个比较突出的现象，应当引起正在恋爱的年轻人的高度重视。

（4）*注意管理自己的情绪，不要将气愤泛化。*在大多数情况下，恋人在交流中出现的问题并不在于事情有多么严重，而是因为恋爱的一方或双方没有控制好自己的情绪。如果在沟通时经常大发脾气或是发泄对抗性的情绪，即使发出或接收到了准确的信息，也是无济于事的，坏情绪使人无法进行理智的交流。人在情绪冲动的情况下，会有很多伤害性的语言和行为，如轻视、嘲弄、贬损、敌对、报复、动手等。这些举动对于两人的感情是极具杀伤力的，经常会使相爱的人反目成仇。一些案例研究发现，与满意的恋人们相比，不满意的恋人们更经常地陷于一种负面的情绪互动当中，彼此瞧不起，轻视对方所说的话。因此，要想成为幸福的情侣，就必须学会管理自己的情绪，在遇到冲突时保持冷静，用理智的思考、礼貌的态度对待两人之间的冲突。当然，情绪管理不是容易学好的功课，尤其在面对自己爱的人的时候，就更加具有难度，所以需要付出很大的努力。

正确处理恋人之间的矛盾与冲突，需要把握一定的原则，这是一种智慧。具有智慧和方法的情侣，即使他们遇到很大的冲突，也能恰当地解决和处理好，使爱情的航船经受风雨，最终驶向幸福彼岸。当然，想要很好地解决冲突，把握原则是不够的，还需要学会一些具体的方法。

4. 解决冲突的方法

不具备处理冲突能力的人，即便两个人的感情基础不错，也会因为不懂得如何面对和解决矛盾，使感情变得冷漠。所以，任何企盼得到幸福爱情的年轻人，都必须了解如何对待恋爱中的分歧，善于使用合适的办法解决两个人之间的冲突。

（1）找机会赞美对方，用积极肯定的态度对待对方。从心理需求的角度来看，任何一个人都需要得到别人的肯定，尤其是从恋人或爱人那里获得赞扬和欣赏。当发生冲突时，你一个小小的赞誉，或许就能瞬间化解矛盾场面。恋人之间要想给予恰当的赞扬和欣赏，就要在日常生活中善于发现对方的优点与长处，并且在互相交流中及时表达出自己的看法。一位德国心理研究者提出了一个爱情保鲜方法：当你与伴侣争吵一次后，应该找机会赞扬他五次。这样不仅能让他消气，得到心理的安抚，还能使他感觉受到了爱人的重视。这个方法同样适用于恋爱中的情侣，赞扬能够让彼此的感情更加深厚，使彼此的爱情得以巩固。与此相似，恋人之间的欣赏也能促进爱情的不断发展。

（2）进行再次的沟通，站在对方的角度去思考问题。情侣在沟通中表达不愉快或气愤的情感时，常常表现出批评、埋怨、蔑视等心理情绪。这些表达方式没有真切地说出自己的感受，而是直接向对方“发起攻击”，对于恋人之间的交流会起到极大的破坏作用，使两人的沟通遭受阻隔。为了促进情侣之间的有效交流，心理学家提出了一个事后进行再次沟通的方式：X 表示发生的某种情况，Y 表示恋人的某种行为，Z 表示自己的真实感受。按照这个方式，恋人可以向对方说：“当我们在电影院买票时（X），你没有先问我就买了这场电影（Y），我觉得很受伤，因为你没有考虑到我的存在（Z）。”这样表达比“看电影时你根本不考虑我的存在”要好得多，对伴侣更有建设性，听起来更令人信服。处于恋爱中的情侣应当高度重视两人交流的表达方式，决不能轻视这个问题，要在彼此沟通中，不断地学习，自觉地提高沟通意识和交流能力。

（3）找出争吵的根源，不无端指责对方。许多情侣之间之所以经常发生争吵，其主要问题是他们揪住交往中的一些枝节不放，很难放松地面对彼此的差异和不同意见，无法互相谦让和妥协。婚恋研究专家经常告诉恋人们，一般情况下，10% 的争吵话题是可以被忽略的。一些恋人在争吵的时候，并不清楚他们在为什么吵架，也没有清楚地定义“问题”。如果不知道问题到底是什么，也不清楚出现冲突的原因在哪里，恋爱过程中的争吵就会成为一种习惯，变成彼此交流的一种模式。因此，情侣应当学会找出引起冲突或激怒的根源，并且试图找到与其相关的因素，如脾气秉性、兴趣爱好、成长经历、文化修养等。在争吵发生时，恋爱双方可以彼此询问："我们到底在为什么而争吵?""我们意见不合的真正原因是什么?"双方了解了冲突背后的原因，搞清楚了为什么事情而争吵，就容易将紧张感或气愤感放松下来，也能避免小题大做或将问题泛化，一般也会自行化解矛盾。

（4）诚恳向对方道歉，学会做自我检讨。在恋爱过程中，某种不愉快在情侣之间发生后，真诚的道歉是非常有益的。它能成为解决问题和加深关系的有力推动。真诚道歉是对于恋人最好的坦诚，它可以使自己的过错变小，得到对方的谅解，能够成功地消除矛盾。一方面，道歉是在用一种方式表明，双方必须对自己的行为和话语负责，出现错误后自己愿意承认和检讨。另一方面，道歉也意味着自我改变的意向和决心。一旦情侣懂得了何时应该道歉及如何表示道歉，爱情关系就会变得愉悦和顺畅。向恋人表达歉意的方式很多，可以向对方真诚地说"对不起""我错了""请原谅"；也可以给对方买个小礼物表示道歉，用实际行动弥补自己的过失；在行为上做出真诚的悔改；等等。无论道歉的形式如何，真诚是最重要的。诚心的道歉会给情侣们带来新的亲近关系，使双方产生如释重负的美好感觉。

大学生在实际的恋爱生活中，对于他们面对的冲突不但缺乏全面的认识，而且缺少正确处理的能力，使得本来可以解决的冲突不能得到及时的处理，从而导致两个人的关系越来越差，最后不得不以分手来结束曾经甜蜜的恋爱关系。因此，任何期盼得到幸福爱情的大学生都必须了解如何对待恋爱中的分歧，学会善于使用合适的方法解决两个人之间的冲突。

（二）增进感情，维系爱

妥善处理恋爱中的问题、化解恋爱中的矛盾，只是使爱情得以维护和长久的一面。维系爱的另一面是主动增进彼此之间的感情，积极地去发展彼此爱情的深度。

1. 增进感情的原则

（1）谦让付出，保持忠诚，不搞多角恋爱。这一点是增进彼此感情的第一要则。首先，有研究表明，幸福的恋人更能表现出对伴侣的妥协和谦让，而且更愿意为对方做出牺牲。所以，为了维持长久的关系，不妨对伴侣多些谦让，给予付出。比如，你可以尝试用平静、信任、宽容来应对恋人的消极情绪、指责批评或鲁莽行为。不爱逛街的男生为了维护关系付出“牺牲”，试着陪同自己的恋人去逛街购物。其次，对于忠诚的恋人会更加期待关系的长久，反过来保持忠诚是维持亲密关系的可用方法。其中的作用机制在于以下三点：第一，保持忠诚会让恋人双方不管是从外在行为上，还是内心想法上都不再把自己看作个体，而认为自己与对方是一个整体。第二，保持忠诚会产生积极错觉，会适度夸大恋人身上的优点，忽视或善意、宽容地看待恋人身上的缺点，因而被评价为优秀或者被优秀的人所爱，这样会提高双方的自尊，有助于关系的持久。第三，保持忠诚会让人对自己内心渴求的另一个或另一种理想异性产生消极认知。反过来，我们多想想这个潜在的理想恋人的缺点，多想想现在恋人的优点，也会让自己强化保持忠诚。

（2）*共同活动，共同成长，有事一起商量。*亲密是需要时间培养的，如果两个人之间的一切都十分般配合适，却没有时间共处，他们之间的关系是不可能持久的。研究者发现，亲密的伴侣往往有着共同的朋友和社会关系，并且愿意花更多时间与伴侣相处、做事，一起参加一些新鲜的、有挑战性的、兴奋的活动时，会增加彼此关系的满足感。所以，想要促进相互的关系，就增加与恋人之间的相处时间，深入内心，还需要多进行一些富有创造性的活动，遇到困难也要一起商量。而当恋人双方都十分支持对方成为他/她想成为的那个形象时，关系会变得更加亲密。例如，支持对方去学习新的技能，赞同和鼓励对方去做想做的事，让对方能够实现自我成长。恋爱关系发展最大的阻碍就是恋人因为对方的束缚而停滞不前，这是很多问题的重要原因。

（3）*懂得欣赏，学会感激，相互包容缺点。*研究者发现，提高对亲密关系满足感的一项重要秘诀是：对恋人心存欣赏，并对恋人表达感激，不要只看到恋人的缺点，要善于包容对方的缺点，发现对方的优点。当愉悦幸福的环境过于稳定，人们会习以为常，身在福中不知福。当向恋人表达自己的感激时，对方会感受到给予的认可和关爱，而且你心存欣赏也会更容易表达感激。所以，我们可以每隔一段时间向恋人表达你欣赏他/她所做的一些事情。

2. 增进感情的方式

说错话或奇怪的表情会让一对恋人吵上几个星期，同样不经意间的手势和举动会使恋爱进展顺利。小小的礼物、及时的赞美、偶尔的身体亲密接触都会大大增加恋人间的感情。这就说明恋爱中增加感情关键在于细节，这些小小的技巧能够大大增加彼此之间的感情。因此，我们有必要学习一些恋爱中增加感情的技巧。

（1）学会恋人约会的技巧。第一，把握约会的时机。把握好约会的良好时机能够增加约会的效果。比如，在值得纪念的日子、值得庆祝的时刻等跟恋人约会，更容易营造良好的约会气氛，创造增加感情的机会。另外，要在双方精力充沛、情绪愉快、心情舒畅、准备充足的时候约会，这样才容易取得比较满意的效果。第二，注意主题的选择。大学生还没有经济独立，在约会主题的选择上要秉着不铺张而有意义的原则。适合大学生选择的约会方式有运动型约会（乒乓球、羽毛球、滑冰、看球赛、跑步、网球、游泳等）、经济型约会（奶茶吧喝饮料、图书馆看书、公园散步、郊外摄影等）、艺术型约会（KTV 唱歌、看演唱会、看话剧、去博物馆等）、饮食型约会（聚餐，做饭或自助聚餐等）、工作型约会（相约参加某个社团活动等）。第三，注意情绪和用语。跟恋人或心仪对象约会时，要切记情绪平稳，语言自然流露，不拘谨，不结巴。要注意说话诚实，防止虚假。要注意情感交流，切忌查户口似的相互盘问。当双方交谈不顺利时，应该尽力缓和，而不是口出粗语。第四，注意礼节和行为。在约会时保持个性本色无可厚非，但是，爱情的力量在男女双方得不到礼貌的表现时，就不可能发挥陶冶性情的作用。约会的礼节是多方面的：一是约会者不可无故延误约会时间，否则就是失礼；二是约会时语言要文明，切忌说粗话、脏话；三是约会时行为要检点，不要指手画脚、攀花折枝、乱扔果皮，更不要在大庭广众做出伤风败俗的事情。

（2）掌握加深感情的技巧。第一，多给恋人爱的表达，创造精心的时刻。一是用小小的身体接触流露爱意。小小的亲密举动，自然地流露很重要，比如，坐在长椅上搂着恋人的肩膀、手放在对方的腰间、逛街时手牵手等，这些都会让你的另一半感受到浓浓情意，传递你的真情爱意。二是记得时不时送小礼物。我们要抓住各种机会送恋人礼物以示爱意。礼物可以是在书店买合其心意的书，一份特别的甜点，也可以是一件小首饰、一件衣服，无论大小，只要能告诉对方你在想念他/她就可以了。三是要在特殊的日子里一起庆祝。特殊的日子具有特殊的意义，在这样的特别日子里往往特别希望和喜欢的恋人在一起，彼此分享快乐和喜悦。所以，在对方生日、比赛胜出、情人节、恋爱纪念日等特殊的时刻尽量抽出时间陪伴对方。虽然常说行动胜于言语，但是言语却往往比行动更有表达力。我们要时不时地对恋人说出我们的爱。可以使恋人感受到关心、感受到爱，在恋爱中有安全感。同时配合行动上爱的表达，时不时创造一些精心的时刻，会让两个人的感情迅速升温。第二，时刻做坚实的后盾，失意时给予支持。首先，在学习上给予对方帮助。大学生的主要任务是学习，帮助恋人解决学习上的困难能让他/她更好地处理学习和恋爱的关系，增加对大学阶段恋爱的信心，抛弃“恋爱影响学习”的错误观念，自然而然能够增进彼此的感情。其次，在工作上给予对方肯定。大学生参加社团工作能够为走入社会做准备，对恋人工作成绩的肯定，也是对对方的一种赞美，能够增强其自尊和自信，这同样在一定程度上增进了彼此的感情。再者，在生活上给予对方照顾。生活中，当恋人遭遇失败或失去至亲的伤心事时，我们如果可以安慰和鼓励对方，给对方一个倾诉的对象和坚强的依靠，能让对方对你产生安全感，增进彼此的感情。当恋人在学习、工作、生活中取得成就时我们要及时肯定，当他们遇到困难，心烦时，我们更要懂得支持和安慰。当然，前提是不能逆来顺受、不能任其打骂。当争吵发生时，应该脸皮厚一点，保持冷静和理智，先听听他/她在烦什么，尽可能体谅对方，要及时陪伴与安慰。第三，分享彼此的小秘密，在恋人面前坦诚。在恋人面前我们需要学会坦诚相待，不封闭自己，不掩藏自己的好恶、理想、恐惧、成就、失误等。我们可以和恋人一起分担重要的事情。另外，应该保证恋人是分享我们秘密最多的人，而非其他人。虽说在最亲密的人面前也要保留一定的个人空间，但还是要尽可能地多抽出时间来和恋人谈谈心。① 第四，尽量平等对待恋人，做到尊重和体贴。恋爱中的两个人，谁都不是谁的附属品，应该做到彼此平等对待。一方面，要抛弃“男尊女卑”的思想，女生别总认为男生应该买单，男生也别总觉得女生只能听从；另一方面，要尊重恋人的判断和选择，包括选择朋友、选择参加社团的自由等。在平等对待恋人中，我们一定要遵守恋爱中的黄金法则：己所不欲，勿施于人。恋人在

① 单身必看：恋爱成功10技巧 . http：//news. enorth. com. cn/system/2010/10/03/005156656_01. shtml.

承担生活责任方面应保持基本对等和平衡。当自己不会格外体贴人时，就不要奢望或要求别人来格外体贴自己。

实验实训

一、爱的表白

目的：学习爱的表达艺术。

材料：笔、纸、贴纸板。

步骤

1. 让每位学生在纸上写出自己喜欢的爱的表白方式，最后将这些表白方式汇总写在贴纸板上。

2. 小组成员两人一组，面对面站好，分出A角色和B角色。

3. 首先，A角色用自己喜欢的或者贴纸板上写的其他的爱的表达方式向B角色表达自己的爱意，要尽量尝试多种方式，直到对方接受自己的爱为止；而B角色则要尽量制造难题阻碍A角色的表达，时间为3分钟，然后互换角色。

4. 感悟与分享

（1）小组内分享自己喜欢的爱的表达方式，并说明为什么喜欢这种方式。

（2）该活动中，当自己向对方表达爱意时，要做哪些准备？

二、写给恋人的赞美诗

目的：通过体验活动，学会善于发现别人的优点并勇于向恋人表达赞美，进而增强爱情双方的亲密度，提升爱情质量。

情境

男：宝贝，看清楚了吗？你电脑的问题出在这儿。只要这样……把这个地址栏输入……然后再按“确定”就“OK”了。（男孩心花怒放地帮女孩解决着电脑上的小毛病）

女：哇！亲爱的，你太厉害了。你工作的样子真是太帅了，我爱死你

了……（伴随着一个大大的飞吻）

步骤

1. 找出一对组员（最好是一对情侣）对上面的情景进行扮演，女孩略带夸张地赞美男孩，男孩根据自己的感受予以应对。

2. 扮演结束后，男孩分享自己被赞美时的感受。

3. 以小组为单位进行讨论，在恋爱中，哪些行为和语言会增进双方的感情并举例。

体验感悟

一、 爱情账户

每个人心里都有一个账户，每一次你让对方开心，做了一些让对方高兴的事，就是在对方的账户里存钱；每次你让对方哭泣、受挫折、受痛苦，就是在你们的银行中提了款。存款丰厚，很多小问题就可以被原谅。但是，如果银行里已经赤字连篇、债台高筑，再来任何一点小事，都可以变成大事。

很重要的原则，就是存款的时候要“投其所好”，而不是“给己所要”。爱别人，就要用别人爱的语言。

存款的行为

1. 买食物时，看到恋人最喜爱吃的冰激凌，就记得顺手买一盒。

2. 白天虽忙着自己的事，偶尔也会想想对方现在在做什么，打个电话问候下。

3. 恋人在外受委屈时，表达支持，如“实在没想到他竟是这种无理的人……”甚至你连什么话都不用说，只要用关怀的眼神、点点头或一个拥抱都能让恋人感受到莫大的安慰。

4. 看电影时，手搭在对方的肩膀或靠着对方；手拉手一起听音乐或者一起走路等，这些小动作能够增加两个人的感情。

5. 称赞对方，用言语或者其他方式表达你的欣赏并感激对方。

6. 分享自己的喜乐。

7. 在伤害了对方之后，有勇气道歉。

想一想，还有哪一些行为是存款行为并写出来？对照自己的经历，反思自己的存款和取款行为，并谈谈自己的感受。

二、 因为爱情

把下面“因为爱情”的故事补完整，越具体越好。需要注意的是时间、地点、过程（谈了些什么、做了些什么）和结局。

“后来我才知道，那天应该算作是我们第一次约会，我们相约在____，我们都感到很快乐，还期盼着能有下一次的约会。”

完成故事补充后，思考恋爱过程中，约会的时候我们应该注意什么？怎么样做才能够促进爱情的发展？

推荐书籍

赵永久. 爱的五种能力，北京：中国华侨出版社，2013.

推荐理由：赵永久先生是国内资深情感教练，《爱的五种能力》是他的代表著作。他提出的理念是，爱情需要学习，婚姻需要练习。爱情需要爱的能力，大多数的家庭没有给孩子真正的爱的功课，父母用他们自己的方式爱孩子，孩子长大了用自己的方式爱自己的爱人和孩子，结果却不一定遂愿。付出的人真正付出了爱，但被爱的人常常感觉不到爱，或父母不知道如何爱孩子，孩子长大了也不知道如何爱别人——因为不会爱。爱是需要能力的，爱上一个人不难，难的是懂得如何跟爱的人相处。正所谓“相爱容易相处难”，爱是一门学问，并非天生就会，需要后天学习。爱是一种能力，想好好地爱一个人需要具备爱的能力，但它不是一种单纯的特定的能力，而是一种综合的能力，具体包含了五个方面，它们是：情绪管理、述情、共情、允许、影响。这五种能力分别对应五行，是国内第一套系统的爱情理论，也是情商的具体体现。《爱的五种能力》结合真实案例详述爱的这五种能力，帮助你重新认识爱，修复爱，拥有爱，传播爱。

第五章　绽放四季芬芳　恋爱挫折应对

爱是一种甜蜜的痛苦，真诚的爱情永不是走一条平坦的道路的。

——莎士比亚（英国文学家）

心路历程

一、 校园故事

林丹和张峰是班级里人人羡慕的班对，从大二开始恋爱到现在一直感情很好，也很少见他们闹矛盾。他俩准备拿毕业证的当天去领结婚证，这段时间正在筹备婚礼。可是就是这对如胶似漆的班对在置办婚礼的节骨眼上，因为在哪里买婚房的问题吵翻了天，而且居然分手了。林丹想把房子买在市区，这样以后孩子上学的学区比较好，而张峰想把房子买在郊区，因为考虑到自己家里的经济条件，父母真的拿不出那么多钱来买市内的房子。林丹说自己娘家可以支援的，但是有大男子主义情节的张峰说什么也不接受。林丹觉得张峰为了自己的一点自尊心，一点也不为两人的将来考虑，是一种不爱她的表现。因而说什么也不让步、不妥协。最后大家没喝到两人的喜酒，却听到了两人分手的消息。

二、 当恋爱遇到挫折

随着当代大学生生理的普遍成熟，在各个高校中，大学生的恋爱现象越来越普遍。爱情是美好的，恋爱是幸福的，恋爱对处于青春期的大学生有着特殊的心理意义。它能使大学生获得归属感和自我价值感，满足爱与被爱的需要。[①] 每一个青年大学生都希望自己的爱情有一个美满的结局，可是现实生活中的恋爱不都以喜剧而告终，时常也会以悲剧而收场。据调查，目前在校有经历过恋爱的大学生中，约有半数感受过恋爱挫折的痛苦。恋爱挫折给他们增添了许多忧伤和哀愁，给他们的学习、生活带来巨大的影响。恋爱挫折可以说是大学生求学期间遇到的最严重的挫折之一，它会给大学生造成一系列消极心理，如羞辱、愤恨、悲伤、失落、孤独、虚无、绝望等，如果这些不良情绪得不到及时地排除或转移，那么便容易导致大学生出现自杀、报复和抑郁等，这将给学校和社会带来巨大危害。[②]

因此，在经历恋爱挫折后应积极进行心理调适，尽快从生活的阴影中走出来。面对恋爱挫折，首先要找出原因，努力完善自我。恋爱不成功，也许是你的缺点使对方难以容忍，这时应该及时地自我反省，努力地改造自己，完善自己。通过努力，终有一天会获得更完美的爱情。其次，要培养自信，失恋但不灰心。毛主席年轻时写过这样自信豪迈的诗句：“自信人生二百年，会当水击三千里。”大学生一旦失恋就断定自己不讨人喜欢、对异性没有吸引力，是没有自信的表现。“天涯何处无芳草”，一生可能成为自己对象的远不止一人，失恋一次就多一次选择。再者，要正面看待、积极认识失恋。如果对方不接受自己、不适合自己，分手本身是幸运。失恋的痛苦犹如一杯难咽的酒，但是，阳光依然明亮、生活依然美好，有得有失才构成了完整的人生。我们要记住普希金的诗句：“假如生活欺骗了你，不要忧郁，且不要愤慨。不顺心时暂且忍耐；相信吧，快乐之日就会到来。”

心理视点

一、 恋爱挫折的基本概述

正如开篇莎士比亚所说：“爱是一种甜蜜的痛苦。真诚的爱情永不是走一条平坦的道路的。”恋爱挫折，既是人生中一次刻骨铭心的挫折，也是考

---

① 蒋萃．对失恋大学生异常心理的疏导与调适研究．长春教育学院学报，2013（10）：90－91.

② 朱理哲，等．当代大学生恋爱心理问题及调适．当代教育理论与实践，2010，2（1）：11－13.

验一个人意志和人格的一次机会。所以，恋爱挫折虽然痛苦，但也有其意义所在。只有通过深入了解恋爱挫折，才有助于大学生减少恋爱挫折发生的可能性，也有利于他们在遭遇恋爱挫折之后更好地调适自己，减少恋爱挫折给他们带来的伤害。

（一）大学生恋爱挫折的常见类型

恋爱挫折就是在恋爱过程中受到压制和阻力而产生心理上的痛苦，它包括求爱的失败和恋爱的终止。前者指一方单恋，而且不敢表白或者表白后被拒绝，我们称其为“恋爱前失恋”；后者指恋爱中的一方已经提出与对方分手，但另一方却仍然无法忘却对方，一直思念着对方，陷入无限的痛苦之中，我们称其为“恋爱后失恋”。具体来说，可将两大恋爱挫折细分成以下几种类型。

1. “恋爱前” 失恋

（1）“没有表白”的失恋。这一类型的失恋即是我们平时所说的“单相思”，一方有爱，另一方不知道；一方有情，另一方无意；或双方原本属于友谊悄悄升华为爱情，而另一方却毫无感觉和反应。这种单相思往往是爱慕一方一直羞于启齿，不好意思开口表明；或是其他外在原因，一直没能向对方表达；又或是一直没有选择一种自己认为合适的方式和时机来表达，直至离别仍然没有勇气表明爱情，留下遗憾，并陷入长久的思恋中。

（2）“被拒绝式”的失恋。这种类型的失恋属于一方勇敢地向爱慕的对象表白了，但是由于对方没有爱意或者因为表达方式不当等原因，最终没能形成恋爱关系。在这种情况下，对方恰当的拒绝能够降低伤害的程度，如果拒绝的方式恶劣伤及表白者的自尊心，将会使其遭受巨大的恋爱挫折，严重的甚至对恋爱失去信心，产生恐惧。

（3）“第四类型”的失恋。“第四类型”的失恋是指“第四类情感”的失恋现象。简单地说，“第四类情感”就是介于友谊和爱情之间的一种情感，尤其就是所谓的“超越友情，但是爱情未满”的一种尴尬的情感状态。不少男女大学生在相处之中，思想感情相投，仅保持在友谊的情分上，又觉得不能达到感情的满足；前进一步升华到爱情又觉得不到火候，内心又不很情愿。所以就处在这似爱非爱的真挚情感之中自觉自愿地进行着交往、交心，享受着亲密友爱的快感。一旦分别或离开，各自心里又萦绕着无尽的思恋，少数人可能会产生一种心理障碍或心理疾病。

2. “恋爱后”失恋

(1)“单方面”的失恋。这种失恋是指原来属于恋人，后来其中一方提出分手或拒绝而离开，但另一方却恋情难舍，仍然爱得很执着、很专一，这种恋爱酿成的失恋往往是危险的。尤其是“初恋”，在大学校园里，除了少数在中学里曾经涉入过“爱河”的学生外，恋爱的男女大学生多都属于初恋。由于不成熟、没经验，加之与预期不符的原因，一对初恋情人往往相处不久就分手，造成失恋悲剧的现象是较为普遍的。初恋后的失恋，不同的人其表现是不同的。双方性格开朗者，会经过一场情感的思想搏斗，然后就理智的平静下来，和平分手；若双方由于性格原因，加之种种特殊外因影响和自身对爱情知识知之甚少、理解肤浅等，只有爱的热情，而无散的准备，遇到突如其来的恋情动摇、分离，一时思想情感无法应对，就会出现危害深浅不一的失恋悲剧。比如，有的形成了心理障碍，严重的还会患上抑郁症。

(2)“双方面”的失恋。这类失恋包含三种情况。第一种情况，双方恋情的开始就属于冲动游戏型的，他们“及时行乐，好聚好散”，相恋是“玩”，分手也是“玩”，即使出现一丝不悦，也会很快消失，不会有过于激烈的感情碰撞和斗争，也不会惹出太大的麻烦。第二种情况，双方和平分手，这种失恋的伤害是最小的。这种情况往往是双方都是性格开朗者，能够理智的平静而和平地分手。第三种情况，双方彼此都还有感情，但因面临异地、毕业、父母反对等客观因素而无奈分手、强行分手、反目分手等。这种失恋对双方的伤害都是极其严重和痛苦的。

除了上述几种失恋类型，还有其他失恋情况，如“虚拟恋人”失恋、网恋失恋、畸形恋爱失恋、集体失恋等。

（二）大学生恋爱挫折的基本特点

当代大学生多为“ 90 后”“00 后”的青年男女，随着生理和心理的成熟，对爱情的欲望与追求不断加深。与此同时，恋爱挫折也逐渐增多。大学生的心智尚未成熟，社会阅历尚浅，几乎没有挫折体验，在遇到恋爱挫折时，往往不知所措。同时，随着时代的发展恋爱挫折的表现也在不断变化，具体来说，当代大学生恋爱挫折具有以下一些基本特点。

首先，大学生恋爱挫折在数量上整体呈上升趋势。大学生由于成长经历、家庭背景、价值观念、性格特征等方面的不同，恋爱中产生矛盾是很正常的事情。有些可以沟通解决，有些不能融合导致感情破裂，选择痛苦分手的也很多。近年来，大学生恋爱挫折的发生率增高，失恋人数逐年增多，并且恋爱挫折的比例与谈恋爱数量的比例成正比。因为大学生处在不稳定的发展期，所以大学生在大学期间极易失恋。《2019－2020年全国大学生性与生殖健康调查报告》显示，大学生到大四毕业时，有76.41%的学生已经谈过恋爱，而有71.28%的大学生经历过失恋的痛苦，43.60%的大学生感到比较痛苦或非常痛苦。其次，大学生恋爱挫折在时间上越来越提前。大学生失恋的年龄逐年下降，从原来以大三、大四失恋人数居多，到现在的大一、大二失恋人数逐年上升。谈恋爱的学生大部分在一年级就发生过不同程度的恋爱挫折。一项关于大学生恋爱现状的调查数据显示，新生谈恋爱的人数占恋爱人数的三分之一以上，几乎都属于初次恋爱，而恋爱失败的人数占新生恋爱人数的一半以上；同时，数据还显示，2008年大一新生有恋爱挫折的占25.5%，2014年上升到40.3%。这些数据都表明，目前大学新生的恋爱失败率较高。① 最后，大学生恋爱挫折在后果上消极影响相比较为明显。恋爱挫折后反应大，情绪反应强烈，甚至出现生理不适，最严重的出现报复、自残或者自杀行为，产生不良后果。研究表明，人失恋后的几周，下丘脑的一部分区域会产生抑制食欲的激素，影响食欲，导致进食少，或者不进食，引起身体急速消瘦。而有的大学生在面对失恋后，会明显地感觉影响到自己的人生观和婚恋观，有的人会明显地对自己的恋爱能力产生怀疑，对自己的人生及今后的恋爱、婚姻产生消极的影响。一项关于上海高校学生自杀问题的调查显示，在自杀原因中，恋爱情感占22.0%。② 南京危机干预中心的调查也显示，恋爱问题占大学生自杀原因的44.2%。③ 失恋引起自杀的案例已经不在少数，每年因恋爱引发的种种大学生心理问题层出不穷。④ 可见，失恋是影响大学生心理健康的非常严重的问题之一。

---

① 刘志翔，毛丹．当代大学生恋爱挫折的新变化及预防对策．黑龙江高教研究，2010（4）：37－39.

② 关前．郁闷的一代．黄金时代，2006（4）：34－35.

③ 吴少怡，张宇．大学生心理健康教育探讨．济南：山东大学出版社，2005.

④ 江燕．大学生失恋问题的现状调查与分析．中国电力教育，2012（5）：104－105.

（三）大学生恋爱挫折的发展阶段

被失恋者往往对恋爱挫折的感受较深，他们的失恋心理活动大致可以分为六个阶段：确认期、刨根问底期、再表达期、讨价还价期、否定期、接受期。

第一阶段是确认期。失恋的确认期短则几分钟，直接被对方告知，此时被动失恋者由于毫无心理准备，容易产生强烈的情绪反应；长则几个月，对方“玩失踪”“捉迷藏”，或态度不明确，这个阶段，被动失恋者表现出忐忑不安、情绪低落、烦躁、沮丧、愤怒、自责等，严重影响生活和学习。冲动型人格、依恋型人格、成长过程中长期缺失爱的被动失恋者在确认期容易产生急性应激反应。第二阶段是刨根问底期。确认失恋后，被动失恋者会通过各种途径寻求失恋的原因，他们不愿意接受这一事实。这一阶段可能与确认期紧密连接甚至相互交叉，容易产生急性应激反应。也可能因出现激烈的争吵，甚至指责、谩骂对方导致情绪失控，出现自虐、自杀或直接攻击对方、对“情敌”进行报复的攻击性行为。第三阶段是再表达期。这一阶段部分失恋者会屡次通过情感自虐和折磨肉体来表达悲伤的情绪，并让对方看到自己失恋的痛苦程度和自虐行为，有的甚至用自杀的行为来“要挟”对方，试图唤起对方对自己的同情而改变态度，幻想对方能够因自己的执着而回心转意。部分失恋者会对对方进行精神报复，表现为试图控制对方的情感生活，干涉对方的人际交往等。第四阶段是讨价还价期。部分被动失恋者的再表达被拒绝后会与对方讨价还价，希望通过某种关系维系和对方的感情来恢复恋爱关系，如能否只是暂时分开一段时间（目的是一段时间后能恢复恋爱关系）；能否通过特殊的形式延续这份感情（只是换一种形式）；能否由恋人关系转变为知己关系（还是没有最终放弃）；能否做朋友不要成为陌路人等。第五阶段是否定期。讨价还价失败后，被失恋者虽然清楚不可能恢复恋爱关系的事实，但是内心还是不愿意接受，容易产生自我否定、归因错位等认知障碍和退缩、逃避、攻击等行为障碍，容易发生性格改变甚至出现人格障碍。部分失恋者抑郁情绪严重，出现自杀意念和自杀行为。第六阶段是接受期。当渡过了否定期之后，被失恋者完全接受了被分手的事实，最好的结果是从失恋中自我反省、自我成长，憧憬明天。但也有部分被失恋者一时不能完全从被分手中的伤痛走出，往往会以情治伤，开始另一段新的恋情，但是这种恋情开始的目的就是错误的，往往也以失败结束。这会增加再一次遭受恋爱挫折的概率，因此是一种不可取的做法。

当然，被动失恋者的心理活动会发展到哪个阶段，每个阶段持续时间的长短和心理危机的表现受失恋双方的人格特征、恋爱相处的模式和时间、被动失恋者对感情的坚持程度、对方分手的坚决程度等因素影响。①

二、 恋爱挫折的现状分析

由于受到西方自由、开放思想的影响，当代大学生个性张扬，自我意识强，敢于表达和追求爱情。但作为新一代的独生子女，当代大学生的成长之路可谓“一帆风顺”，几乎没有什么挫折经历和挫折体验，对追求爱情及恋爱过程中可能遇到的挫折更没有心理准备，在遇到恋爱挫折时往往会不知所措或者误入歧途。因此，深入了解恋爱挫折，尽可能绕开恋爱挫折或者减少恋爱挫折带来的消极影响具有重要意义。

（一）容易引发恋爱挫折的恋爱模式

之所以会发生恋爱挫折，跟两个人的恋爱模式有很大的联系。健康良好的恋爱模式发生恋爱挫折的概率相对较小，而畸形错误的恋爱模式则更容易引发恋爱挫折。

1. 托付式恋爱

托付式恋爱是指恋爱中的一方有很严重的托付心态的恋爱。托付心态，就是把自己托付给别人，把照顾自己的责任交给另外一个人。有托付心态的人会在恋爱中给双方很大压力，导致双方都有很强的无力感。而女方的无力感更强，这也是恋爱中多是女方受伤的原因之一。打个比方，刚开始的时候，每天他在你有需要时就会及时出现，等热恋期过去，他一边照顾自己，一边又要细心呵护你，渐渐疲惫，力不从心。这时候，如果怪他没以前爱你了，只会让他更累、更头疼。最终被你的托付心态弄得遍体鳞伤，直至两人分手。

---

① 张本钰，林丽华. 大学生失恋心理危机干预基于失恋心理发展的阶段性特征和易感性研究. 福建农林大学学报（哲学社会科学版），2012，15（5）：93－96.

因此，若想获得健康长久的爱情，需要尽快消除自己的托付心态，不然很可能会谈一次失败一次。其实，每个人都有一定程度的托付心态，但只要没有危害到你们的相处，那就无大碍。如果你已经意识到你们的分手跟你的托付心态有关，就应该好好调整。

2. 黏着式恋爱

黏着式恋爱，说得形象点，就是天天腻在一起，每天晚上都要电话、短信的那种恋爱模式。这种黏着的状态在热恋期是一点儿问题都没有的。那个时候你们如胶似漆，谁都分不开你们。但慢慢进入平淡期之后，很多问题就扑面而来了。你会发现每天晚上打电话变得机械了，有时候电话拨通了，却不知道说什么，这时候一些大吵小吵就来了，什么“你是不是不爱我了”之类的话语就变成日常用语了。其实这种厌烦不一定来自对方，而可能是来自你们的相处方式。所以，恋爱要有张弛感、有新鲜感，具体怎么拿捏，还得看个人。有时需要“遵从自己内心的想法”，表达真实的自我，自然地去表达自己，而不是经过刻意地包装。表达真实自我的人，才是最有魅力的。

3. 封闭式恋爱

所谓封闭式恋爱，是指为了所谓的“忠贞”，抛弃自己的社交圈，特别是抛弃自己异性朋友的模式。有很多同学，特别是女生，自己一开始居高位，有自己的生活、自己的社交圈，有很多朋友，只是跟他在一起后慢慢地变成了低位。其实，这也就意味着你在他眼中的吸引力也在逐渐降低。一旦你拥有了自己的生活、有了自己的朋友，你对他的需求感就会显著降低，这对你、对你们的关系的发展都是有好处的。恋爱可以谈，但不能迷失自己。退一万步讲，迷失自己也不要紧，但绝不能抛弃自己的生活。

4. 异地式恋爱

异地式恋爱就是异地恋，顾名思义，即相隔两地的恋爱，人之三情中唯有异地恋维系最为艰难。随着时代的发展，越来越多的人因为求学和工作等各种原因而不得不“背井离乡”。因此，势必造成爱侣的分离，于是也就有了新词语“异地恋”。某网站的一项异地恋调查中，在被问到“能否接受异地恋情”时，有 55.45% 的人表示“能够接受，但是要做很多努力”，26.36% 的人认为“能够接受，两情若是久长时，又岂在朝朝暮暮”，接受者的总和达到八成以上；而在问到“异地恋能否成功”时，50%的受访者认为只要两人真心相爱，地域的限制终将被克服。① 异地恋要想坚持到最后，两人都必须有强大的内心。“强大的内心”就是能够照顾好自己，包括生活层面和心理层面。要想成功，门槛较高、机会成本较大。

（二）大学生恋爱挫折后的具体表现

恋爱挫折是大学生最严重的挫折之一，但只要及时进行自我心理调节，便会慢慢恢复，如果不能正确处理对待，以致较长时间或者程度较严重的产生恋爱挫折综合症。当代大学生失恋后的症状表现以失恋者的性格、人生观、恋爱时间的长短及恋爱关系的深浅程度的不同而不同。② 因而症状的表现是多种多样的，并以消极表现为主，一般说来，主要表现为以下几种。

1. 明显的生理反应

由于对失恋没有预先的心理准备，难以承受如此强烈的打击，失恋的人通常会出现食欲减退、夜不能寐、身体乏力和注意力不能集中等生理反应，甚至感觉心中有种被撕扯般的疼痛，有些国外专家称之为“心碎症候群”，也有网友说是“情癌”，这虽是个新生网络名词，却很形象。临床精神医生们总结发现，失恋后有一部分人会有些变化，比较严重的，有下面七种症状。

（1）类似戒毒，在戒毒的过程中，人会出现呕吐、恶心和幻觉等一系列强烈反应。而失恋时在伤心过度的情况下也会出现这种反应，因为爱情对于他们就像毒品一般会上瘾，当分手后，便会出现类似戒毒的反应，比如呕吐、恶心，整日胡思乱想、回忆以往，易产生幻觉。

（2）辗转难眠。失恋后往往伴随着焦虑和抑郁情绪，因此很容易引起失眠，在本来就缺乏睡眠的人身上，这种情况更是雪上加霜。女性在这部分群体中，占一大部分。因为女性更易受到情绪的影响，这时需要家人和朋友的开解，必要时需要心理医生的心理疏导。让时间和新的恋情，成为忘掉过去的良药。

（3）浑身疼痛。强烈的情感痛苦会刺激全身的神经网络导致疼痛，所以分手时的难过就像被穿孔一般。有专家做过实验，将看到曾经爱人的照片前

① 孙晓素．逾八成受访者接受异地恋．南方日报，2008－08－07.

② 刘朝晖．对失恋大学生异常心理的疏导与调适．河南广播电视大学学报，2007（4）：103－105.

后的磁共振图像作对比，发现有一片重叠的阴影，这就是发送神经信号的部分。而那部分被一些事物所刺激，就会发送信号，导致身体某个部位疼痛。

（4）心脏不适。当分手时，身体到处都充斥着压力荷尔蒙、皮质醇和肾上腺素，这会导致心跳加速，引发心律不齐。研究发现，在分手后死亡的人中，女性大多是心脏病发作，而更糟糕的是她们不照顾自己、不吃东西，也不看医生。

（5）皮肤变差。分手的身心反应都会加速皮肤变差。首先，在生理上，分手时释放的应激激素会加重皮肤的衰老、暗沉，甚至还会长痘、长癣。其次，在心理上，心理医生介绍，“相由心生”，失恋时，整个人精神萎靡，皮肤会黯淡。

（6）行动不便。据研究，有23%的人在经受失恋的打击之后，开始出现爬楼梯和短距离行走的困难。专家表示，当人在受到打击时，压力会导致肌肉痉挛和紧张，因此会疼痛，最终导致行动不便。

（7）食欲变化。研究表明，人失恋后的几周，下丘脑的一部分会产生抑制食欲的激素。也有些失恋的人，非但没有食欲不振，反而暴饮暴食，因失恋而体重暴增。还有些会出现消化系统的紊乱，前一段时间腹泻，没过几天又便秘，整个人又黄又瘦。①

2. 不良的情绪反应

（1）挫败失望。这是恋爱挫折所带来的一种很直接的感受，尤其是在被恋人拒绝的情况下，这种感受会更加强烈。恋爱关系的中断，使失恋者备受打击，产生强烈的挫折感和失败感，极度失望、失落、悲伤、难堪、羞辱、忧郁等，自尊心越强者，所产生消极情绪强度越大。而且还易产生“以后不可能再产生这样的爱情”之类的想法，无形中好像自己将永远是一个失败者。而且，这种消极的影响常常还会波及当事人对生活、学习等其他方面的兴趣和信心，甚至令当事人一蹶不振。②

（2）悲伤抑郁。悲伤、抑郁是失恋大学生最明显和最常见的不良心理。恋爱者失败后，在情感上首先会产生极大的悲伤和痛苦，随之而来的是愤怒

---

① 刘敏．分手不快乐，当心患“情癌”．大众健康，2016（2）：82－83．

② 韦乃学．浅析当前高校女大学生安全问题的特点．科技信息（学术版），2007（16）：345．

和绝望，其症状强度与失恋者对恋爱对象的感情投入程度成正比。[①] 当恋爱者对恋爱投入过多时，他/她从这份情感中获得的情感满足也就越多。同时，也可能表明他/她在其他方面投入和获得的满足较少。所以，当恋爱关系瓦解的时候，他/她的主要情感来源和支持系统或者说能量投注的对象消失，必然导致失恋对象主观认为自己失去很多，从而导致情绪抑郁。失恋带来的痛苦、绝望、抑郁和焦虑情绪如果得不到及时的转移，心理长期处于痛苦失落的失衡状态中，容易导致失恋者沮丧、抑郁、精神分裂与精神失常等心理问题和疾病的产生。

（3）渺茫绝望。许多时候，失恋会使大学生的理智和判断能力下降。在遭受失恋的打击之后，一些人会对自己的真实状态失去正确的认识，不清楚自己应该怎样继续走下去，对前途产生迷茫。由于失恋的影响，他们甚至对自己的事业、工作或学业失去信心，不知道还能否在这些方面取得成功。具有这样心理反应的大学生，往往是那些把恋爱看得很重的人，将爱情作为生命中至高无上的东西。所以，一旦没有了爱情，他们就像断了线的风筝，失去了原点和控制，不知道要飘到哪里去了。

（4）自卑心理。恋爱挫折会极大地动摇个人对建立亲密关系的能力的评价，这可以表现为对自己“再去爱别人”的可能性的怀疑，也可以表现为怀疑“会不会有人再爱上自己”。甚至还会再进一步影响到当事人对自己各方面能力的评价，从而产生强烈的自卑感。有的大学生失恋后，觉得自己在别人特别是在异性面前抬不起头来；有的突然对自己各方面的表现感到不满，觉得自己一无是处。失恋之后，会夸大这种想法，认定自己一无是处。并且认为同学老师会因此瞧不起自己、嘲笑自己。在这种心理状态下，也会影响自己的人际交往，进而使得自己的消极心理更加严重，如此循环，便产生自卑心理。不难发现，在大学生失恋者中，上述这些挫折感的表现是很常见的。

（5）愤怒心理。一些大学生在受到失恋的打击后，还会产生一种原来的爱变成现在的恨的心理倾向，对以往的恋人产生愤怒之感。他们从不想失去的那段感情，反倒因为恋人的绝情离去而产生怨恨，觉得自己不再被爱是一

---

① 赵晓东，孟香．大学生“失恋挫折综合症”的心理调适．社会工作下半月（理论），2007（12）：45－46.

种自尊的丧失，甚至是人格的贬低。在这种心理影响下，失恋者会感到自己在恋爱中所倾注的感情完全被遗弃，所花费的时间与精力也都毫无价值，因此会反复咀嚼，让痛苦的滋味会更加严重，致使自己终日沉浸在极度悲愤的情绪当中。

（6）报复心理。报复心理也是失恋者的一种较常见的心理，这有可能是因为恋爱对象在恋爱中过度依赖对方导致的，这也是大学生激情犯罪的一个常见起因。失恋后，有的大学生会失去理智，把自己的痛苦全部归因于对方的抛弃，认为对方对不起自己，所以会产生玉石俱焚的毁灭心理，认为自己不好过也不让对方好过。① 特别是那些由于一方不道德而导致的失恋，另一方更容易丧失理智而形成极端报复心理，出现过激的报复行为。例如，有的人用暴力威胁对方，向他人揭发对方的隐私等，从而发泄自己内心的不平衡，甚至还有把愤恨转移到其他人身上。

除了心理产生巨大的痛苦之外，失恋者还很容易失去生活的信念，从此对自己的生活没有了希望。失恋的冷水似乎把他们的生命之火熄灭了，没有了继续活着的力量。怀着这样心理情绪的失恋者，对自己是全部否定的，对一切都失去了信心。对于他们来说，人生的道路走到了绝境，没有任何希望可言。在恋爱方面，他们不再相信爱情，不想再进入两性相爱之中。一些社会学家的调查结果显示，大多数男性独身主义者不婚的原因就是由于初恋的失败，从此进入终身不婚的孤舟。在生活方面，有着绝望心理的失恋者也没有了前进的方向和勇气，有些甚至走上了轻生的绝路。

3. 消极的行为反应

失恋后在出现生理不适和不良情绪的同时，也会出现一系列典型的、不适当的行为表现，而不当的行为往往会给失恋者带来更大的心理创伤和精神损失。

（1）强逼行为。虽然一方已经很明确地宣告结束恋爱关系，但是被拒绝的一方仍旧不愿放弃恋情，不断地要求对方回心转意。他们会不停地给对方打电话、发短信，有些女性还会到对方面前去哭诉和哀求，有些男性也会去找女性说理，甚至还会进行不同程度地强迫或威逼，企盼能够与对方恢复从

---

① 张海音．大学生失恋心理透析及疏导策略．教育与职业（理论版），2008（24）：91－92.

前的关系。这些都是在失恋初期的抵抗行为，他们在心里不愿接受恋爱关系已经中断的事实，试图重新点燃已经熄灭的爱情之火。在刚刚失恋的一段时间里，人脑会分泌出一种既令人悲伤又让人思念对方的物质，虽然分手了，但对对方的爱恋却加深了，出现了一种不可思议的现象。然而，一方的心意已去，爱情无法回来，尽管失恋者用尽气力，也不能恢复双方的感情。事实上，在失恋者的反复哀求被对方不断拒绝的时候，他们的内心将受到一次次更加沉重的打击，会给心灵带来更大的、更难忍受的痛苦。

（2）报复行为。报复行为即破坏性举动。原本怀着希望来表白却被赤裸裸地羞辱了，原本顺利的恋爱进程突然有了变故，都容易引发当事人的破坏性行为。大学生不容易控制自己的冲动，所以在大学生中，因为恋爱而发生冲突的事件时有耳闻。尤其是那些恋爱关系原本就不清楚的，如“三角恋”之类的，或者恋爱进程明显是受到他人阻挠的，只要让当事人觉得“有理”，就更容易使其不顾一切，只图解气。因恋爱而起的破坏性举动常常带有报复性，很容易让人丧失理智，一些性格外向、好冲动的学生更是如此。尤其是男性，为了宣泄自己被抛弃的怨恨情绪，分手时对女友施加暴力的大有人在。更严重的情况是，有些男性在失恋后，会对前女友下毒手，去毁容或残害对方，制造出一种毁灭性的结局。虽然女性一般不像男性那样给予凶猛的报复，但她们有时也会失去理智，用嘲笑、谩骂或伤害人格的方式来攻击对方，以达到解除心头之恨的目的。无论是男性还是女性，在恋爱中具有强烈占有欲的人，都会用“非爱即恨”的行为模式来处理失恋的情感危机，到头来既伤害了对方，也危害了自己。

（3）逃避行为。对于二十几岁的大学生来说，无论内心有多么强大，只要是全心全意地爱过，失恋对于他们的打击都是巨大的，在短时间里很难抹去失恋造成的痛苦。在失恋的时候，很多人会出现无望甚至绝望的情绪，产生极度的自卑。在这种心情的支配下，很多失恋者认为自己失去了恋人是非常丢脸的事，自己已经不值得被别人爱，从此便将自己的身心都关闭起来。他们采取避免与现实接触的自我保护机制来逃避挫折，表现出非常消极的行为反应。有些女大学生失恋后，整天把自己关在屋子里，与世隔绝，不想见到任何人，以求得精神上的解脱和安慰。还有一些女大学生由于失恋便对人生彻底失去信心和期望，产生厌世的想法，离家出走，当了尼姑。① 这种以人际冷漠的态度对待外面世界的做法，实际上会给心灵带来终身的创伤。更有甚者，失恋后的无尽痛苦和精神崩溃使一些女大学生走上了自杀的不归路，成了爱情的殉葬品。一些男大学生在失恋后，也会采取非常极端的做法。这些看似能够减轻失恋痛苦的办法，虽然能够麻醉一时，但不能真正解决心里积压的问题，也不能使他们从失恋的心境中彻底走出来。

（4）自责行为。恋爱是双方的，恋爱的进程也受到许多因素的影响。但也常见到一些大学生在失恋后过分自责，好像“一切都是我的错”，陷入悔恨的痛苦深渊之中。他们经常唉声叹气或喋喋不休，埋怨自己的过失。他们的口头禅，大多是以“都怪我”开头的。都怪我疑心太重，对他/她总是不信任；都怪我经常发脾气，总是对他/她无理取闹；都怪我太黏人，让他/她觉得受不了……总之，都是我不好。伴随这些无尽的自责，还有泪水和悔恨。无尽的自责，是一种朝向内部的自我攻击，长久处于自责中，容易使人抑郁、耗竭，严重的甚至导致轻生。然而，事实往往是不管自责有多么深刻，有多悲情、多绝望，却难以再挽回失去的恋情。② 这种情况的出现，往往与当事人的个性特点及心理素质有关，如好自省、心胸狭窄、遇事犹豫不决、心理承受力差等。

（5）自弃行为。失恋的打击是沉重的。一些失恋者在无力摆脱失恋的痛苦，又不敢面对现实的时候，就会选择自暴自弃。这种情况的出现，往往是在一段至真至纯的恋情结束后。他们对自己的行为变得不加约束，故意放纵自己，又或者借酒浇愁；也有一些人，在失恋后会自暴自弃，做什么都没劲，只让孤独包围着自己，不愿意走出来。在生活上也是各种邋遢，无心打理，离自己的朋友越来越远，孤独感更加强烈，严重的会得抑郁症。然而这些行为的背后，真实的原因可能是为了引起昔日恋人的关心，想重新挽回失去的恋情。有的大学生固执于这种自弃行为中，就是为了“证明”自己对感情的倾心投入。

---

① 分手必看：失恋后常见的心理反应以及应对策略 . http：// mimi. eastday. com/a/18071712401229. html.

② 郑秋强 . “要有多坚强，才敢念念不忘” | 失恋后为什么很难走出来 . https：// www. xinli001. com/info/100356805.

（6）寻新行为。为了尽快逃避失恋的痛苦和烦恼，填补情感上的缺失，有些失恋者很快就去寻找新的恋人。从常理来看，这是不可想象的，而对他们来说似乎是非常必要的。这些人试图让新的恋情占据自己的记忆空间，冲淡以往的辛酸与苦楚。但是，在失恋后立刻开始谈恋爱，是不妥当的，也是不可取的。这是因为人在失恋后的情绪和心理都不会处在一个正常的状态，对人和事物的判断相对缺乏理智。有些时候，失恋者尚未认真分析前一段恋情失败的原因，也没有对自己的行为进行彻底的反思，就开始了新的恋爱生活。这样，本身存在的不足并没有得到改进，很有可能会把原有的缺点带到新的恋爱生活中，使旧的问题重新显现出来。

（三）恋爱挫折带来的正反两面影响

大学生们遭遇了爱情挫折，梦幻般的爱情从此化为泡影。而由于恋爱的过程太过于美好，所以在失去的时候会让人放不下，给人带来一些负面情绪和不良行为。然而，就像一枚硬币具有正反两面一样，恋爱挫折对于大学生来说也具有两面性，不仅有消极的一面，也会带来积极的一面。

1. 恋爱挫折的消极影响

（1）失友：恶化人际关系，不能够进行正常交往。大学生在遭遇恋爱挫折时容易产生强烈的消极情绪，同时由于其人格发展还未成熟，很容易将不良情绪泛化，往往波及身边的同学或朋友。部分学生会把朋友的劝解看成是一种嘲笑，而对其恶言相向，破坏了彼此之间原本的友谊。比如，往往就有女大学生因为失恋，泛化自己的情绪，矛头对象是自己的室友，把对男朋友的不满情绪转移到室友身上，把她们的关心看作嘲笑，但如果她们不关心又会责怪她们，从而影响了寝室原本和谐的人际关系。

（2）失志：荒废学业工作，影响个人的成长成才。大学生在受到恋爱挫折的打击之后，往往意志消沉，有的甚至一蹶不振，忘记了作为一个大学生的主旋律应该是"学习"；颠倒了主次，一味沉浸在失恋的悲伤中。有的人虽在课堂上，却心不在焉；有的人干脆躲在寝室里忧伤，不去上课。而在情场失意、学业又荒废的情况下，很容易遭受双重打击，引起精神失常。曾经就有失恋男大学生大闹上海火车站的新闻，该男大学生就是因为失恋荒废学业后导致精神失常，后休学回家。但在家中仍是无法摆脱失恋的痛苦；要回上海找女友理论，结果在火车站就精神崩溃失常，手持剪刀乱舞，扰乱了火车站的正常秩序。

（3）失衡：打乱生活节奏，影响自己的身体健康。大学生在经历恋爱挫折的时候会产生一系列生理反应，头晕、恶心、全身发麻等，导致正常的生活节奏被打乱。在大学生中，尤其是女生最常见的现象就是为失恋吃不下饭而日渐消瘦。以往我们常常认为失恋给女生带来更大的痛苦，但是《2019－2020年全国大学生性与生殖健康调查报告》结果显示，失恋时男生感到痛苦的比例和程度都高于女生。不少男大学生在失恋之后借酒浇愁，何知借酒浇愁不仅愁更愁，而且还会伤害自己的身体。曾经就有男大学生因为失恋酗酒导致肝癌，发现的时候已经是晚期，无法救治。因为失恋没有好好调整而失去生命，确实令人感叹和唏嘘。

（4）失情：造成心理影响，产生恋爱和婚姻恐惧。恋爱挫折对大学生的打击有时候甚至可能是长久而深远的，有的大学生多次遭受恋爱挫折，渐渐对自己产生怀疑，失去自信，产生自卑，认为没有人爱自己，或者自己没有爱别人的能力，严重的甚至产生婚恋恐惧症。就因为失恋，有的大学生整个婚恋观就被影响或者说被改变了，从而影响了他们今后的婚恋选择。比如，一个女大学生因为失恋，不再相信爱情，不再愿意去爱别人，就嫁给了一个很爱自己但是自己不爱的男人，图的是“他对我好，对我忠诚，不变心”。但最终她在婚姻生活中发现，这个看上去忠厚老实的男人，最后也会变心，说到底，因为她自己并没有付出真心，那么又如何让别人一直付出真心。所以，失恋处理不好会影响大学生的婚恋观及今后的婚姻。

感情是否圆满不一定和时间长短、是否走向婚姻有关，如果这份感情让你更了解自己，学会了如何去爱别人和爱自己，这就是最大的收获。失恋虽然会给我们带来很多的消极影响，但是如果我们不去强化它、泛化它，而是积极地进行自我调节，不用一段感情的结束来否定自己，它还能给我们带来许多积极的影响，关键其实就在于我们自己怎么想、怎么看和怎么做。

2. 恋爱挫折的积极影响

（1）帮助自我反思。当代大学生具有探索精神，在面临恋爱挫折时，他们在悲痛过后，往往会去回顾和分析恋爱失败的原因。在这个过程中，会遇到这样的疑问:“我做错了吗?为什么他/她要跟我分手?难道是我太强势……”通过这样的分析，他们能够进一步了解自己的性格和处事能力，提升认识自我的能力，进而自我反思的能力也一并提高了。比如，有的大学生会因为失恋寻找自己的不足，但是这一定不是自我否定。自我否定会产生自卑心理，进而影响自我情绪，但是真心的反思找出自己性格和处事方式的不足，却能够帮助我们去改进自己，在下一段恋情中避免重蹈覆辙;同时提升自己与人相处的能力，对日常人际交往也是有好处的。

(2) 促进换位思考。大部分大学生在恋爱失败后，最终会冷静下来，这个时候他们往往会回忆彼此相恋时候的点滴。这个时候，他们不再是当局者迷，更能够跳出自己的角度，从对方的角度去看待每一件事情，理解对方的言行。这同时也帮助他们走出伤心和阴影，从中获得了成长，也领悟到了学会凡事从正面思考的道理。人往往会有自我保护机制，并不是每一个人都会一味地钻牛角尖。在失恋过了最初的强烈身心反应期，大多数人会静下心来回顾过往，试着去理解对方，也是放过自己。

(3) 变得心胸开阔。当大学生在自我反思和换位思考后，往往变得豁达，也原谅了自己的不足和对方的过失，明白了不合适的人在一起最终也是彼此痛苦和互相折磨。最终接受现实，真正放手，走向通往下一段恋情的大道上，就像我们熟悉的电视剧、小说一样。比如，《致我们终将逝去的青春》里的郑微，一开始，陈孝正的离开让她也痛苦不堪。但是生活不会因为一个人的离开而静止，我们还有自己的生活要继续，我们的生活也并不会因为某一个人的离开而糟糕至极，放开了反而能够重新出发，就像郑微最终还是振作起来，照样好好毕业、好好工作、好好生活，人也在这次失败的爱情中成长了。

三、 恋爱挫折的原因解析

很多人都在埋怨，现在的学生到底怎么了，中学生这么早就谈恋爱，大学生这么多都谈恋爱，学校里不教育也不管。有人说:“你看，小学生走路时一队一队的，中学生走路是一堆一堆的，大学生走路是一对一对的。”有的人还说:“小学谈恋爱是奢望，初中谈恋爱是遥望，高中谈恋爱是盼望，大学谈恋爱是欲望。”总之，人们都在说、都在怨，学生谈恋爱如此之多、如此之乱，学校里怎么就管不住？恋爱多了，失恋就多了，挫折也相应多了。其实，当代大学生失恋引起的挫折是一个复杂的现象，其原因是多种多样的，但归结起来主要有个体因素和外界因素两种。

（一）引发恋爱挫折的个体因素

大学生由于心智尚未完全成熟、社会经历相对较少等一些共性特点，属于比较容易出现恋爱挫折的群体，但是并不是每一个大学生都会遭遇恋爱挫折，也不是每一个遭受恋爱挫折的大学生都会产生一样的反应。不同的大学生由于个体自身性格、观念等因素，会有不同的恋爱机遇，有些则比较容易遭遇恋爱挫折，受到恋爱挫折的影响。

1. 因为外在条件，过分的自卑或自信

在如今拼颜值、比家世的恋爱市场上，单纯而又富有幻想的大学生难免也会随波逐流。因为外貌、经济、家世等一些外在条件而分手的大学生也不在少数。一方面，一些大学生因为自身在诸如外貌、经济等一些外在条件相对较弱的情况下，在恋爱过程中失去自信，表现出一种自卑心理，常常还伴有埋怨和自责。这种过分看低自己的心理，往往会导致不敢接受异性的示爱，或在恋爱中失去自我。另一方面，一些所谓的“高富帅”或“白富美”的大学生，往往表现出一种过分自信的骄傲心理，在恋爱中趾高气扬，不能平等对待对方。在这两种情况下，恋爱受挫的概率和危害都会增加。

2. 恋爱期望过高，难以平衡现实差距

大学生对“爱情”怀有美好的憧憬，想象得过于完美，当真正开始一段恋情后才发现自己的想象并非都是现实。很多大学生对恋人的期望值过高，然而在恋爱过程中，由于外在压力或自身交往方法不当，感到当前的恋爱状态或对象离自己的期望值相差甚远。也有的大学生把个人追求的目标确立得太好，而理想对象在现实中往往不存在或者很难把握和追求，就会在心理上萌发一种莫名其妙的焦虑和烦恼。这种高期望与低现实的差异，都会使他们产生严重的失落感，促使挫折心理的产生。①

---

① 胡志鑫，韦春北．大学生挫折感溯源．中国成人教育，2006（2）：89－90.

3. 恋爱目的偏差，缺少道德责任意识

这一点主要表现在两个方面：一是大学生恋爱目的简单，缺少责任意识。很多大学生恋爱的目的简单，不考虑与恋爱相关的其他因素，如事业、婚姻、家庭等。甚至有的大学生在恋爱中没有过多考虑将来能否走到一起的事情，他们看重恋爱的过程，轻视恋爱的结果。他们恋爱，是因为需要爱和被爱，多是出于本能的喜欢和吸引，“不求天长地久，只求曾经拥有”是大学生较普遍的一种心理。更荒唐的是，现在大学校园里出现“契约式”的恋爱，在校时卿卿我我，心理精神上互相弥补空虚，甚至为生理需求发生性行为，但到毕业时又无牵无挂地说声“再见”，各奔东西。① 这些全都是对爱情、对人生、对自己、对他人不负责任的表现。他们把恋爱和结婚并非必然地联系在一起。从现实情况来看，大学生从校园恋情发展到婚姻关系的成功率非常小。即使有人在大学恋爱最终走向婚姻，也往往因为之前没有过多考虑这方面问题，在面临实际问题时，就会产生矛盾，严重的就会分手。二是大学生恋爱动机不纯，缺少道德感。一项对于“你认为大学生恋爱主要为了什么”的恋爱动机调查结果显示：选择因解闷、排除孤独、满足生理需要、赶潮流、满足好奇心、积累经验而恋爱的占 73.9%。② 显然，错误的恋爱动机比正确的恋爱动机的人数要多得多。在当前物质化、功利化的社会环境下，一部分大学生恋爱出于从众或虚荣心理，把恋爱当作一种充实课余生活、解除寂寞、填补空虚的手段。还有少部分大学生恋爱是出于功利的目的，为追求物质上的享受，把恋爱和婚姻作为将来事业的跳板。由此可见，部分大学生恋爱的动机存在极大的问题，体现出道德感的缺失。而这些有错误的恋爱动机的人容易轻率地开始一段恋爱，造成失恋的结果也是必然的了。

4. 恋爱意志薄弱，自我控制能力较差

大学生的恋爱意志相对薄弱，一方面表现在容易遇到困难就说分手。大学生情侣之间闹矛盾是难免的，但是有部分大学生当与恋人在观点、选择等发生冲突，又不能采取有效措施解决时，往往会采取逃避的方法提出分手，

---

① 惠慧．大学生恋爱观新探．徐州教育学院学报，2001（3）：85－88.

② 郑顺利．大学生恋爱心理调查与分析．漳州师范学院学报（哲学社会科学版），2006（1）：147－149.

错误地以为只要两个人分开就能解决问题，殊不知这是一种“恋爱意志比较薄弱”的表现。如果在爱情中不能拥有一颗面对困难、战胜困难的持久心，遇到问题就逃避，是不能收获真正爱情的。另一方面表现在容易遇到新人就移情别恋。现在多数大学生在恋爱中的自控能力较差，当见到一个比现在自己恋人还要好的对象时，不能坚定自己的选择，容易移情别恋。甚至有的人两边都不能舍弃，为了满足自己的私欲，搞多角恋爱。

5. 个性不够完善，过分的自我中心化

每个人的成长环境不同，所形成的个性特征就不同。有些大学生由于其个性品质的原因会比其他学生更容易遭受恋爱挫折和打击。如不善于与恋人沟通和交流，缺乏交往技能；过分以自我为中心，占有欲强；依赖性过强，情绪控制能力较差，存在偏激的认知等。这些个性方面的缺陷，往往会导致恋人在相处的时候遇到更多的问题，引发更多的矛盾，而又因为当事人个性的不够完善，不容易被解决，很多情况下就会以分手而告终。比如，情绪控制能力较差的大学生与情绪控制能力较好的大学生相比，在同样是遇到情侣吵架的问题，他们可能更容易因为发火而做出喊叫、打人等过激的行为，这就会对恋人产生伤害，严重的就会引致分手。

6. 缺乏社会经历，抗挫折的能力较差

调查数据显示，对于“你是否经受过较大的人生挫折”这一问题，大学生回答没有的占43.5%，表明对挫折的体验微乎其微。① 当代大学生多是独生子女，在父母家人溺爱保护的顺境中成长，一方面是对恋爱挫折认识不足，没有意识到这种挫折的高风险性及高危害性，普遍存在过度自信、过度盲目的心理；另一方面是抗挫折心理素质不高，缺乏应对挫折的心理免疫能力和认知调节能力。这都造成当大学生遭遇恋爱挫折时，会受到更大的打击和伤害。

（二）引发恋爱挫折的外界因素

大学生恋爱挫折不仅受到个体内在因素的影响，还受到外界环境因素的

---

① 刘志翔，毛丹．当代大学生恋爱挫折的新变化及预防对策．黑龙江高教研究，2010（4）：37－39.

影响。大学生虽然处于同一个时代环境，但有不同的地区文化背景、有不同的家庭教育氛围、有不同的民俗风俗传统，这些都会造成大学生不一样的恋爱观念，引起不一样的恋爱模式，最终影响恋爱挫折的产生及后果。

1. 时代变迁改变社会环境

改革开放以来，随着政治和道德对个人生活领域的干涉和制约逐步减弱，中国人在情感方面的需求不断得到解放和张扬。尤其是进入新世纪后，人们在情感交往中最为关注的恋爱、家庭、婚外恋、离婚、再婚等各个方面，更是在社会上掀起一场不折不扣的情感大战。有专家认为，我们现在正处在一个多元化的时代，其中，价值观念的多元化必然导致感情追求的多元化及感情形式的多样化。这种深入人心的情感大战无可阻挡地要进入各级、各类学校，特别是高等学校。这样，就表现在青春男女之间的多样化恋爱行为，必然会越加鲜活地出现在大学校园里。一是随意性。对一切神圣和崇高的精神、理念、信仰或戒律等均持怀疑和否定态度，藐视权威和权力，追求个性张扬和个人利益最大化。即使是对爱情、婚姻等崇高神圣的社会行为，表达的方式也是直接、低俗、随便的。有的人相识几天就迫不及待进入爱情最亲密的阶段。二是务实性。在感情交往中“讲实惠、重实物、得实利、享实欲”，直截了当地提出自己的需要。如“宁在宝马车里哭也不要在单车上笑。”三是无序性。不再把恋爱—婚姻—家庭看作唯一的男女感情实现方式，而是追求一种超自由、超自然的所谓纯粹、平等的两情相悦。导致出现千奇百怪、混乱无序的恋爱方式。四是非理性。靠直觉而不是靠理性来判断、制约自己的情感，喜欢跟着个人的感觉走，不去追问理由或思考是否合理。认为传统意义的爱情是一种过于理想化的爱情。正是在上述这些现代社会的情爱价值观念的影响下，大学生对待爱情的态度也发生了质的变化，从而导致了对恋爱及分手的随意性，加大了恋爱挫折发生的概率。

2. 来自家庭的影响和压力

一般情况下，大学生处在远离家人的校园里进行恋爱。通常情况下，他们并不会在恋爱的最初就告诉父母，但也不乏一些人他们与父母沟通良好，在甜蜜的爱情滋润下，会喜不自禁地告诉父母自己恋爱了。在这些见家长的恋人中，有的遇到了强大的挫折。这些挫折的背后往往和某些学生家长对对方的相貌、家世及人品的不满意有关。在这种不满的情绪下，原本充满了希望的情侣，可能由于恋爱双方缺乏勇气和信心，又惧怕父母的威严，觉得双方门不当户不对，或相貌差异太大，感到自卑，再加上父母的干涉，在感情基础相对不是很深厚的情况下就走向了分手的边缘，最终双方因为被迫失恋而痛苦。① 当然，也有在彼此共同的努力下说服了父母而功德圆满的情况，从而避免了失恋及失恋所造成的痛苦。但是，这种情况不占多数。有接近五分之一的遭受过情爱挫折的被调查者认为自己遭受情爱挫折的原因是来自父母的直接干预。

3. 不良的社会舆论和风俗

地域间的、民族间的甚至国籍间的差异所导致的矛盾也是拆散大学生情侣的凶器。地域上的差异往往来自南北方的气候差异，习惯了南方温热气候的人，往往对北方的干燥和寒冷不能适应。当他们的客观条件要求一方要随另一方去适应自己多年来从未适应的生活环境的时候，那么双方就有可能面临分手的困境。② 民族间的差异可能更明显。比如，回汉两族间的恋爱，回族的信仰和汉族之间的差异使很多回汉恋爱的大学生的爱情夭折。当然，不同国家间恋人造成分手的原因可能更多是因为文化和价值观的差异造成的。

4. 地域分离及时空限制

随着高校扩招等因素的影响，大学生面临着越来越大的就业压力，恋爱双方毕业不能在一起工作的现象比比皆是。由于大学生恋爱双方毕业后工作不在同一个地方，双方距离相差又甚远，或者由于承担家庭重担及其他责任而不得不选择忍痛割爱。大学生的恋情逃不过六月炎热的无情，毕业时理智地说声再见，“亲爱的，我真的无能为力”。有调查显示，大学生爱情的成功率仅为 4% ~8%，随着户籍制度和就业制度的改变，成功率只在 10% 左右。

恋爱挫折的心理原因涉及家庭、社会及个人，但一般来讲，个体心理因素的影响是最主要的，因为家庭和社会舆论带来的挫折感尽管会对大学生的恋爱产生影响，但是由于有些大学生具有逆反心理，家庭和社会舆论是难以中断他们的恋爱取向的，相反，往往会强化他们的爱情关系。因此，恋爱挫

---

① 梁娟，张炯理. 大学生失恋原因分析. 科技创新导报，2008 (10): 161 - 162.

② 张海音. 大学生失恋心理透析及疏导策略. 教育与职业 (理论版)，2008 (24): 91 - 92.

折产生的原因主要还在于个体自己。

四、 恋爱挫折的积极应对

恋爱挫折是爱情悲剧。当恋人中的一方宣布终止恋爱关系时，遭受猝然打击的一方总是不愿接受眼前的事实。诚然，作为恋爱关系的一方，产生一种情感反应完全是可以理解的。但是，恋爱者在失恋后若不能用理智去冷却炽热的感情，而任凭情感的风暴去冲击一切，必然会产生心理上的偏差，并有可能变得危险和可怕，甚至会走上自我毁灭的道路。大学生因恋爱挫折而导致精神失常、报复等情况时有发生。因此，大学生恋爱挫折问题不容忽视，学会如何在遭遇恋爱挫折后积极应对显得尤为重要，我们不能因为一时的恋爱挫折而放弃未来精彩的整个人生。

（一）恋爱挫折的应对原则

如何积极地应对恋爱挫折，把握以下几个基本原则尤为重要。如果我们能够坚持把握这几个原则来应对恋爱挫折，则能减少恋爱挫折给我们带来的消极影响。

1. 不要死缠烂打， 要果断离开

大学生遭受恋爱挫折后，有些人为了挽回这份感情，会有找对方好好谈谈与沟通的冲动。其实这个时候的心理动机无非是“我们可以澄清所有的误会，我们会和好如初”。如果对方已经不爱了，这种不死心的态度换来的就会是对方越来越多的不耐烦与厌倦。正确的做法应该是：“赶快走”，走得越快、越果决、越主动，给自己留下的余地和空间才更大。同时要明白，爱情是以互爱为前提的，不可因一厢情愿而强求，应该尊重对方选择爱人的权利。

2. 不要被动消极， 要主动积极

大学生恋爱受挫后需要正视现实，采取积极的处理方法，主动寻求心理帮助，而不是消极的自暴自弃，被动地承受事实。不要害怕别人知道，甚至可以主动让别人知道，若遇到别人问长问短让你受不了，你不妨明确地告诉他/她：“我现在很难过，但是我相信几天以后会好的，我们不要谈这些，好吗?”主动地适当公开自己的失恋状态，主动地去面对失恋的事实，然后回

去大哭一场，你会发现轻松许多。

3. 不要隐蔽情绪，要表露倾诉

大学生恋爱受挫后产生痛苦、焦虑、抑郁等不良的情绪状态时，就要尽情发泄。那种想哭又不敢哭，甚至还要强颜欢笑，表面上看起来很“坚强”，实际上对自己的伤害是非常大的。我们要清楚，任何人都应该有哭的权利，不能在众人面前哭，可以向好友倾诉哭泣，释放情绪，调整心态；不要把痛苦埋在心里，不愿透露，越想越糟。

4. 不要冲动行事，要冷静理性

大学生恋爱受挫后应该理智地、勇敢地面对自己，冷静分析之前的关系到底毛病出在哪里。记住，不是去分析是非对错的问题，而是分析适合不适合的问题。你要做的就是找出你有哪些是对方受不了的；对方什么时候最快乐，为什么？什么时候最痛苦，为什么？这些因素找出来后，看看哪些是可以改的，能改则改。看看哪些是改不了的，下次找恋人时就找那些比较能适应自己“特质”的对象，因为适合的才是最好的。千万不要冲动地做出害人害己的“自杀”“报复”等行为。

（二）恋爱挫折的应对策略

要想从失恋的痛苦中彻底地解脱出来，失恋者自己的努力是最重要的。由于每个人的心理承受能力不同，所处的客观环境和条件也不尽相同，失恋者可以选择适合自身的心理调节方法来帮助自己尽快走出失恋。应对恋爱挫折的策略多种多样，归纳起来，减轻痛苦、振作精神、走出失恋的方法可以有如下几种。

1. 冷静地分析接受

正视分手事实、冷静地分析失恋原因是有效消除失恋痛苦的途径之一。面对失恋打击的时候，大学生应该尽量让自己冷静下来，为自己做一次全面而客观的分析，失恋者可以想想对方提出分手的原因，他/她为什么会离开自己，是对方的不是，还是自己的问题。如果是对方对爱情没有严肃的态度，不珍惜两人的感情，开始移情别恋，那就没有什么可惋惜的，自己不值得对过去的恋情念念不忘，更不值得为此伤心落泪。如果是自己在恋爱中做得不够好，存在许多缺点和毛病，没有与对方和谐相处，那就要进行很好的自我反省，认真分析自己的所作所为，反思自己需要在爱情中改进的地方，这对于下一次恋情的顺利发展是很有帮助的。如果是因双方个性不合、观点分歧而失恋，则应当认为早日分手比终日争吵不休要好得多，既然感情不和，说明感情的发展已失去了动力，再相处彼此也是不会快乐的，这样的恋爱关系又有什么好留恋的呢？分手对双方都是种解脱。

在冷静的思考之后，由于两人分开的原因被梳理清楚了，怨恨情绪或自责心理会明显地减少，使人变得理智和安静，战胜痛苦的心理力量也会强大起来。另外，经过冷静分析得到了全面的自我认识，还有利于在日后的恋爱生活中，汲取以往的教训，克服自身存在的不足，做好充分的心理准备，使新的爱情能够顺利而健康地发展。

2. 合理的情绪宣泄

人是情感动物，会有感性的一面，当负面情绪产生时，不要过分地隐藏或压抑失恋带来的痛苦，要找适当的方式进行宣泄。① 大学生在失恋后最常出现的是抑郁情绪，即心中有很多的委屈和沮丧，如果不及时宣泄，会造成更为严重的后果。心理学的许多研究显示，人为地压抑情绪或抑制情感，会使在恋爱中被抛弃的人更痛苦，也就是说，暂时镇压情绪只会让下一波情绪在发作时，更加剧烈和难以控制。所以，如果真要摆脱这种心理困境，必须及时地释放心中的压抑感。将积压在内心的负面情绪及早地排解出去，对于失恋者尽快恢复正常的心理状态，是非常必要的。

合理排解负面情绪的方法有很多。首先是眼泪缓解法。在悲痛欲绝时大哭一场，可以使情绪平静。专家认为，眼泪能把有机体在应激反应过程中产生的某种毒素排出去。其次是运动缓解法。剧烈的体育运动在消耗精力和体力的同时，有助于释放激动情绪带来的能量，把失恋带来的负能量也一起排放出去。再次是转移注意法。可以做一些自己喜欢的、感兴趣的事，唱歌、画画、旅游等，学会采取转移注意的方法来释放情绪。转移包括两种，第一种是环境的转移。失恋是痛苦的，它在人们心中的印记常常具有触发性，因此失恋后立即换个环境，暂时与会触动自己恋爱痛苦回忆的景、物、人隔离，

① 蒋萃．对失恋大学生异常心理的疏导与调适研究．长春教育学院学报，2013（10）：90－91.

并主动置身于新的、欢乐的、开阔的人际交往与自然环境中，或将自己的注意力集中在自己感兴趣的事物中，如专心学习，将失恋的痛苦转化为动力，失恋者会在努力学习中体会到人生的意义不仅仅是爱情，还有比爱情更重要的事业。第二种是感情的转移。失恋是因为感情的破裂而感到痛苦，如果可以转移感情，寻找感情的替代者，以此来淡化失恋的痛苦，弥合心灵的创伤，从而走向新的生活。① 情感转移的方式有两种，一是以诚心去寻觅真正属于自己的爱，寻找一位新的恋人；二是积极投身集体生活，付出自己的情感和爱，使自己摆脱空虚和痛苦。② 转移注意法很最重要的一点是，要让自己忙起来，用丰富的生活、学习或工作的内容陪伴自己。一个很有效的方法是为自己制订一个相对忙碌的时间表，把每一天按照时间来排满，使自己没有空隙回味失恋的苦楚，渐渐远离痛苦或绝望的心境。最后是对象倾诉法。失恋后如果把自己的苦衷、烦恼、怨恨过分压抑，就容易使自己更加苦闷、孤独和惆怅。③ 应当把自己心中的这些压抑向亲朋好友诉说，并且可以选择向专业的心理咨询师倾诉，这样会得到他们的同情、安慰和鼓励，也会得到他们客观的分析和中肯的建议，这有利于失恋者冷静地对待失恋，达到心理的平衡。如果无合适的对象倾诉，可以把自己的苦楚写出来，还可以关起门来大哭一场，或者到无人的地方，如大叫，尽情地宣泄自己的情绪，以达到心理的平衡，理智状态的恢复。总之，倾诉可以起到释放自己的痛苦和烦恼、寻得心理安慰和寄托，达到平衡心态、净化心灵，减轻和消除不良情绪的作用。

通过情绪宣泄，抑郁的程度会显著降低。当然，宣泄要适度，不能过度，倘若无休止地宣泄，反而会使自己沉溺于消极的情绪之中，不但不能减轻痛苦，反而使自己神智失常。④

3. 积极地面对未来

遭受恋爱挫折后，最重要的是可以重新出发，积极地面对未来。可以从

① 杨魁，李建军．浅析大学生失恋的心理因素及状态调试．吉林省教育学院学报（学科版），2009（8）：130－131.

② 袁光亮．失恋心态及调节．心理与健康，1995（3）：17.

③ 熊丽娟．当代大学生恋爱心理分析．中华文化论坛，2008（S1）：112－113.

④ 刘朝晖．对失恋大学生异常心理的疏导与调适．河南广播电视大学学报，2007（4）：103－105.

自我安慰、自我激励、自我升华三个方面入手。

自我安慰。面对恋爱的失败，失恋者还可以从更加理性的思维角度来进行自我安慰。自我安慰的方法有两种：第一种是顺向自我安慰。一方面，可以采用“甜柠檬效应”，把自己的各项优点罗列出来，找出自己的美好之处，相信自己有这么多的优点不怕找不到好对象，这样有利于自己恢复自信，从而减轻自己的痛苦；另一方面，可以这样想：“失恋了，这一个故事结束了，但我还有我的学习、我的朋友及我追求的事业，一切都会过去，明天太阳照样升起”；“今日的失去是为了明日更好地获得，天涯何处无芳草，爱情时时有知音”。第二种是逆向自我安慰。采用“酸葡萄效应”，多想想以前恋人的一些缺点，不想或者少想对方的一些优点，这有助于打破理想化倾向，使自己更容易忘记对方。就像鲁迅先生笔下的阿Q，在被别人打的时候，口中或心中念一句“反正是儿子打老子”，于是就悠悠然忘了皮肉之苦。如果失恋了来点阿Q式的自我安慰法，把对方“贬低”一番，列出对方的缺点清单，从长相到行为，甚至细微的不良行为习惯都不能漏掉，最后你会发现，原来对方是一个“不堪忍受”的家伙，幸亏最终没有成为自己的终身伴侣，这应该是一件值得庆幸的事。虽然阿Q式精神胜利法有点自欺欺人，但它可以换取失恋后的“心理平衡”，有助于减轻失恋的痛苦。①

自我激励。失恋对大学生的最大负面影响应是对自信心的打击，很容易使一个人丧失自我价值感。所以，失恋后特别要做的事情是尽力保护好自己的自信心，用自我安慰的方式“稳住”自己。这就需要失恋的人采取自我激励的方法肯定、接纳和支持自己。具体说来，自我激励可以是发现自己的优点和长处，并且在心里称赞自己；也可以是每天对着镜子自我打气，让自己在失恋的困境中能够坚强地挺过去；还可以是给自己一些物质上的待遇，女生可以买几件漂亮的衣服，用艳丽的颜色来带动开朗的心情，男生可以吃上几顿佳肴，用鲜美的味道取代心中的苦涩。自我激励的作用能够让人有充足的心理能量，战胜精神的痛苦和心灵的衰落。任何在恋爱中被对方“甩”了的人，如果能从积极的角度看待失恋，把它当成人生不可多得的经历，作为

---

① 杨魁，李建军. 浅析大学生失恋的心理因素及状态调试. 吉林省教育学院学报（学科版），2009（8）：130－131.

人格发展成熟的重要阶梯，他/她就会利用这个看似“厄运到来”的机会，不断地激励自己，使自己看到人生的价值和意义，从情感挫折中坚强地站起来。有人说：“失恋是人的爱情老师。”这句话的确有一定的道理。心理学家弗兰克尔认为，我们在面临苦难的时候，能否生存下来，不是在于苦难本身，而在于我们是否为生命赋予意义。当我们面对失恋这样的挫折时，如果我们也能发现生命的意义，那么我们的人生可能也马上变得充满生机。因为那时可以最大限度地证明人的独一无二的潜力。它将把一个人的悲剧变成一场极大的成功，把一个人的困境变成一种人类的成就。当我们不再能够改变一种情境时，我们将会面对改变自己的挑战。

自我升华。这是宣泄失恋后心理能量的最理想方式。失恋者应运用理智，把感情、精力投入到能充分实现自身价值的事业中和对生活的热爱上去，把失恋升华为一种奋发向上的动力，从而将失恋造成的挫折，在更高的升华境界中得到补偿，获得更大、更多的收益。[①] 要记住鲁迅曾经讲过的：“不能只为了爱，盲目地爱，而将别的人生要全盘疏忽了。”不要以为失去了一个人的爱，就仿佛失去了整个世界，我们没有任何理由因为一次感情的失败而沉沦。

4. 尝试着逆转失恋

对于失恋，有情爱专家提出了一种逆转的方法，为失恋者提供参考。逆转的前提有两个：一是不再恨当时的自己，不再责备自己，逐渐接受自己；二是不恨对方。而逆转的法则有三点：一是服从法则。建立自己做人做事的原则，两人交往时要注重服从的平衡，不能一味地服从与付出。二是降低需求感。让自己的生活过得精彩，降低对对方的需求感。三是扩大社交圈。在扩大社交圈的同时，自己的生活也建立起来了，更重要的是，自己的自信也建立起来了，对生活的信心也建立起来了。在逆转的具体操作上，首先，要控制自己想主动联系对方的一切冲动。多听一些轻音乐，切断对对方的关注，分手后他/她是他/她，你是你，唯有停止对他/她的关注和付出才能走出失恋的阴影。在与对方“断联”之前，告诉对方两层意思：一是表达让对方不愉快的歉意；二是表达自己还爱他/她。然后不要主动联系，过好自己的生活。其次，当过了一段时间（半年左右），对方和你的联系比较频繁的时候，对

① 白羽. 走出失恋的阴影. 家庭护士，2005（9）：24.

对方要礼貌友善，但话不能多，以普通朋友的身份与他/她交谈，要有一种能复合就复合，不能复合就过自己的生活的好心态。总之，走出失恋的核心就是重新建立自己生活的过程，重新建立自我价值的过程，重新建立吸引的过程。这样就重新找回了“生活的盼头”，重新找到了自己的精神支柱。

实验实训

一、 解开千千结

目的：学会在遇到错综复杂的事情时，静下心来，从全局考虑，一步步解决问题。

步骤

1. 让全体学生站成一个面向圆心的圆圈。

2. 教师说：请记住你左面的人是谁？右面的人是谁？

3. 松开双手，任意走动。当老师说停时，在原地仍与你原来相邻的人牵好手。即你的左边和右边的人必须同刚才一样。

4. 在不松手的情况下，想办法把这张乱网解开，最后形成大家开始时手牵手围成的一个大圆圈。

注意事项

不能抓自己身边同学的手，自己的两只手不能同时抓住另外一个人的两只手，在任何情况下，手都不能松开。

二、 互诉衷肠

目的：促使学生宣泄情绪，协助有困扰的学生澄清问题。

材料：白纸、笔。

步骤

1. 全体学生围成半圆形。

2. 给每人一张白纸。写出目前所遇到的三件不愉快的事情，并写出愿意倾诉的对象。

3. 请出自愿出来的一个学生（倾诉者），请他/她站在中央。

4. 请他/她告诉大家自己愿意倾诉的对象。在班级中寻找一个与他/她最相似的，愿意被倾诉的对象。

5. 倾诉者从三件不愉快的事情中选择一个，尽情倾诉他/她的苦衷。被倾诉者设身处地地扮演他/她所扮演的角色。

6. 旁观者可自动轮流在被倾诉者的背后，说他/她不敢表露的感受。每个学生轮流做。

7. 述说参加此次活动的感受，是否达到宣泄情绪的效果。

体验感悟

一、 给分手恋人的一封信

在人生这条长长的曲线中，有许多个节点，旅途虽长，却有很多的伤痛。它们就在那里，发生在我们生命的每时每刻，构成我们的人生故事，让我们人生有很多的不一样。

1. 请大家回顾你到目前为止所经历的情感伤痛，看看这个伤痛发生在你生命的哪个阶段？它在你生命的长河中处于什么位置？你是怎么看待这个伤痛的？这个伤痛对于你的人生有什么积极意义？

2. 写一封信给分手的恋人，信的题目是“致分手的恋人”，信的内容包含以下几个部分：失恋事件；分手后的心路历程，自己是怎样走到今天的；分手后自己的情绪感受，如愤怒、悲伤、无奈等；在恋情中自己的遗憾，如未完成的事情或者渴望等；总结自己在这份爱情中的收获；对以前的恋人表达感谢；表达决心，今后自己要照顾好自己，构建未来的希望。

二、 自我调节月

1. 阅读材料：

第一天。失恋第一天，你可能会陷入茫然，无所适从，不知道应该怎么办好。这时，你最好把床铺好，换上最舒服的衣服，躺在床上静静地哭泣，等到累的时候自然睡去，准备好把你从悲伤中拉上来的精力。

第一周。无论多么悲伤难受，把你心里的一切苦痛都描写下来，你将会发现自己好过多了。

做运动，有竞赛性、剧烈的运动为好。你需要在尽情挥洒你的汗水中感觉到自己的生命力。动一动后，你就不会再死气沉沉了。

每次想他（她）的时候，别想他（她）的好，只想他（她）的不好，越多越好。

如果吃东西会让你好过一点，那就吃吧，但吃完了别忘了做运动，否则体重会让你更忧虑。

失恋并不是件丢人的事，让别人知道你难过，就不需要在人前假装自己很高兴。

第二周。分手已一星期了，也该静下心来面对现实了。你要做的是尽量避开他（她）会出现的地方，不要让你的心再有任何期待了。

把会让你想起他（她）的东西收起来，无论是你们两人的照片、他（她）送你的东西、他（她）用过的东西等。

列一个清单，写下他（她）不符合期望的地方，下一次交男（女）友时你希望他（她）会拥有的特点。你会明确你想要什么。

第三周。独自一人伤心只会让你掉进坏情绪的深渊里，跟好朋友或长辈分享你的心情，你会获得有用的建议。或者跟有失恋经验的朋友聊聊，互相吐吐苦水；说不定当你听到比你悲惨几倍的故事时，已经不觉得自己可怜了。

真的很难受时，不妨向心理咨询师或医生求助。

寂寞的时候，找你最好的朋友陪你出去走走。

和以前因为谈恋爱而疏远的朋友联系，跟他们一起吃顿饭、看场电影，重新拥有好朋友的感觉。

第四周。是打起精神的时候了。丢掉愤怒，收起悲伤，完成自己定的目标。

想想看，有没有你很喜欢做，但他（她）不肯陪你做的事，或者在你和他（她）在一起，你想做而没有去做的事，你现在都可以去做。

每当你想到他（她）的时候，就对自己说："失去我是他（她）的损失。"

失恋的人最怕无聊没事干，你就把时间花到自己预订的学业、考证、兼职上去。

失恋的最后一天。这个月不是在转眼之间过去了，你现在应该帮自己庆祝一下，勇敢地度过了失恋后的第一个月，给自己买点小礼物，提醒自己下一个恋人会更好。①

2. 思考感悟

“失恋并没有失去我这个人，我的价值还是和以前一样，并没有减弱。”这句话你如何理解？并写出在失恋后，你的个人“自我调节月”。

推荐书籍

［美］罗伯特·J·斯滕伯格. 爱情是一个故事. 北京：世界图书出版公司，2017.

推荐理由：爱情心理学大师斯滕伯格认为，爱情是一个故事，每个人都拥有属于自己的故事类型，人们基于自己的故事去建构亲密关系。在本书中，斯滕伯格概括了25种爱情故事类型，包括幻想故事、师生故事、康复故事、游戏故事、戏剧故事等。每种故事都有其判别题目，让迷惑的读者分析自己的故事类型，从而更加了解自己，拥有更加幸福的亲密关系。斯滕伯格在本书序言中写道：像很多人一样，我花了大量的时间来弄清楚“为什么我的一些亲密关系会成功，而另一些会失败”。如同许多人一样，我读过有关恋爱的书籍，看过各种有关恋爱的节目，找过答应帮我了解亲密关系的咨询师。我甚至把我作为心理学家的职业生涯的一部分用于理解“什么对我起作用，什么对我不起作用”。奇怪的是，无论是针对我的关系还是其他人的关系，我自己的理论甚至都不能给出我所寻找的答案。这本书的受众是对爱情感兴趣的每个人，或许包括所有人。这不是一本操作指南，也不是一本迎合心理康复的书。我试图写一本严肃但又易懂的著作，它或许对外行与专业人士都有价值。我希望它能给他们呈现这样一种爱情理论，它能回答传统理论（包括我之前的理论）不能回答的问题，例如我们为什么爱上并一直爱着一些人，而不爱另一些人。

---

① 姜迪. 失恋疗伤DIY. 生活与健康，2001（4）：38.

第六章　守护亲密之间　性与理性

情欲只求取乐，欢乐之后，欲念消退，所谓爱情也就完了。这是天然的分界线，不能逾越，只有真正的爱情才是无限无量的。

——塞万提斯（西班牙作家）

心路历程

一、校园调查

2016年9月26日，由中国计划生育协会编著的《大学生性与生殖健康调查报告》在北京发布，调查结果显示，约7成在校大学生接受婚前性行为。

约7成在校大学生接受婚前性行为

这份报告共得到有效问卷17966份。调查人群以女性居多，占60.4%，男性占39.6%，调查对象平均年龄为20.2岁。

对于婚前性行为，全部调查对象中，23.6%认为在任何情况下都不应该有婚前性行为；31.7%认为如果与对方有感情可以有婚前性行为；31.8%认同以结婚为前提的婚前性行为；仅有3.6%的大学生认为有无感情都可以有婚前性行为。

男女大学生对婚前性行为的态度明显不同，31.3%的女性认为应保持贞洁，任何情况下都不应该有婚前性行为，这一比例显著高于男性（12.0%）。23.3%的人表示不能接受伴侣有过婚前性行为，26.5%表示可以接受，

49.0%的人则表示“不确定，视情况而定”。男女在这一问题上的态度无明显区别。

另外，76.8%的调查对象表示不会考虑在大学期间结婚，0.2%的调查对象已经结婚。90.3%的调查对象表示不会在大学期间生育；4.8%的调查对象认为经济条件允许的情况下会考虑大学期间生育；4.2%的调查对象认为如果家里支持则会考虑生育。

超2成在校大学生曾发生婚前性行为

调查显示，有（有过）恋爱经历的大学生占67.6%，男女无明显区别。在有（有过）恋爱经历的调查对象中，42.9%只交往过一个男（女）朋友，而交往5个及以上的大学生占全部调查对象的8.7%。

20.3%的调查对象曾经发生婚前性行为。已经发生过性行为的调查对象中，45.6%的在11～18岁发生第一次性行为。男性发生过性行为的比例（28.4%）明显高于女性（14.9%）。大学一年级学生发生过性行为的仅占全部被调查一年级学生的15%，而在四年级（包括五年制本科的五年级）学生中，这一比例提高至43.4%。

有性行为女生中超1成曾有怀孕经历

在有过性行为的人群中，11%曾经有（致使）过怀孕经历。在有性行为的女性人群中，10.1%有过怀孕经历，重复怀孕比例为3.2%；在有性行为的男性中，11.8%曾造成对方怀孕。

在调查中，有360人报告自身或伴侣有过人工流产经历，占发生过性行为的调查对象的9.9%。其中，有“重复人工流产”经历的约占四分之一，7.8%曾经历“超过3次人工流产”。在有人工流产经历的学生中，大部分（61.4%）选择前往正规公立医院接受流产及相关的卫生服务，29.4%选择了正规私立医院，但也有少部分青少年选择了小诊所（6.1%）甚至自行服药（7.2%）。①

① 调查：7成大学生接受婚前性行为 超2成已发生过性行为. https：//lx. huanqiu. com/article/9CaKrnJXNCU.

二、走出性的误区

大学生正处在幼稚和成熟这两个阶段的交叉口，在智能、体能、性机能等方面的发展已趋成熟，处于人一生中性能量最旺盛的时期；但从性成熟到以合法的婚姻形式开始正常的性生活，一般都需要10年左右的时间，这段时间被称为“性饥渴期”。而在这一时期，他们性抵抗力较弱，性心理幼稚，尤其是女大学生，常常走进性误区。

（一）追求所谓“新”的恋爱方式

当代中国社会，已进入高层次、快节奏、多色彩时期，生活方式在改变，恋爱方式也在改变。有些大学生错误地认为，二十一世纪的恋爱方式就是动辄发生性关系。有的女大学生说：“常规的爱不完整。真正的爱，应该体现出博大。既然爱他，那我什么都可以给他。”“爱就该给被爱者自由，何必等到结婚以后。”“爱他，就把一切都给他，包括性。”“已经二十一世纪了，含情脉脉没意思，我要走在历史的前面”等。在追新潮的心理支配下，她们很快从初恋进入到热恋，如痴如醉地拥抱、亲吻、爱抚，激发起性生理本能的强烈冲动，使理智已难以抵御。按我国性道德规范，男女恋爱期间的性行为，最亲密的形式也只能是接吻、依偎、爱抚，只有在婚姻关系得到法律保护的条件下，方能发生性行为。随心所欲的“新潮”行为是缺乏责任感的表现。

（二）崇尚种种性自由观念

随着西方文化思潮的涌入及我国性文化的时而泛滥，冲击了有着很深文化积淀的传统性道德。有些大学生盲目崇尚西方的种种性自由观念，想冲破所谓传统性道德观念的自我意识非常强烈。有的女大学生说：“我们正面临八方大潮的冲击，再理智的女性也会感到困惑。”道德的音乐盒已安抚不了当今一些大学生矛盾痛苦的灵魂与肉体，他们的性观念已和原始本能需要画上了等号。因而，有些女大学生认为“既然已成熟了，那么满足自己的欲望是生理需要”。有的说：“只要自己爱的快乐就行。”也有的说：“怀孕怕什么，性爱没有罪”“女人不做一回人流不算一个完整的女人”。在调查中，有32.67%的女性认为“贞操不是很重要”，有19.7%的女性认为“性交后根本无所谓”，并说“就那么回事”等。观念一变，行为随之而变。当她们的爱情还处于不知道如何理智地去驾驭生活之舟时，就被欲火烧得不攻自破，发生了不该过早发生的性行为；有的与男友周期性地发生关系，有的虽已预感到两人不可能最终成婚，但那种特殊的关系仍一如既往。扭曲的性观念使扭曲的性行为一发而不可收，并结下了不负责任的恶果。

（三）满足对“性”的好奇心理

在当今文化环境中，性已渐渐撕去了遮遮掩掩的面纱。对于有些女大学生来说，已不是“谈性色变”、羞于启齿，而是谈性欲如同谈食欲似的轻松、正常。但由于许多书籍刊物偏重性器官、性生活内容的介绍，性心理、性道德教育贫乏，加之影视中性审美镜头的增多，以及马路、大街上搂腰搭肩，抑或拥抱、接吻现象时时会映入眼帘。这种文化氛围使少女时期对性的朦胧意识和好奇心理更加深化与现实化，由原来的对男性性生理的比较无知、两性单独在一起为什么会充满甜蜜感、性交怀孕是怎么回事等，发展到已不满足于书刊上所介绍的影视屏幕、马路大街、娱乐圈、月光下所目睹的，而是要亲自去尝试、探秘；以至于在恋爱期间，有时主动好奇地提出或不拒绝男方提出的性要求。调查表明，有 64.3% 的女性一时好奇、冲动发生了性关系，直到怀孕不得不流产时，才后悔莫及。

（四）错误的恋爱心理和观念

首先是感激心理。有些女大学生虽然也懂得女子贞操十分重要，绝不应该轻易奉献，但在男友倾慕爱恋之情的不断激荡下，便坚守不住防线。有的或因男友对自己殷勤倍加，在学习、生活上给自己以极大的帮助，或因男友为自己亲属解决了许多困难而做出了很大的牺牲。常常感到于心不安，感激之情油然而生。当男友提出性要求时，担心拒绝会伤害他的心，于是把满足男友的性要求当作感激他深情厚谊的回报。其次是性能升级爱情的观念。许多女大学生把“性”作为衡量爱情的尺码，认为只有性方能维持爱情、发展爱情。有的认为，婚前发生性关系是恋爱的程序化要求，必经之路，提早发生，可以早日确定关系，使爱情升级、深化，加固双方的凝聚力。在这种性爱观念的支配下，有的女大学生过快地献出了自己的全部。① 更有甚者错误地以为“性能拴住男人心”或“以性锁情”，为了在自己爱慕对象面前表示自己的真诚，有的女生便急匆匆以身相许；有的女大学生为了不被男方抛弃，也采取了这种既不成熟又不明智的拙劣行为。

心理视点

一、 正确认识婚前性行为

在过去，“性”一直是我们避而不谈，也是避免接触的敏感话题。然而，随着时代的发展，科学的进步，人们的观念日益开放，青少年们开始通过各种渠道获得关于“性”的知识，对于“性”的思想也开始发生变化，随之而来的是不断增加的婚前性行为发生率。面对逐年上升的大学生婚前性行为发生率，“婚前性行为”俨然已是当前大学生所要面临的一个重大课题。但是，在校的大学生们真的了解婚前性行为吗？它是如何发生的？又有哪些危害？

（一）大学生婚前性行为的原因

大学生婚前性行为高发的现状实在令人担忧，为什么大学生婚前性行为有如此高的发生率？

1. 生理原因

（1）性生理成熟提前。随着社会的发展及人类生活环境的改变，青少年性生理发育出现“发育前倾”和“发育加速”的现象，现在初入大学十八九岁的大学生性生理发育基本已经成熟。根据美国心理学家马斯洛的需要层次理论，生理需要是人的第一需要，这种生理上的早熟，自然而然萌生出对性的需要。一般来说，我们是把男生首次遗精和女生首次月经来潮作为青少年性成熟的重要考量指标。据北京、上海、重庆等市调查显示，我国目前女性月经初潮在 13 岁左右，男性首次遗精在 14 岁左右，分别比 20 世纪 60 年代

---

① 韦志中．女性婚前性行为心理动机的十个误区．https：//www. xinli001. com/info/100323000.

提前2年和1年。①

(2) 容易产生性冲动。性冲动是趋向异性目标的一股内在力量，是正常的性心理现象。青年男女进入青春期后，体内性激素不断分泌，各种生理机能发生了突变，使生殖器官及其功能迅速发育成熟。大学生年龄一般在18~25岁，正处在性萌发到性成熟的时期。在这个时期，大学生对“性”充满了出于本能的好奇与渴望，异性间表现出强烈的交往欲。② 正如刘达临在其《性文明调查报告》中所说：“随着大学生性生理基础的不断发展，产生和异性交往的欲望也达到了顶峰。”③ 大学生在这一时期的性爱本能欲求的内驱力越来越强烈，这就导致大学生，尤其是热恋中的大学生与性有关的感性、情绪、记忆及想象等心理活动异常活跃，在生理上很容易产生性冲动。

2. 心理原因

(1) 性好奇心理。大学生发生婚前性行为很少是纯粹的生理欲望的需要，更多的是受到性好奇心理的驱使，完成对异性生理的探秘，并且这种心理以男大学生居多。由于种种原因，中国的青少年一直没有得到正规的性教育。可是，心理学规律表明，越是遮掩的，就越是有吸引力。这种半遮半掩，犹抱琵琶半遮面的状态更加深了青少年对性的好奇心。许多大学生正是抱着探秘的心理，有了“爱之初体验”。

(2) 性自由心理。中国是一个传统观念根深蒂固的国家，对女人的“贞操”是非常看重的。大学生即使有生理上和心理上对性的需要，在20世纪80年代之前的中国社会，大多数人还是不敢越过那“最后一道防线”的。直到90年代后，西方“性自由、性解放”的思潮传入中国，年轻一代逐渐接受了这一观念，彻底地打破了原有的保守的性观念。正因如此，当代大学生的性观念越来越开放，他们追求性的自由，认为性是自己的权利，性是自己一个人的事，往往是不过多思考地跨越了性的界限。

(3) 性回报心理。报答心理在发生婚前性行为的大学生中广泛存在，主要表现为对恋爱对象情感的报答，即内心非常感激对方的倾慕爱恋或殷勤体

---

① 肖庆金. 必须实施青少年阳光法性教育——论青少年性教育误区及对策. 天府新论，2002(5)：85-87.

② 梁克龙. 大学生婚前性行为的几点思考. 陇东学院学报，2012(1)：89-95.

③ 刘达临. 中国当代性文化. 上海：上海三联书店，1990.

贴之情。出于人与人之间感情上的交流和互换，有的大学生选择了发生婚前性行为的方式来表达感激。①

（4）性观念偏差。除了以上三种不良的性心理会导致大学生过早地发生婚前性行为之外，大学生性观念的偏差也是造成大学生婚前性行为的一大原因。其中主要包括性能增进感情、性能表达爱情、性能拴住爱情等性观念偏差。

3. 社会原因

（1）社会容许度的提高。社会价值观念的多元化为大学生婚前性行为的产生创造了“软环境”。中国社会正处于日益开放和不断变革的转型期，多元化的价值观念在社会上并存是正处于转型期社会的典型特征。这种多元化的价值观念并存的现状，为大学生的道德选择提供了更为广阔的空间。而更为重要的是，多元化的价值观念所带来的必然是社会必须对各种价值观念的相对宽容。具体到婚前性行为这个问题上，多项调查表明，目前中国社会对婚前性行为的容许度是很高的，而且性观念正向更为开放的方向发展。这就使得大学生的婚前性行为失去了“舆论的监督”，为大学生婚前性行为的产生创造了“软环境”，从客观上增大了大学生发生婚前性行为的可能性。此外，社会上的各种“不正之风”也是一种“软环境”。如婚外性行为的增加，“一夜情”的出现，卖淫嫖娼的猖獗等现象的存在给大学生造成许多不良的影响。虽然大学生不一定会涉足于以上的这些行为，但这些行为的存在至少会给大学生这样一些心理暗示：现在社会上的性观念已经是非常开放了，即使“随便”一点，也没什么，不会招来太大的麻烦。倘若有人要谴责大学生的婚前性行为，大学生必然会反驳道：“社会上还有人搞‘一夜情’呢，至少我们还是相爱的”，等等。

（2）中国性教育的缺失。据一份调查显示，大学生对高校的性教育不满意度高达92.91%。性教育的严重滞后使很多大学生产生了“无知者”的“无畏”。在性问题上“自学成才”的大学生容易步入误区，这是大学生婚前性行为发生的温床。中国性教育的缺失表现为学校和家庭性教育的双重缺位，甚至出现了“主体真空”的现象。据上海市一项高校大学生生殖健康调查显

① 秦玲玲．大学生婚前性行为的心理分析研究．南京师范大学硕士学位论文，2013.

示，超过八成的大学生能接受婚前性行为，但是，超过六成的大学生未接受过正规的性教育。大学生通过什么渠道了解生殖健康的知识呢？调查显示，目前绝大部分学生只是通过书刊、朋友或网络了解性知识。一半的大学生从同伴那里获取性知识，有逾七成的大学生曾不同程度地接触过色情读物或音像制品，其中，四成大学生是通过网络。不足四成大学生表示接受过正规性教育。而通过家庭获取性知识的大学生只有15%。[①] 性教育的缺失会使恋爱中的大学生不懂得如何正确地看待性；在面临性选择时，也不知道该如何做出选择，以至于很多大学生在恍然大悟时后悔莫及。

（3）不良性文化的刺激。社会流行文化的发展，年轻人受到网络影视等不良性文化和信息的影响，这是大学生婚前性行为的外在刺激。有的性教育专家把性成熟到法定结婚年龄之间的阶段称为“性的待业期”。这个时候，青少年的性心理和性道德水平没有到达相应的成熟度，如果这时有外界不良信息的刺激，性欲就会大大膨胀，就会产生强烈的性冲动，从而突破道德的堤坝，导致错误的行为。在当前信息时代，网络等大众传媒结伴影视业、广告业，越来越肆无忌惮地传播情爱、性爱信息，甚至以“床戏”和露骨的性描写为噱头吸引人们关注。对大学生来说，这些庸俗文化是精神鸦片，刺激他们本来就躁动不安的心灵，导致他们片面追求性的新鲜体验和享乐。

（4）社会监管力度弱化。社会监管力度弱化，在大学生身上主要体现在校园管理手段的软化，这为大学生婚前性行为的发生提供了现实条件。近年来，大多数高校对大学生恋爱问题都是采取“既不支持，也不反对”的态度。其实，这也是高校“不得已而为之”的下下之策。一方面，现代高校不可能过多干涉已经是成年人的大学生的日常生活，只能从校园治安、宿舍管理、上课考勤等几个方面对大学生进行管理，在客观上给予了大学生大量的自由时间、自由空间，这就为婚前性行为现象的出现，提供了滋生的土壤。现在的大学生可支配的课余时间太多了，大多数人可以在不违反校规的情况下发生性行为。

---

① 上海市男科学研究所课题组．上海超过六成的大学生未接受过正规的性与生殖健康教育．性教育与生殖健康，2008（4）：5－7.

4. 其他原因

（1）学业压力巨大。在当前激烈的竞争环境中，大学生的学业压力也越来越大。一部分大学生在压力的驱使下会错误地选择性行为来缓解，曾经某重点院校的研究生因论文屡改依然不过而选择通过性行为减压，被扫黄民警在宾馆抓个正着；另外一小部分大学生更是用性行为来彻底摆脱学业和就业压力，不惜成为婚外性行为对象。这一些行为都是不可取的。

（2）父母的关心不足。大学生远离家乡、父母在外求学，进入了一个全然陌生的环境，难免会产生“孤独感”，如果父母不能够及时给予足够的关心和关怀，有的学生就以恋爱的方式向异性伸出求援之手。还有一部分大学生来自破裂家庭或问题家庭，从小缺乏温馨的家庭之爱，感情需要不能得到满足，因此，在其成人后，希望从异性的爱情中得到孤苦心灵的温暖和支撑。这类大学生在恋爱中很容易用性行为获取心灵的慰藉。

成熟生理的驱使，不成熟心理的作祟，加上社会因素的推动，以及现实原因的催化，越来越多的大学生发生了婚前性行为。然而，尚处于发展阶段的大学生，人格尚未完善，也没有充足的承担能力，加上时代和社会的变化，很多情侣最终都会面临分手。在这种背景下，大学生如果发生婚前性行为，必将带来一些负面影响，给自身造成巨大的危害。

（二）大学生婚前性行为的危害

恋爱中产生“性想法”是很正常的，没有必要产生羞耻心。世界上没有任何一个人是与性无关的，每个人都是性的产物。大学生性生理已基本成熟，产生“性想法”是很正常的。热恋时期，产生性冲动也是很自然的事情，没有必要产生羞耻心，也不要因此产生性心理困扰而影响自身的心理健康。但是，恋爱中发生“性行为”是有危害的，需要用理智慎重对待。具体来说，大学生婚前性行为具有以下一些危害。

1. 使恋爱关系失去平衡

大学生婚前性行为使恋爱关系出现不利于女生的方向发展，双方的恋爱关系往往就此失衡。在未发生婚前性行为时，恋爱双方是相互平等、自由选择的关系，可发生之后，情况有所不同：一是双方的吸引力比过去减弱。很多男女大学生在发生性行为之前以为两性关系很神秘，因为好奇而发生性关系，真正发生后发现性“不过如此”，而对方过去的光彩、魅力显得不再夺目，不再充满力度了。① 二是女方再选择的机会减少。原来男方十分迁就女方，自女方委身于他之后，便以为“她再也离不开我了”“非我莫属了”，故对女方开始态度随便、任意支配。② 反之，女方则因把贞节已交给他了，觉得“已经是他的人了”，可又担心男方改变初衷，唯恐被抛弃，于是对男方一再迁就、容忍，即使发现他有较大缺点，可事已至此，只得将就成婚，贻误了终身大事。调查表明，发生性行为后，女方想报复男方的占 10.7%，既悔恨又摆脱不掉男方的占 21.3%，其原因概出于此。三是男方萌生对女方的怀疑。恩格斯曾讲：“性爱是排他的。”女性如此，男性也不例外。男性总希望女友只信任自己，对自己开放，一旦与之发生关系，便又开始猜疑女方：“她对别人是否也这样开放？她对我是真心的吗……”若女方过去已谈过几个对象，这种疑心就会加重，或导致终止恋爱关系，或使双方的相处困难重重。

2. 造成双方的心理压力

大学生婚前性行为会带来剧烈的心理冲突，一些人常因担心学校、家庭、学业、怀孕、今后分手等，处于惶恐不安、自责悔恨的心理状态中。鉴于我国文化环境这一问题在女大学生身上体现得更加明显。尽管当前的婚恋观念更加民主开放，我国 2005 年《婚姻法》规定，在校大学生可以结婚，但是未取得法律保障的婚前性行为未被大家公开接受，绝大多数父母也是禁止发生婚前性行为的。并且在我国传统文化影响下，在婚恋择偶问题上在意和考虑“贞洁问题”的男性占大多数。这就使得女大学生在面对父母、同辈、医护人员、甚至是未来结婚对象的追问时感受到极大的心理压力。调查发现，在发生婚前性行为的大学生中，有 27.3% 的人性行为后怕怀孕，21.3% 的很懊悔，21% 的惧怕败坏名誉。在接受人流手术时，怕手术痛苦者占 48.4%，不敢告诉家长者占 17.3%，不在乎者占 13%，手术后怕产生后遗症的占

---

① 郑雅维. 对当代大学生婚前性行为的反思. 北华航天工业学院学报，2008，18（6）：51－52，59.

② 王有智. 试析女性婚前性行为心理动机的十个误区. 性学，1997（1）：14－16.

62.3%，怕失恋后不易再找对象的占20.7%，无所谓者占17%。① 另外，没有婚姻作为约束，恋爱中的婚前性行为关系很容易因为分手破裂，男大学生或许没有那么强烈的心理感受，但是女大学生却很容易产生被利用或背叛的心理感受，严重的甚至出现创伤后应激障碍（Post-traumatic Stress Disorder，PTSD），产生一些认知偏差，对今后的婚恋失去自信而产生巨大的心理压力，对今后的结婚对象缺少建立亲密关系的信心而影响婚后生活。相对男大学生，女大学生在婚前性行为后产生的心理压力更加严重，失败的婚前性行为经历可能成为女大学生追求幸福婚姻的重要压力源。

3. 危害双方的身体健康

大学生婚前性行为大多是在无准备、性欲高涨时发生的。此时很少顾及卫生问题，可能带来意外怀孕、人工流产、生殖道感染和受伤、性病、艾滋病的传播等危害身体健康的事件。首先，婚前性行为最严重的危害就是容易感染性疾病。一方面，一些大学生在卫生条件很差的地方发生性行为，往往引起生殖性疾病。另一方面，大学生发生婚前性行为，由于诸多因素的影响，大多数人无法最终走到一起，因此多个性伴侣的可能性更大，这就容易导致性病的发生和感染上艾滋病。中国疾控中心性病艾滋病防治中心主任吴尊友表示："2011年到2015年，我国15～24岁大中学生艾滋病病毒感染者年均净增长率达35%（扣除检测增加的因素），且65%的学生感染发生在18～22岁的大学期间。"其次，因婚前性行为怀孕需要人工流产带来了巨大伤害。绝大多数大学生发生婚前性行为之前都没有思考过怀孕的问题，因此，女大学生受孕是在不想生育的前提下发生的。然而，因为大学生自己都还没有成熟稳定，没有承担抚养孩子的能力，补救措施往往就是人工流产。但是，人工流产却会给女大学生带来三大危害：一是女大学生流产后怕被人发现，做完手术后不休息，坚持学习。由于得不到充分的休息和营养，严重影响了她们的健康状况的恢复，甚至导致大出血。在一档访谈节目中，受邀的妇科主任医师说："无知的少女们偷偷做完手术后便马上回去上课，甚至上体育课，

① 郑雅维. 对当代大学生婚前性行为的反思. 北华航天工业学院学报，2008，18（6）：51－52，59.

这种严重伤及身体的举动，正在使这些未来的母亲失去自己当母亲的权利。"① 二是有的女大学生怕受到校方的处分，怀孕后找那些江湖医生，在极不安全的情况下偷偷流产，使生殖器受到很大损伤，很容易引起大出血、感染等，有的甚至送了命，也有的遭到品质恶劣的江湖医生的凌辱，身心均受摧残。三是人工流产手术容易引起并发症导致婚后习惯性流产、宫外孕或早产的概率大大增加，甚至影响到以后的生育能力，乃至生命。尤其是女大学生，由于性生理处于高峰期，比一般女性更容易怀孕，这无疑提高了流产的次数和风险。据妇产科的医生介绍，低龄少女做人流手术容易造成子宫穿孔、宫颈裂伤等损伤，出血也往往比较多。另外，青少年过早的性生活会打乱其内分泌系统，极易引发各种妇科炎症，甚至导致成年后不孕。②

4. 影响正常的成长成才

婚前性行为不仅会对大学生的身心健康产生影响，还会耽误学业发展和影响人际交往。男女大学生双方发生关系后，必定会将有限的精力分散到过多的生活琐事中，不能专心致志地学习，这对于以后的就业和升学都有很大的影响。③ 并且，如前所述，许多女大学生在发生婚前性行为后会产生巨大的心理压力及意外怀孕后人工流产，这些同样都会耽误学习。在一项恋爱调查中，高达77%的大学生认为同居影响了他们的工作和生活。调查还发现，原来进校怀有理想抱负或打算考研的学生，谈恋爱发生性行为后，就有72%的人觉得身不由己，考研的意愿明显降低，因为他们不知如何正确处理恋爱、性爱与学习的关系。④ 而男女大学生过早发生性行为进入所谓的婚姻生活后，往往不得不把时间和精力投入到对方一个人身上，把自己封闭在两人的小圈子里，因而丧失了同他人交友、参与社会和文体活动等向外发展的机会，而淡化与他人的友情沟通。⑤

---

① 李世荣．性教育别再绕着走．广州日报，2012－05－22.

② 李伟俏．少女怀孕暑期忙做人流 大学生不知孩子父亲是谁．http：//news. sina. com. cn/s/2006－07－25/11459561990s. shtml.

③ 李雪飞．大学生同居的心理学探析．中国性科学，2006（12）：36－38.

④ 刘志翔，毛丹．大学生恋爱同居现象的新特点及对策探析．黑龙江高教研究，2005（5）：142－144.

⑤ 曹震宇．某校大学生婚前性行为的社会态度分析．中国校医，2006（5）：512－513.

5. 造成婚后生活的不幸福

婚前性行为的不良影响不仅是当下的，还有很大可能会延续到婚后。首先，往往会失去新婚之夜的甜蜜。新婚之夜是人生最快乐的、最甜蜜的事情之一，但婚前有过性行为的男女，早已揭开了性的神秘面纱，这样的新婚之夜就会失去应有的欢乐和甜蜜。其次，会影响婚后性生活的和谐。性科学工作者研究表明：最初的性体验对以后性生活有很大影响，初次性交形成的不良性心理和性行为将在很大程度上影响未来夫妻性生活的和谐与完美。[①] 最后，还会使婚姻生活蒙上阴云。如前所述，婚前性行为会给双方带来巨大的心理冲突，而这种冲突如果无法及时消除，严重的会形成某些性障碍或性变态，给未来美满的婚姻生活带来隐患，并蒙上一层阴云。[②]

6. 形成不良的社会风气

婚前性行为产生的影响不仅仅是对自身的，往往还会造成一些不良的社会影响。首先是容易产生报复性的恶性事件。有的大学生在与恋人发生婚前性行为后被抛弃，而产生报复对方的心理，在冲动之下很可能做出故意伤害，甚至杀人等恶性行为。有的大学生因为无保护的婚前性行为染上性疾病，而产生报复对方、报复社会的心理，无论哪种情况都会对社会的安全和稳定造成影响。其次是引发一些违法的性侵犯事件。婚前性行为的盛行让女大学生得不到应有的保护，有的甚至给了坏人可乘之机，现实中一些女大学生遭受性侵犯之后身心受创，而侵害者却没有得到应有的法律惩罚。

总而言之，婚前性行为是恋爱阶段有悖于社会道德的越轨行为，它对爱情本身、对学业的发展、对未来的婚姻家庭、对社会大众都具有很大的危害性。大学生在心理上还未完全成熟，人格尚未稳定，在大学期间，恋爱时都要慎重选择和对待，更何况是需要法律、道德和责任保护的“性行为”，一定要理智思考和对待。

（三）大学生婚前性行为的现状

在中国计划生育协会编著的《大学生性与生殖健康调查报告》中，调查

① 刘瑜，俞璐．关于大学生婚前性行为的伦理思考．中国医学伦理学，2015（6）：996－998.

② 彭彧华．大学生婚前性行为 危害知多少．北京日报，2008－12－11.

结果显示，约7成在校大学生接受婚前性行为，且有超2成在校大学生曾发生插入式性行为。由此可见，当代大学生的性态度越来越开放，婚前性行为的比例也有所上升。

1. 婚前性行为的态度开放

如今的大学生不再“谈性色变”，很大一部分大学生对性及性行为的看法和态度比较开放，接受程度越来越高，其中有代表性的两种“支持婚前性行为”的观点是：一种是有条件允许，认为只要双方相爱、关系稳定，就可以发生；一种是无条件允许，认为只要双方自愿，就可以发生。刚出炉的以广州大学城10所高校在读大学生为调查对象的“大学生性安全意识的调查报告”显示，越来越多的大学生接受婚前性行为。其中，68%的男生表示能够接受，15%表示不能接受；女生方面，34%表示可以接受，40%不能接受。总的来说，男生比女生更能接受婚前性行为，态度更为开放。① 其中，一位19岁的大二女生表示，自己在大一的时候跟一位学长发生过亲密关系。虽然从小家教很严，父母管得也比较严，但是并不觉得上大学的时候就跟别人发生关系是什么丢脸的事。相反，学长一直都很照顾她，不管是在学习还是生活上，学长都很热心，只要两个人都努力想要走下去，就没什么好担心的。现在时代不同了，大家对这种事看得都很开。

2. 大学生婚前性行为高发

大学生婚前性行为高发表现在两个方面。一方面是婚前性行为频率增加。“性”的神秘面纱在大学生面前已逐渐褪去，性话题成了大学生间公开的谈资，不少学校设有安全套自动售卖机，学校周边的“日租房”“钟点房”应运而生，情侣同居更是普遍现象，而对于未婚先孕也是习以为常了。② 有统计显示，20世纪80年代初，我国城市婚前性行为的比例不到10%；现在已经超过50%，一些大城市高达80%以上。在已发生婚前性行为的人群中，58%的人是在大学期间发生的。③ 国家人口计生委发布的一组数据显示，中

---

① 胡菁. 大学生：性观念开放 性知识滞后. 羊城晚报，2015-01-16.

② 佟彤. 性开放弥漫中国大学 一个班1/4学生同居. http://hunan.sina.com.cn/news/s/2012-10-21/133121756.html? from=wap.

③ 翟羽佳. 理性对待青年人的“性冲动”. 百姓，2003（9）：20.

国每年人工流产多达1300万人次，位居世界第一。其中25岁以下女性占一半以上，大学生成为人流“主力军”。① 另一方面是婚前性行为年龄下降。近几年，大学生婚前性行为的年龄段呈下降趋势，发生婚前性行为不再是大三大四学生的“特权”，越来越多的大一大二学生也同样发生了婚前性行为。40%的学生“第一次”是在“16～18岁”，八成对象是异性恋人。某宾馆老板表示，自己大学毕业以后跟人合伙在大学城接手了一家宾馆，当时是2012年，虽然周末开房的大学生挺多，但是不像现在这么明显、这么开放。他家宾馆所在的地方有6所大学、2所中职学校。最近这几年，宾馆是一家接一家的开，大家的生意都没有怎么受到影响。这足以说明现在大学生性行为的高发。

3. 婚前性行为知识的匮乏

大学生婚前性行为知识匮乏，表现在缺乏性安全知识和性生理知识两个方面。随着性生理成熟的提前，大学生性观念和性心理的相应发展，但在性安全上仍有明显不足。很多大学生不知道基本的避孕知识，更不用说在意外怀孕后如何正确地安全流产。② 一项历时数月的大学生性行为访谈结果显示，受访者中，三成大学生承认有过性行为，而在这些发生过性行为的大学生中，近五成没有采取任何避孕方式，22.1%的男生选择“体外射精”这一避孕方法，近1/3的人认为安全期避孕“安全”，不会导致怀孕。③ 大学生虽然性生理已经发育成熟，但是他们对性生理知识却还很缺乏。一部分大学生不知道为什么会怀孕，甚至有的女大学生已经怀孕了也毫不知情。2012年，在广西大学举行的大学生“人类性行为与道德”论坛中，记者对到场的学生进行了采访。结果发现，尽管大部分大学生对婚前试“爱”持开放态度，但也表示对性知识缺乏系统的学习和了解。有调查显示，中国大学生中近50%的人认为婚前可以有性行为，女学生群体的人流数也在逐年上升。④ 而大多数大学生仅有的性知识还是来源于“旁门左道”，即书籍影像，八成大学生表示曾

---

① 孙英．面向女大学生开展母亲素质教育的思考．法制与社会，2014（29）：217－218.

② 赵妍等．东莞市大学生性行为现状及相关因素调查．科教导刊（上旬刊），2011（12）：216－217.

③ 高校大学生性行为调查：大学没有失身就白上了？http：//www.sohu.com/a/25182738_114835.

④ 雷小琴，童莊装．大学生辩论婚前性行为对错 多数持开放态度．中国青年报，2012－12－10.

看过性爱视频。对于性爱视频，中国著名性学家李银河说："这些'毛片'多是连续拍摄几天剪辑在一起的，但大学生并不一定了解这些传播媒介背后的故事。"

二、 树立正确的性道德观

性想法、性欲望是恋爱中大学生正常的反应，但是，对于性行为一定是慎重的，在这里不能不重温鲁迅先生的一句话，他说："不能只为了爱而盲目地爱，而将别的人生的意义全盘疏忽了。"所以，青年大学生为了保证学业的顺利完成，健康圆满地踏上社会工作岗位，在恋爱过程中必须具备性道德观念。

（一）性道德的基本原则

性道德是调节人们处理性关系的行为规范的总和。性道德的基本原则是性道德规范体系的核心和首要因素，是两性关系的社会本质的最集中的反映，也是人们性行为应遵循的根本标准，是调节人们性行为的指导原则。具体包括以下五个方面，超出了这五点的性行为就是违背了性道德的基本原则，就是不道德的行为。

1. 自愿

所谓"自愿"，指的是发生性行为的双方必须完全出于自愿。这是因为性行为的自主权是人的基本权利之一，非自愿下的性行为是对他人权利的粗暴侵犯，它会给被侵犯一方带来巨大的肉体和心理创伤。因此，强奸既是违法犯罪行为，更是不道德行为。即使是夫妻之间，虽然有互相满足对方性生活要求的义务，但有时一方因心理或生理原因，难以履行这一义务，另一方应表示体谅。如果强行发生性行为，也是不道德的。

2. 无伤

所谓"无伤"，包括不伤害对方和不给社会带来不良的影响。性行为不是孤立的个人行为，它有明显的社会性，不仅给对方带来种种影响，还会给社会造成许多不良后果，如导致生育问题、引起疾病传播、扰乱婚姻秩序、妨碍他人家庭和睦等。因此，患有严重的传染病、性病的人的性行为，如果不采取有效的预防措施，或在尚未治愈期间，则是不道德的；对后代教育、抚养不承担严格义务，以及影响他人婚姻关系的非婚性行为和非婚生育也是不道德的。还有不洁性行为、变态性行为，往往也会给对方造成肉体和心理上的创伤，也是不道德的。

3. 相爱

所谓“相爱”，人类的性行为与动物的性行为最大的区别在于它不仅仅是生理上的冲动，更主要是复杂的、高级的心理活动，是对对方的外貌、体魄、气质、思想、品质、才华等许多方面爱慕的结果，是特殊的情感交流方式。

4. 合法

所谓“合法”，就是说性行为必须建立在依法缔结的婚约的基础上，国家考虑到性行为必然会导致社会后果，通常把性关系限制在婚姻关系之内。而婚姻的缔结必须在年龄、体质、血缘关系等方面符合优生、防止疾病传播和社会习俗等要求。这些要求，都在婚姻法中做了详细而严格的规定。在我国，一直强调爱情、婚姻和性行为三者的统一，反对任何情况下的非婚性行为。

5. 私密

所谓“私密”，在世界上绝大多数民族的文化环境中，性行为有极强的私密性。这种私密性包括两个方面：一方面，对于他人的性行为，不应该去窥看，更不应该给予拍照、录像进行传播（医学教学和研究需要除外）；另一方面，性生活的当事人应该严格地注意隐蔽保密，在易被人发现的地方发生性行为，或者在公共场所表现性感极强的动作，都是不道德的行为。①

（二）大学生性道德的现状

针对当前大学生婚前性行为高发的现状，我们进行分析后发现，与大学生性道德偏失有密切联系。为此，对全国30多所高校大学生的性道德进行调查研究。研究发现，当前大学生性道德存在如下现状。

① 晓初. 浅谈性道德原则. 道德与文明，1988（6）：8－9.

1. 恋爱观认识浅薄，性道德情感缺失

据统计，仅有 23.5% 的学生认为恋爱中未必要发生性行为，并且超过 35.6% 的学生不赞同“性以爱为基础”的论断。这就表明，当代大学生对恋爱期间的性行为认知更多停留在生理层面；同时反映出他们对恋爱中性的意义理解有所偏差，出现了性爱分离的情况，性道德情感缺失状况日益凸显。

2. 贞操观约束减弱，性道德认知偏差

统计发现，虽然仍有大多数同学能够保持正确的守贞态度，但是已经有越来越多的同学表现出随意、轻浮的态度，高达 36.7% 的同学在不同程度上同意不用婚前守贞。并且，44.5% 的同学表示曾在恋爱期间与其他异性暧昧，而其中有 23.9% 的同学表示与暧昧对象发生过越界的亲密行为。这就表明，爱情在当代大学生眼里不再是忠贞、专一的，他们对待性的态度越来越不严肃。

3. 性行为比例上升，性道德行为失范

分别有 10% 和 6.7% 的男女大学生表示是在大学时期与异性发生性行为或者同居的，甚至有 3.3% 的学生表示初次性行为发生在中学阶段，这意味着实际已经发生性行为的大学生比例或达 20%。在问卷编制的前期调查中还发现，有 7.1% 的学生居然想过用钱进行性行为，表现出严重的性道德认知偏失，这同时也反映出当代大学生对于约束性行为的原因慢慢从道德因素转向生理因素。

4. 性道德教育不足，性道德标准失衡

数据结果反映，有 81.6% 的学生表示所读高校没有开展情爱及性道德教育。在此说明，当前高校的性教育内容可能过于偏重基本情爱、性知识，而相关道德内容较少涉及，使得大学生情爱、性道德教育环境有所欠缺。这在一定程度上使得大学生缺乏正确的性知识引导和情爱道德教育，从而无法形成正确的情爱及性道德判断标准。当他们的困惑得不到及时解决时，就容易导致问题的出现。

5. 媒介影响突出，性道德榜样消极

调查结果显示，53.3% 的学生表示通过网络媒介渠道获得性相关知识和信息，并且有 38% 的同学表示网络媒体中有关情爱、性道德新闻事件的舆论

和观点对自己的观念行为有影响。访谈的结果反映，大学生对于网络“约炮”、网络商业性行为的态度呈现出不批判的中立态度，相对道德主义倾向严重。由此可见，网络媒介所传播的负面榜样已经对大学生情爱、性道德产生了严重影响。

（三）正确的性道德观培养

西方国家的性教育早于我国，他们在实施性教育的过程中，都曾出现过一些失误，但他们都及时调整了教育的内容和方法，在性教育中取得较大的成功。西方国家性教育的教训与成效验证了一个真理：人类必须以理智约束性本能，仅有性知识的教育是不够的，加强性道德教育才是性教育的首要与关键。性教育要让人们懂得性知识，更要学会对性的尊重，懂得生命的可贵。正如瓦西列夫在《情爱论》中说：“性欲是一股强大的力量，如果失去控制，它就可能成为社会的一种灾难。”西方国家的性教育启示我们，国家应该高度重视青少年的性道德教育。① 因为性道德的状况关系到社会的安定、青少年的健康成长等重大问题。因此，对大学生进行性道德教育，让他们懂得珍惜生命、尊重异性，明确个人在爱情、婚姻、事业等问题上的责任显得更为必要。②

1. 大学生的性道德教育

（1）加强学校性道德教育。首先，要注重学校课堂的情感培育，激发学生积极健康的性道德情感。情感，是人们的需要是否得到满足时而产生的内心体验。大学生对性道德规范的接受与认同，受到他们非理性的因素——情感定式的影响。学校道德教育能否充分利用好课堂这一主要阵地，对大学生进行有效的性道德知识的教育，培育大学生积极健康的性道德情感，是科学化和系统化的性道德教育能否顺利进行和展开的关键途径。第一，学校必须将性道德教育当作正式的教学课程来实施，且教师在教授的过程中要有情感教育的意识，以人世间最美好的情感去感染学生的心理，进行正确的性道德

① 张勇．瑞典性教育概况及其对我国青少年性教育的启示．青年与社会（上），2015（3）：37－38.

② 李东风．中西方性教育的历史发展对我国大学生性道德教育的启示．福建论坛（社科教育版），2008（12）：147－149.

知识的传播，激发学生树立积极健康的性道德情感；第二，性道德教育这一学科必须与其他学科知识相交融，必须以其他学科作为传播的媒介。教师在进行课堂教学时，必须有效地将学科知识与性道德教育知识相结合，让学生在潜移默化中接受积极、健康、向上的性道德教育。其次，要重视环境的隐性教育作用，在潜移默化中培养其性道德素养。科尔伯格的研究证明，个体所处的文化环境和社会关系对道德判断的自律发展有直接的影响，在合作和相互尊重的环境中，有利于形成道德自律；反之，则易于导向道德他律。所谓的隐性道德教育作用，是相对于显性道德教育作用而言的，是指在教育的过程中自觉运用隐性的教育理论，注重生活当中的隐性道德教育功能，通过一些比较隐蔽不被常人所发现的形式，使受教育者在潜移默化中接受道德认知，获得道德行为的正确方式。大学课堂之外的校园，是大学生获得成长的又一个重要的环境氛围。性心理及性行为的健康，不仅要与社会所赋予的性道德规范和准则相符合，还与大学生所处的校园环境及校园环境所笼罩下的校园风气息息相关。因此，高校要重视校园环境的隐性道德教育作用，在潜移默化中培养和提高当代大学生的性道德素养。在这个过程中，大学生的道德情感一经形成，便会转化为个人性道德修养的需要，成为每一位大学生自觉的性道德行为。再者，要在实践体验中互动，发挥大学生道德教育的主体性作用。道德教育是精神性而非物质性的教育活动，对人的影响是无形的，因此我们必须学会在有形的实践体验中挖掘道德教育的意义。道德注重的是人类在接受道德教育的过程中所形成的觉悟意识，但是更强调的却是自律的形成。这也是道德教育的终极目标——道德习惯的养成，而恰恰这种养成必须通过道德实践和道德体验才能够真正地完成。道德体验是道德教育的本体，没有体验，道德教育存在的合理性、合法性及有效性就会遭受怀疑。实践经验证明：缺乏体验的道德教育，即使花费再多的人力、物力或者财力，都会缺少实际的效果。在学校里的性道德教育，我们不提倡采取强硬措施来对待大学生的性问题与性疑惑，因为学生的心灵常常是处于比较叛逆的时期，他们往往不会轻易屈服于外界的高压，甚至与一味地高压打击与责骂对抗而走上相反的令人痛惜的对立面。任何的道德教育在这个时刻也只是冰山一角，不会雪中送炭，只会火上浇油，使局面愈演愈烈。因此，在培养和提高大学生性道德素质的道德教育过程中，我们必须明确地知道：“只有让学生成为道德教育的主体，让他们在实践体验中获得道德教育的知识和行为，这种道德自觉的思想才能在他们的心理根深蒂固，开枝散叶。”因此，在大学生的性道德教育过程当中，高校可以组织一些大学生社团活动等，让大学生自导自演有关于“大学生婚恋观”方面的专题讨论、宣讲会或小品等形式的活动。最后，要注入新鲜道德血液，加强大学生性道德品质建设。同样地，大学生的道德教育在开展的过程中，它对人与社会的积极作用也不是永恒不变的，会随着条件的变化而发生变化，因此不能用确定不变的思路来看待当前大学生性道德培养与教育。① 大学生作为未来的新兴骨干人才，肩负着保家卫国、为社会奋勇贡献的荣辱使命，培养大学生道德自觉意识显得尤为重要。所以，当代大学生必须在时代的呼唤与要求下，注入新鲜的道德血液，守住自己的道德底线，保持自己的“良心”，让自己的性道德心理逐步强化，性道德行为更加的谨慎。正如影片《搜索》中所折射出的一个人性问题：有时候一个人为的小小的举动便宛若南美洲丛林中的一只蝴蝶，扇动翅膀，便会引发一场发生在美国南方都市里的“风暴”。当代大学生性道德意识的迷失也是一种扭曲的价值观：从传统美德到被道德绑架，这是一个令人痛惜的画面。随着时代的发展，我们提倡大学生应该树立正确的性道德观，为自己的道德良心注入新鲜的血液。

（2）关注社会性道德教育。第一，加大性道德教育经费投入。政府应加大对性道德教育的经费投入，充分保障性道德教育所需的设备、设施，确保各项经费落实到位。1996－1997 年，美国联邦政府就拨出 5 亿美元巨款支持禁欲教育；2002 年，英国政府在中学开展“无性之乐”运动并拨款 8700 万美元，而我国的性道德教育很少有过专门的拨款。没有国家经费的支持，性道德研究难以深入开展，以至于北京性健康教育研究会会长高德伟教授感叹“性教育问题，中国教育部门就没有认真地对待过”。② 第二，支持性道德教育理论研究。有关行政、教育部门应大力支持开展大学生性道德教育相关理论的科学研究和实践探索，积极实施大学伦理与道德的性道德教育的有效途径和方法，并在大学生的实际培养中加以运用和推广，使性道德教育真正取

① 陈丽群．关于加强当代大学生性道德教育的几点思考．科学与财富，2015（19）：27.
② 董亮，等．大学生性道德教育的现状及思考．科学时代，2011（5）：278－279.

得实效，促进大学生的成才。目前，一些高校在大学生中也采取了预防性行为后果的措施，如在校园内免费提供避孕套、宣传预防艾滋病的知识等，但这些防范措施不能取得根本的效果，可能反而会起反作用，这在英美国家的性教育实践已经被证明了。第三，配套性道德教育教学环节。国家教育行政部门应尽快制定出科学、系统的大学生性道德教育大纲，并在大纲指导下出版教材，建设大学生性道德教育的课程体系。性道德教育是一门科学，除了理论的研究外，还需要加大性道德工作者培训力度及专业指导水平，建立高校性道德教育的师资队伍。要有计划地安排研究人员和性道德工作者参加国内外的学习、培训、考察，使他们不断开阔眼界，丰富研究、教育的内容和经验。第四，营造健康文明性道德环境。政府应规范大众传媒，利用广播、电视、报纸、网络等媒体，把社会主义的价值观、道德观和意识形态融入文化娱乐节目和广告中，发挥其对大众的引领作用，营造健康文明的文化氛围和道德舆论氛围。① 同时，政府应对网络管理加大干预力度，规范、净化网络环境。比如，安装过滤软件、对非法信息加以审查、对垃圾网站加以控制和堵塞、清理不健康的网站、严厉制裁网络违法犯罪活动等。美国媒体“唯有禁欲”的宣传教育活动对性纯洁教育的促进作用就是很好的示范。

（3）重视家庭性道德教育。充分发挥家庭在大学生性道德教育中的基础作用。父母是孩子的第一任教师，因此，大学生性道德的培养除需要社会、高校的努力外，还需要家长共同的配合来完成。第一，以身作则，严于律己。家长在家庭生活中要以身作则，严于律己。家长的榜样作用对孩子道德品质的形成具有潜移默化的作用。家长要认真对待和正确处理家庭成员间的感情、夫妻间的性关系。大量事实证明，来自开放、和睦、易于交流和沟通家庭的大学生，其性心理往往更健康，性行为更理智。家长生活不检点，其孩子极易在性行为上发生错误。所以，家长应注意自己的言行举止，以自己正确的人生观、爱情观，积极、乐观的生活态度影响孩子，使孩子感受到人生的美好、家庭生活的幸福、性爱的甜蜜。第二，提升素质，掌握方法。家长要注意不断提高自身的文化素质和性道德教育的方法。调查发现，家长对性生理

---

① 左红梅，杨华．大学生性教育在思想政治教育中的缺失与补位．教育与职业，2010（29）：84－85.

知识的掌握程度仅有三成左右，超过一半的大学生认为父母从来没有谈论过与青春期有关的话题，有近半数家长不知道如何对孩子进行性教育。事实上，孩子终将成家立业，良好的性知识、性道德能帮助他们获得幸福的生活，拥有美好的人生。所以，家长学习一些性生理、性道德知识，对孩子进行性生理、性道德方面的教育十分必要。第三，保持联系，关怀备至。家长应与孩子时常保持联系，特别是孩子在外地求学的情况下。许多家长在孩子考大学前，对孩子嘘寒问暖，关怀备至。而当孩子考上大学，许多家长认为自己终于可以歇口气，享受一下人生了，因而放松了对孩子的关心爱护，造成许多大学生在发生困惑的时候，不能从父母处得到及时的帮助。事实上，父母在任何时候，都应该是给孩子帮助最大的人。有责任心的父母，都应该随时了解孩子的近况，当孩子出现不良征兆时，及时加以正确引导。帮助和培养大学生建立健康的性道德，使社会的道德得以净化和提高也是为人父母的责任。

2. 大学生性道德的自炼

（1）要光明正大，堂堂正正做人。正常的婴儿出生时具有明显的性特征，正常的儿童对性别差异有着强烈的好奇心，正常的少男少女会欣赏健美的异性、或早或晚地要寻觅一位从心心相印到亲密无间的伴侣。青少年学生在网上阅读和观看与性有关的文本和图片，有一定的合理性。为什么要在“合理性”前加上“一定的”三个字作定语呢？是为了强调两点：一是要有一种健康的心态，上网寻求的是科学的知识，而不是感官的刺激；二是要注意时间、地点和人际关系。在家里，无论父母是否在电脑旁，子女都可以查看这类信息。在高中或大学宿舍里，学生查看这类信息也不必偷偷摸摸，但在社会上的网吧里、在学校的多媒体教室中（生理卫生和性教育课除外）或在单位的办公室里都不宜查看这类资料。①

（2）要明确真假，提高认识水平。目前，在互联网上，国内的性网站层出不穷，各大门户网站传播的性信息汗牛充栋，国外的性网站更是难计其数。但要想查找科学的性知识，并不是一件容易的事情。比如，国内有家搜索引擎网站在“青少年性教育”栏目下列出的一个性网站就根本不适合让青春期学生进入；其中的一些文章对 18 岁以上的成年人都有误导作用。有的性网站

---

① 高金华．帮助青少年正确认识网上性信息．中国健康教育，2004（4）：84－85.

标榜自己是属于“中国性教育基地”，却展示大量错误的或对青少年学生身心健康有害的性信息。① 人的认识有先入为主的规律，选择一两个较好的性网站有利于获得科学的知识。对于较好网站提供的图文也要用辩证的眼光去审视。

（3）*要分清美丑，增强审美能力*。美与健康相伴。健康的基本含义是生理和心理处于正常状态。令人遗憾的是，家长和老师很少直截了当地告诉孩子和学生什么是正常的性行为，似乎这种事情可以无师自通。然而，与性有关的各种悲剧，主要根源恰恰在于缺乏科学的性教育。处于青春期的学生理应知道这些最基本的性知识，懂得两性之间诚挚的爱情和婚后和谐的性生活能够使男女双方获得美的享受。丑与病态相随。人类的性行为是受法律和道德制约的，违背法律和道德的性行为是丑陋的，包括婚外恋及一些网站展示的不定性关系、不正当的性行为是感染性病的主要途径。性病会给患者本人及其家庭带来巨大的痛苦。同时必须注意，性病也可以通过非性行为进行传播。比如，在输血或理发时损伤皮肤都可能使病毒或细菌侵入体内。适度地浏览这类图片并阅读防病知识，有利于青少年学生摈弃丑陋的性行为，增强卫生意识。

（4）*要辨别善恶，承担道德责任*。世界上之所以存在着很多丑陋的和病态的现象，一个重要根源是某些人恶意传播不健康的东西。有些网站兜售“催情药”，纵容青少年学生用非法手段占有异性；有些网站连篇累牍地登载“风流韵事”和“泡妞技巧”，煽动青少年学生过早地、轻率地发生性关系。人类性教育不仅仅是性生理和性心理的教育，理应包括性道德教育及与性有关的法律（《婚姻法》《未成年人保护法》等）教育。到了一定年龄要恋爱结婚是人类的一种正常现象，但这种正常现象需要接受科学的指导、道德的规范和法律的约束。在性问题上违法犯罪的青少年学生是极少数的，但在道德上失足的青少年学生并不罕见。在给对方造成伤害的同时，也给自己带来了悔恨，给父母带来了烦恼。

（5）*要适可而止，追求崇高事业*。在目前国内外网站的性信息杂乱无章的情况下，青少年学生要依靠自己的自制力。首先，不要浏览那些宣扬色情

---

① 高金华．帮助青少年正确认识网上性信息．中国健康教育，2004（4）：84－85.

的网站，这类网站以少量免费的照片为诱饵，让人们掏钱购买其宣扬色情和暴力的音像制品。另外，要注意有些网站是销售性用具的，绝大多数的成年人在生活中是不需要这类物品的，所以青少年学生不要进入这类网站。再者，进入比较好的性教育网站也不该占用太多的时间，有些性知识要到适当的年龄段才有了解的必要，接触大量的性信息不利于青少年学生的身心健康。无论是婚前的谈恋爱还是婚后的性生活都不是人生中最重要的事情。人生的真正意义在于创造，向社会奉献物质或精神财富从而实现自己的人生价值。青春是美好的，但真正的青春属于那些奋发向上、积极进取的人。

三、 养成健康的性心理

大学生的性心理健康是心理健康的重要组成部分，而大学阶段是学生在性问题上感到困惑、焦虑的一个特殊时期，加之西方“性开放、性解放、性自由”的文化思想冲击，必定对当代大学生的性心理产生一定的影响。因此，在了解性心理的发生发展的基础上，养成健康的性心理对大学生保持心理健康十分重要。

（一）性意识的发展阶段

研究表明，直接影响性生理成熟的是脑垂体前叶分泌的性激素。性激素的激活唤醒了性意识的觉醒。所谓性意识的觉醒，是指个体意识到自己的性别、两性之间的关系，以及对待两性的态度和行为规范。[①] 而性意识也是随着人体的生理发展慢慢觉醒和发展的，大致可以分为三个时期。

1. 异性接近期

对异性产生好感与爱慕，女孩一般发生在 12 ~ 13 岁，男孩在 13 ~ 14 岁以后。这时的少男少女开始喜欢表现自己。男孩乐于在女孩面前展示自己的能力与才华，以赢得女孩的好感和赞许；女孩开始注意修饰打扮，以引起男孩的注意和喜欢。[②] 例如，有的女孩会特别欣赏某个男孩，注意他的一举一动。他的一个眼神、一个动作对女孩来说都是一种吸引，跟男孩的接触会给

① 徐凤姝. 青年期的性成熟与性适应. 中国心理卫生杂志，1987（4）：158 – 162.

② 潘雯. 异性交往的心理阶段. 大众科技报，2006 – 04 – 30.

她带来很大的快乐和满足，她希望在异性面前表现自己，引起对方的注意和好感，如果脸上起一个粉刺或者衣服搭配得不好，就会觉得懊恼，甚至不想见人。男女相互接近的渴望使他们乐于参加与异性一起的集体活动，喜欢结伴外出郊游、唱歌、跳舞等，并对异性表示关心、体贴，乐于帮助异性同学以博得异性的好感。

2. 异性疏远期

青少年在第二性征出现以后，逐渐地意识到两性差别，开始有了不安和羞涩的心理。这一时期称为性发育早期，即性紧张期。在青春期开始时，少男少女对性的差异非常敏感，将异性的生理差异与男女之间的关系看得很神秘；在与异性交往中显得羞涩、忸怩和不自然，心中好像潜藏着无数的秘密，心有相互吸引之力却在表面上表现得相互疏远。其实在这一时期，“我是不是正常”的问题是少男少女最大的困扰。如果你是全班第一个乳房发育较早的女生，你一定难免羞涩或者尴尬。而如果一个男孩子正努力给一个女生留下良好印象时，却控制不住自己的声音忽高忽低也很尴尬。在这一时期，其实可以说属于一个性意识的矛盾期，想接近又想疏离，所以无论是男生还是女生，都会体验难以控制的情绪变化——痛苦。

3. 恋爱发展期

进入青春期以后，性生理完全成熟，性心理也在逐渐成熟，自我意识、思维和人格都在积极发展。生活领域也日渐广阔，对恋爱的理解和认识更为深刻，对恋人的寻觅更加迫切，对异性的态度也更加客观。① 此时，男女青年开始追逐爱情。苏联心理学家赫丽普科娃指出，性意向的最高的、最辩证的表现形式就是爱情。由于受到社会文化的影响，男性在恋爱的表达方面更加主动、大胆、直率而且热情奔放；女性更加含蓄、深沉、妩媚，并略带羞涩和矜持。不论当代大学生对爱情的认识是否真正深刻、正确、全面，也不论大学生恋爱的成功率有多大，现实情况是当代大学生谈恋爱的现象已十分普遍。

---

① 李大健. 大学生心理障碍分析及防治对策. 未来与发展，2011（1）：61－65.

（二）大学生的性心理特征

随着社会的发展、科技的进步及教育观念的更新，特别是人类精神文明和素质的提高，使人们逐渐感到性心理的发展不但与性生理发展有直接关系，更与社会文化的影响有很大的关系。大学生的性生理发育和所处的性文化环境，构成了大学生性心理的一些基本特征。

1. 性意识更为强烈

进入大学后，大学生更加积极主动地关注自我的发展。由于个体家庭的教育方式、成长环境不同及个体差异的存在，大学生对性的关注也不尽相同。在经历了青春期性生理发育和性意识觉醒后，进入大学的大学生性意识进一步加强。他们不再像中学时期为“第二性征”感到烦恼甚至反感。他们开始自然大方地通过各种形式表现性的魅力。如女大学生不再为隆起的乳房而感到害羞，而是更喜欢穿上得体的服装表现自己优美的身体曲线，经常使用各类化妆品和饰物来展示自己娇美的容貌和姿色；男大学生亦注重通过各种形象和活动来表现身材的魁梧、健壮和刚毅、豪放、充满力量等男子气概。男女大学生不再像中学阶段那样很少交往或在交往时感到紧张和不自在，而是喜欢在一起交谈、娱乐和开展其他活动，接近异性的倾向日益明显，表现得更强烈。

2. 性冲动受到压抑

性冲动是指由性刺激引起大脑皮层的活动，从而产生性欲望，再通过大脑皮层向身体组织发出指令。性冲动是一个正常人自然和本能的生理表现。人的理智可以调控性冲动，通过大脑意识调节性行为的取向。因此，人的性冲动常常受到压抑，大学生更是如此。大学生和异性接触的渴望与社会、学校及家长的严格规约常发生矛盾：有的想把学习成绩搞上去，又难以从感情中解脱；有的表面上表现得无动于衷，故意做出回避的样子，实际上却十分希望体验这种感情。诸多矛盾相互作用，常常产生强烈的压抑感。再加上现实生活中五花八门的性信息的传播，尤其是在西方性解放、性自由思潮的冲击下，一些大学生的性意识受到错误的引导和强化，致使其精神空虚、情趣低下，过早地沉湎于谈情说爱中，甚至发生性过失、性犯罪；一些人由于性能量得不到合理的疏导，从而导致过分性压抑，少数学生以扭曲的方式、不良甚至变态的行为进行宣泄，如“厕所文学”“课桌文学”等。

3. 性表现呈矛盾性

一方面，大学生由于受传统观念和教育的影响与束缚，对待性的问题常常表现出保守、隐蔽及一些不适应的心理而呈现出很强的文饰性。同时，受改革开放后多元价值观与多元文化的影响，对性又持一种开放的态度。在生理发展的影响下有强烈的好奇心，渴望与异性交往，在对异性的追求中，更表现为大胆，不怕被人发现。总的来说，文饰性与开放性并存就是当代大学生的矛盾的性心理特点。从大学生宿舍中每晚的卧谈会中不难看出大学生对性的关心程度之高，在校园网上的聊天内容也几乎是各种谈情说爱的话题，这都表现出大学生明显的对性的强烈渴求性。同时，可以看到，尽管大学生心理上对性问题和异性都很关注、很敏感，但在行为上却表现的拘谨、羞涩和冷漠，具有明显的文饰性。

4. 处于性焦虑状态

性焦虑主要是指对自己形体、性角色和性功能的焦虑。如果认为自己第二性征为重点的体象不如己意，而且很难改变它时，就会出现烦恼和焦虑。此外，大学生还为是否与性角色相吻合而忧虑。第一，表现为性体相方面的焦虑，如果男生觉得自己矮小、瘦弱，就可能感到自卑，而女生若觉得自己过胖，长相平平，就可能出现苦恼；第二，心理行为与性角色不吻合方面的焦虑，比如一些女生觉得自己温柔不够、细心不足，一些男生常感到自己缺乏男子汉的气质，还有一些男生担心自己的性功能是否正常，尤其是看到某些书刊上谈到性功能障碍时，便会疑神疑鬼；第三，尚未形成正确的、稳固的性价值观和恋爱观，自控能力较弱，常有性压抑感，以及性的生物性与社会性之间的冲突感。

5. 更加渴望性体验

由于性激素的作用，大学生更加渴望得到恰当的性体验，如与异性交往。在男女交往过程中，由于性激素的作用，恋人中双方亲吻、抚摸等行为，甚至是对方的体味都会引起性欲望和性冲动。感情的闸门在巨大的性压力下显得极其脆弱。① 大学生有了强烈的性欲望和性冲动，这是发育中的正常生理与心理现象。此时，他们的性心理还未成熟，还没有形成正确的、稳固的性道德观念，自我控制能力缺乏，因而极易受到外界不良影响而产生性冲动。由于他们处于特殊时期，又十分重视自己在异性心目中的印象、评价，因而会偶然想到异性，甚至形成心目中的异性偶像。

（三）大学生的性心理困扰

性通常可以分为性生理、性心理和性行为三个方面。性生理是性心理的基础，性行为是性心理的后果，而性心理则是性的核心。大学生正处于性生理发育基本成熟及性心理发展正趋激烈的时期。他们所面临的性问题应该说主要是性心理方面的问题。由于性无知、性压抑、性教育及性观念混乱等，导致大学生出现一系列性心理困扰。因此，大学生了解常见的性心理困扰，对于增进自身性心理健康水平十分必要。

1. 性别认同的困扰

刘达临教授在对全国大学生的调查中发现，有一定比例的学生不喜欢自己的性别。其中，男大学生不喜欢自己性别的占 2.6%，女大学生不喜欢自己性别的占 15.6%，正好是男生的 6 倍。近年来，另一项关于大学生性心理的调查显示，90% 以上的男生对于自己的性别满意度较高，而有超过 1/4 的女生表示在可能的情况下愿意改变自己的性别。② 这一结果显然很大程度上是由“重男轻女”的封建传统观念所致。这种性别自贱的心理都是不正常的，如果这种心理发展到严重程度，就会对大学生的成长带来不利的影响。

2. 异性交往的紧张

与异性交往的心理从刚进入青春期时就开始萌发，对异性的兴趣——和异性交往的渴求——恋爱——结婚，这是一个人必然经历的生理、心理和社会行为的发展变化过程。③“少男钟情，少女怀春”这是青春期性心理的正常表现。大学生们渴望与异性交往的愿望非常强烈。但是由于受传统的“男女

---

① 刘欣荣．人生必修课——直面大学生恋爱．科教导刊（中旬刊），2013（6）：222－224.

② 蓝燕．性健康教育调查结果显示，多数大学生认为：所在学校没有正规的性健康教育．中国青年报，2003－11－17.

③ 胡珍，刘祥松．透视与解析：大学生恋爱观与教育调查报告．中国青年研究，2001（2）：57.

授受不亲”的性观念的影响和缺乏与异性交往的方法，许多人羞于与异性交往，常常拒异性于千里之外，在异性面前表现得非常紧张。

3. 白日梦、性梦的疑惑

当大学生对于异性交往强烈的渴求不能径直实现时，性的白日梦就有可能发生。性的白日梦又叫性幻想。性幻想是在某种特定因素诱导下，自编、自导、自演与性交往的内容有关的心理活动过程。[①] 它可以幻想出在日常生活中不能满足的与异性一起约会、接吻、拥抱、性交等性活动。这种白日梦可以导致生理上的性兴奋，偶尔也会出现性高潮。这在一定程度上可以缓解人们的性需求。白日梦是一种普遍的心理现象。但是，性幻想不能过头，如果成天沉溺其中，甚至把幻想当成现实，那就会成为病态，就会有碍于青年的健康成长。而性梦是指在睡梦中发生性行为，也是青少年性心理较为普通的一种表现。一些大学生由于缺乏对性梦知识的了解，常为自己有过性梦的经历而焦虑和自责。

（四）健康性心理的塑造

健康的性心理不仅是大学生保持健康心理状态的重要方面，还是大学生保持一段健康爱情，避免发生婚前性行为的重要保证。因此，十分有必要从自身和教育两个方面提升大学生的性心理健康。

1. 大学生健康性心理教育

（1）知识教育。掌握科学正确的性知识。青春期性生理的成熟，必然带来相应的心理变化，渴望获得异性的好感与承认，产生性幻想、性冲动等。[②] 作为大学生应该对“性”有一个科学正确的认识。性是一门综合性的科学。它包括性生理学、性心理学、性社会学、性伦理学、性美学等。大学生们应当努力学习和掌握性科学知识，避免性无知，消除把性仅仅看作生物本能的片面认识。使大学生掌握必要的科学正确的性知识具有很重要的现实意义。

（2）道德教育。培养健康的性道德观念。青春期性心理与性生理密切相关，大学生对异性抱有好感，希望在异性心目中确立一个良好形象，获得对

---

① 马勇．浅谈大学生性心理．时代青年（教育），2012（8）：2.

② 李殿录．大学生心理健康问题的调查研究．黑龙江教育学院学报，2009（2）：87－89.

方的认可。由于性生理的成熟与性心理的不够成熟的矛盾，使很多的大学生面临这样的选择：最初的恋人可能不是最终的选择，性关系无论是从道德上还是从法律上都使双方多了一份沉甸甸的责任。性好奇、性无知、性贞洁感的淡化，甚至是性与爱的困惑、分离及由于性行为引起的后果及产生的心理压力，都是值得引起注意的问题。① 所以，必须通过开展性心理与性道德教育，使大学生的性爱健康发展。促使大学生培育健康的性道德观念，是保障大学生不会走上性犯罪道路的关键前提。

（3）法制教育。提高性责任和法律意识。如果性行为只停留在手淫、性梦等方式的自我宣泄上，不会影响他人。但是如果性行为涉及另一个人，那么便涉及许多社会责任。性行为可以给另一方造成心理和肉体上的伤害，可以产生第三个生命。这将意味着影响另一个人的生活，也将影响你自己的生活。每一个成熟的大学生都应当了解个人性行为给他人、自我和社会带来的后果。尊重他人、尊重自我，对自我的行为负责任。大学生要增强自己的性道德和性法律意识，用道德和法律规范自己的性行为。

2. 大学生健康性心理自修

（1）科学掌握性心理，不做无知者。许多大学生喜欢涉猎书刊、影视、网络中有关性的描写。由于文学作品的渲染性、夸张性，特别是“黄色”出版物的腐蚀性，使有些大学生对性知识的了解出现“误区”。多数大学生往往只对性生理知识感兴趣，对性心理知识知之甚少，不了解性现象的心理机制，不知道性心理的发展特点，不懂得进行自我心理调适，在性心理发展中存在许多“盲区”，这是引发性心理困惑的直接原因。因此，大学生应该全面掌握性生理和性心理知识。

（2）正确认识性欲望，学做控制者。性欲是正常和健康的，而且也是可以控制的。大学生自我控制性心理能力的大小，在一定意义上是由个人意志品质的强弱决定的。意志作为达到既定目的而自觉努力的一种心理状态，具有发动和抑制行为的作用。尽管有的大学生有很强的性冲动，尽管在外界性刺激的情况下，人会急于寻求性的满足，但是人不同于动物，人有意志力，人可以抑制和调整自己的冲动。那些放纵自己的人往往缺乏坚强的意志品质。

① 孙巧霞．加强高校心理健康教育的途径与方法．青年与社会：中外教育研究，2009（4）：34.

为了自己长远的幸福和个人成功的发展，大学生应当努力培养自己良好的意志品质。

（3）坚持文明的交往，做到有分寸。文明适度地进行异性交往，可以满足青春期性心理的需求，缓解性压抑。异性交往有益于扩大信息、完善自我，对个人的恋爱婚姻及个人的成长发展具有重要的作用。但大学生异性交往时要把握分寸，注意场合，规范行为，处理好“友情”与“爱情”的关系。对于性冲动，除了给以适度控制外，还可以采取一些积极的、富于建设性的、符合社会规范的方式来取代或转移性欲。通过投入学习、工作和参加各种文体活动，以及男女正常交往等多种合理途径，陶冶个人情操。大学生要尽量避免影视、报刊、网络上的过强的性信息的刺激，抵制黄色性诱惑。

四、 把握交往的亲密度

大学生恋爱是自然而然的，产生性想法和性冲动也是正常的，但是发生性行为是有危害的。所以大学生在恋爱交往过程中一定要把握交往的亲密度，慎重对待婚前性行为。

（一）发生婚前性行为的特点

大学生的婚前性行为有其自身的特点。首先，它具有突发性。因为大学生婚前性行为往往是在没有心理准备的情况下发生的，而发生后又往往给双方造成较大的心理压力。其次，它具有非理智性。大学生的心智相对还未完全成熟，思考问题比较表面，情绪行为都比较冲动，对于婚前性行为也是如此，较少为别人胁迫，大多都是在双方自愿而不理智的情况下发生的。并且，男女大学生在性生理上虽然已经成熟，但在性心理上还极为幼稚，一旦偷尝禁果，往往会被性的强烈刺激所控制，反复发生性行为。大学生的婚前性行为还具有矛盾性。在封建传统性观念与西方“性解放”思潮相互交织的矛盾影响下，因冲动而发生婚前性行为的大学生往往会产生一系列矛盾的冲突心理。①

（二）避免婚前性行为的作用

既然婚前性行为会给大学生带来那么多的危害，那么，大学生避免发生

① 唐毅红，等．当代大学生性行为及性心理调查分析．西北医学教育，2008（6）：1133.

婚前性行为自然会带来一定的积极作用。首先，可以帮助大学生促进身心健康发展。大学生发生婚前性行为会带来心理困扰，造成身体伤害，反之，如果能够有意识地预防发生婚前性行为，不但可以避免其带来的身心危害，还能够在此过程中促进心理的成熟，人格的健全。其次，可以帮助大学生建立健康的性道德观念。大学生在抵制婚前性行为的践行过程中，将不再只是坐在课堂上听教授满堂灌的“性道德教育”，不再只是为了应付考试临时记忆“性道德内容”，而将会对性道德做出更深入的认识，进行更深刻的思考，进而建立健康的性道德观念。再者，可以帮助大学生抵制消极性文化。大学生预防发生婚前性行为过程中会对“性”有一个全新的、正确的认识，这无疑会帮助一直对性充满好奇的大学生避免通过色情书籍、网络、影视等途径获得不良性文化知识。最后，还能帮助大学生预防艾滋病等性疾病。艾滋病等性疾病的主要传播途径就是性行为，因此，大学生避免婚前性行为能够从根源上预防感染艾滋病等性疾病。2015 年 3 月，宁波市疾控中心微信公众号发布了一篇题为《狼来了？一宁波市学生中的艾滋病疫情》的文章。文章说，到 2014 年年底，宁波在校学生中已经发现艾滋病病毒感染者 30 多例，大部分是高校学生，80% 以上是通过性接触传播的。中心负责人告诉记者，之所以发布这一文章是因为全国政协委员、中国中医科学院中医院防治艾滋病研究中心常务副主任王健的一份提案中说到，截至 2014 年前 10 个月，全国青年学生感染艾滋病 2082 例，比前一年同期增长 59.1%。[①]

（三）婚前性行为发生前的预防

婚前性行为对大学生来说有很多危害，大学生需要学会保护自己，学会防止婚前性行为，具体可以从以下几个方面来展开。

1. 学习相关 “性知识”

罗素说过：“一切无知都是令人遗憾的，但是对性这样的事无知，则是严重的危险。”学习相关性知识是预防婚前性行为的前提条件。首先是性生理知识。学习性生理知识，有助于大学生对两性生理特点和差异的了解，在

① 王晓易. 宁波在校生现30 多艾滋病例 超8 成为男男性传播. http://news.163.com/15/0313/15/AKJJHNQF00014AEE.html.

一定程度上揭开异性生理的神秘感，消除对异性生理的好奇心，同时也就降低了“性幻想”“性冲动”的可能性，遏制产生婚前性行为的想法。其次是性心理知识。学习性心理知识，有助于大学生了解性心理特点，走出性心理误区，克服性心理困惑，大大减小了因为错误的性心理而踏入“婚前性行为”行列的可能性。再者是性安全知识。学习性安全知识，有助于大学生认清婚前性行为的危害，警示大学生当前婚前性行为存在的安全隐患，从利害关系的角度入手预防发生婚前性行为，同时也减少了意外婚前性行为带来的伤害。

2. 合理调控 “性冲动”

美国经济学家波茨纳曾经说过：“性是人类理性的实现，切记冲动是魔鬼。”大学生需要加强自身的素质修养，提升自己的理性，这是大学生预防婚前性行为的根本措施。

（1）加强自身的素质修养。第一，建立正确的性爱观念。要知道，真正的爱情，应该是“互相尊重的和高尚的，不能只是感情冲动和心血来潮”。在热恋中，理解自己，爱护对方，赋予情欲以新的魅力，要用理智来衡量情欲的深度。一个人非性欲的爱的范围越广泛，那么他的性爱也就越高尚。第二，树立高尚的道德情操。“性道德”是在社会生活中形成的，是对性行为的规范。人们根据这些规范，判断性行为的好与坏、对与错、善与恶。也就是说，对人的性行为做出道德判断。树立高尚的道德情操，一方面，能够提高自己的理智，达到控制的功能；另一方面，能够约束自己的行为，达到调节的功能。① 第三，增强自我的责任意识。就像父母对子女应尽抚养责任、子女对父母应尽赡养的责任一样，“性行为”也是需要责任的。“性”不仅仅只是为了繁衍后代，也不仅仅是带来愉悦和欢乐，不负责任的“婚前性行为”还会给人带来麻烦和烦恼，甚至带来终身难以挽回的损失和痛苦。当我们增强自我的责任意识，深入理解性行为的内涵时，就不会受生理驱力的支配，随意发生婚前性行为。第四，加强自身的法治观念。“性行为”的自由权是相对的，在我国，性生活是法定夫妻的权利，是夫妻生活的重要内容，

---

① 张勤．热恋中应调适好性冲动 区分好“性与爱”．http：//health. cnr. cn/jkjryw/20150709/t20150709_519132683. shtml.

它必须有法律的保护，绝不是任何男女之间都能随便发生的。只有依法进行结婚登记才是合法婚姻，才能合法同居。加强自身的“性”法治观念，知法懂法，不仅能够避免婚前性行为的发生，而且同时还保护了自己的性安全。第五，提高自己的自控能力。正如莎士比亚所说：“爱和炭相同，烧起来得设法叫它冷却。让它任意燃烧，那它就会把一颗心烧焦。”热恋中意志控制的程度是衡量爱情是否成熟的尺度，情到浓时产生性冲动是很正常的事情，然而因为婚前性行为会带来许多危害，大学阶段不应该也承担不起婚前性行为。所以，提高自己的自控能力，是避免发生婚前性行的良药。

（2）摆正爱情与事业的关系。避免婚前性行为，还可以从摆正爱情与事业的关系入手。把精力投入到发展未来事业所需要的能力提升上，能够增强大脑皮层的抑制能力，避免整日沉湎于性爱的幻想之中。第一，培养多种兴趣爱好。平时可以培养美术、音乐、体育等多种兴趣爱好，当产生性冲动的时候，可以出去跑跑步、打打球，通过运动来释放性能力，也可以听听音乐、弹弹钢琴，用高雅的艺术来转移注意力。第二，参加各种项目活动。积极参加家教、志愿者、社团等各种项目活动，不仅可以分散注意力，而且在集体活动中进行正常、健康的异性交往活动，有益于了解异性间生理和心理上的差异，破除对异性的神秘感和好奇心，在集体活动中发展纯洁的异性友谊，能够在避免婚前性行为上起到很大的帮助。① 第三，集中精力投入学习。人的精力是有限的，当你把有限的精力投入到学习中，专注提升自己的专业知识和实践能力中时，自然就没有多余的时间和精力去思考情爱和性爱，减少产生性冲动的概率，也就避免了婚前性行为。

（3）避免接触产生性冲动。一方面要保持恰当的身体距离，减少因身体接触产生的性冲动。恋爱中的男女要注意保持恰当的身体距离，避免身体的近距离亲密接触，避免对对方有性含义的挑逗，这对控制“性冲动”、避免性行为具有关键作用。另一方面要避免接触色情书刊网站，减少因视觉感官刺激产生的性冲动。色情书刊、网站和音像制品是性刺激源之一，容易使人产生冲动，这种情境下自控能力较弱的大学生往往容易完全失去理智，做出轻率的举动。所以，大学生应坚决抵制低级庸俗的色情内容，尽量避免受性

① 冷小青．用理智驾驭本能——试论青春期性冲动的自我调节．教育探索，2000（10）：40－41.

刺激的机会。有研究表明，黄色书刊与影视中的色情画面，对于青少年的性欲起着强烈的挑逗作用，使一些人欲火中烧、心猿意马、不能自制，从而放纵自己，甚至走上犯罪的道路。① 通过对山西榆次少管所中的400名少年犯的调查发现，其中性犯罪者100%是受黄色书刊和淫秽录像毒害而走上犯罪道路的；据对北京市少年管教所58名犯有强奸罪的少年的调查发现，其中有17人是直接受淫秽书刊、录像的影响而以身试法的。②

3. 学会拒绝 “性要求”

有性冲动是正常的，特别是在与自己的恋人单独相处的时候。但要学会对性冲动的自我驾驭，在控制自己行为的同时，更要学会拒绝对方发出的性爱信号。一要明确自己的底线。女生在平时相处时，就应该跟男生明确自己能够接受的“性”底线。相信，如果这个男生真的爱你，他在明知道你不能接受婚前性行为的情况下是不会勉强你的。克劳德博士就提到：“若对婚前性行为说不，就能在约会期间发现，他/她是想要你，还是性？他/她能否从其他方面建立联系与亲密感？此人是否背负很多心灵的重担，从不曾被医治？此人有否‘延迟满足’的能力？”为了你们的约会交往和婚姻，坚定地向婚前性行为大声说“不”吧。二要及时地转移话题。在两人单独相会时，女生如果发现男生有性冲动，应及时有意识地变换场景、改变话题和环境转移其注意力，使性冲动及时得到分流。如果此时男生的性冲动还是未能消减，那么请及时分开，可以有效避免婚前性行为的发生。三要坚定拒绝的态度。男女朋友之间，往往是男生很容易产生性冲动，对女生提出性要求，很多女生怕破坏彼此感情不拒绝，或者是拒绝得不明显，这都是引起婚前性行为的直接因素。女生应该在拒绝时，掌握技巧，但最需要的是态度，一定要坚决明朗，不能拖泥带水，更不能半推半就。

---

① 张枫．性文化建设在广东的实践与探索．中国性科学，2009（11）：39－45.

② 辛加坡．警惕影视误导现象．大众电影，1996（2）：35.

实验实训

一、有“性”大联想

目的：帮助学生澄清自己对“性”的理解。

步骤

1. 每人拿一张彩纸，将“性”这个字写在彩纸中间。

2. 用10分钟的时间将你看到“性”这个字时能联想到的内容写在彩纸上。

3. 4人一组，每组1张大白纸，将4人的彩纸贴在大白纸上，并一起讲这些联想分类（生理层面、心理层面、社会层面）。

4. 每一组选一名代表，分享汇报自己小组的结果。

二、“性”改变的是什么

目的：增加学生对“性”的含义和本质的了解。

步骤

1. 把全班分为两个小组。

2. 请每组组员用5分钟时间来探讨性在亲密关系中的作用。教师给一个提示：有了性关系的两个人，是两滴水，是两团彩泥，还是两棵树呢？

3. 每组组员可以用来选择的材料包括：彩纸若干张、彩笔若干支、胶条2个、剪刀1把、1张大白纸、1瓶水、5个碎料杯子、1/2盒彩泥。

4. 请每组组员用5分钟时间来展示探讨的结果，可应用各种各样的形式，比如两杯水的形式，或者两块彩泥的形式，或者其他。

5. 把两组的展示结果依次放在两个地方，请每组成员围着这些展示结果坐成一个封闭的圆，来分享这个活动中自己的感悟。

体验感悟

一、 对婚前性行为的态度

案例：性爱的苦果

小茹是某大学的学生，有着高挑的身材和优异的学习成绩。本应是充满自信、受人羡慕的一个女孩，却要结束自己年轻的生命……她从深山中走出来，怀抱着理想和对这个世界的渴望，考上了梦寐以求的大学。单纯的她，在大一新鲜的生活中，遇到了第一份来自异性的爱和心目中可以依赖的一位男生。感情越演越烈，在雨后一个宁静的夜晚，虽然天气比较凉，但两颗相爱的心却在火热地燃烧着，在相依相偎中，小茹把自己给了他。

小茹心中从此有了归属，觉得自己已经属于了他，已经“嫁给”了他。一个月、两个月过去了，小茹还沉浸在爱的幻梦中，而就在她觉得无论两人如何吵吵闹闹都不会分开的时候，男友却提出了分手。在前一秒还幸福着的女孩，瞬间崩溃了，从天堂跌进了地狱，完全失去了生活的动力。她曾在心里坚信，自己已经属于那个男生，她非常爱他，而现在她痛恨那个男生，并且恨所有的男人。被沉重的怨恨包裹着的小茹，一遍一遍地冲洗着自己的身体，觉得自己已经不再干净、不再纯洁，将不会再被别人接受，更无法面对父母、老师，甚至无法面对马路上来来往往的陌生人……这一切的痛苦伴着她幻想出无尽的压力，把她逼上了绝路。一个月月色幽暗的夜晚，亮闪闪的刀片，殷红的血迹……好在她被及时发现，才幸运地保住了性命。

感悟：通过上述案例，你对于婚前性行为有哪些思考呢？对此，你觉得应该持什么态度？

二、 性心理健康的标准

性心理健康是人类健康不容忽视的重要组成部分。世界卫生组织（WHO）对性心理健康所下的定义是：“通过丰富和完善人格、人际交往和爱情方式，达到性行为在肉体、感情、理智和社会诸方面的圆满和协调。”

通过本章学习，你认为性心理健康的标准是什么？

推荐书籍

［美］贺兰特·凯查杜里安. 性学观止. 北京：世界图书出版公司，2009.

推荐理由：本书作者贺兰特·凯查杜里安是世界著名的性教育专家，多次被评为“斯坦福杰出教授”。1968 年，凯查杜里安教授在斯坦福大学开设了世界上人类性学方面首批大学课程中的一门。本书便是从其课堂讲义脱胎而来，已作为美国第一部成功的性学教材而被奉为经典，被译成法语、西班牙语、葡萄牙语和汉语，风行全球。在这部美国第一部成功的性学教科书中，作者不拘泥于生理学、解剖学、病理学等医学范畴，而是拓出一个更为开阔和纵深的角度，将性视为生物本能、生理驱动、精神意志、道德观念、法律习俗的多元辐射聚焦的焦点，在以科学客观的精神进行专业探索的同时，更倡导一种正视、理解、宽容、不滥用、不利用的性态度。在本书最令人称道的第六部分，作者以近二十万字的辉煌篇章，综合运用考古学、人类学跨文化比较手段，来探讨性与文化、历史、道德、法律之间千丝万缕的联系，揭示性的历史文化内涵和哲学美学意蕴，其用力之深、涵盖范围之广，举世罕见，令人叹为观止。本书是一部公认的性学经典读本，被认为无论在清晰程度、说服力和材料的翔实可靠诸方面，没有同类书可与之相媲美。

第七章　穿越浪漫旅程　幸福婚姻的准备

婚姻产生人生，爱情产生快乐，快乐消灭了，婚姻依旧存在，且诞生了比男女结合更宝贵的价值。故欲获得美满的婚姻，只需具有那种对于人类的缺点加以宽恕的友谊便够了。

——巴尔扎克（现代法国小说之父）

心路历程

一、 家庭故事

小珍和林风是一对“90 后”男女青年。去年 6 月，小珍经父母介绍，与在一家国企工作的林风相识。

三个月后，小珍与林风摆了一场风光的婚宴。当晚回到家，林风坐在靠窗的美人榻上，刷了一个多小时的微博。婚宴让小珍早已疲惫不堪，一觉睡到天亮。一起床，发现林风在美人榻上，一问才知道，老公不到 8 点就起来刷微博了。中午，两人到婆家吃饭，因为林风时刻不离手机，闹得不欢而散，当晚分床睡觉。第三天，小珍打包好衣物，回了娘家，连当晚本由娘家举行的婚宴也取消了，赔了 8000 元定金。之后，小珍加了林风微博，让她哭笑不得的是，林风的微博晚上 1 点多、凌晨 5 点多都在更新，连“睡个回笼觉”也要发微博。

今年 3 月，无法承受婚姻折磨的小珍向当地法院起诉离婚。令人咋舌的是，“刷微博很快乐。离就离，大不了找个也爱刷微博的”，林风说。最后，两人调解离婚。①

二、 开启幸福之门的钥匙

（一）信任与尊重

婚姻专家认为：信任与尊重是幸福婚姻的前提，也是幸福婚姻的基础。夫妻之间一旦缺少了基本的信任与尊重，家庭裂痕也就出现了，婚姻也就没有幸福可言了。而信任与尊重是幸福婚姻的共同点，夫妻双方一定要相互信任、相互尊重。如果夫妻互不信任，出现以下情况：妻子收到了一条短信，丈夫想，是谁发来的？妻子与老同学聚会，丈夫怀疑妻子精神出轨；丈夫晚回来几个小时，妻子怀疑丈夫在外面是不是有情人了；妻子老家来人，丈夫怀疑妻子偷偷地给老家人钱；妻子与前夫见面，丈夫怀疑旧情复发；丈夫出差在外，妻子怀疑丈夫行为不轨等。由于这些无端的怀疑，搞得自己很累，很痛苦，甚至因此干出愚蠢的事来，最终把自己本来应该很幸福的婚姻亲手毁掉，闹得自己和亲人痛苦不堪。

（二）责任与付出

夫妻双方必须要有责任感，必须要知道各自的责任；夫妻双方要敢于对爱人负责、对家庭负责，就会觉得婚姻是幸福的。如果夫妻双方都能主动地、默默地为爱人付出，说明你们的爱是成功的，应该持之以恒地坚持下去。把主动为爱人付出、担当一些责任当成一项重要任务去完成，幸福婚姻才能不知不觉地来到你身边。现实中，一些婚姻痛苦的女人经常说，丈夫没有责任心，家里大大小小的事好像与他没有关系一样，对孩子的教育不上心，对老人的照顾不够，对自己的安危、冷暖视而不见，简直是一个陌生人，只知道关心他自己的那点事，太没有责任心了。现实的婚姻中，由于夫妻对责任和付出的问题没有把握好，使婚姻出现了这样或那样的问题，陷入了无限的痛苦之中。一些夫妻由于不知道什么是责任？什么是付出？结果婚姻很痛苦。

---

① 张韩丰．洞房花烛夜新郎刷微忙 85 后小夫妻刚结婚就离婚．http：//roll. sohu. com/20130810/n383851120. sthml.

有的人由于不知道应该付出什么、不知道有什么责任，把家庭搞得乱七八糟，以至于走上离婚之路。有责任就要付出，只有责任，没有付出，换不来幸福的婚姻。有的夫妻也为家庭付出了，可是牢骚满腹，讨价还价，功劳全没有了。付出就要真心，不能一心图回报，这样才能赢得真正的爱。

（三）包容与感恩

包容与感恩是夫妻间和睦相处的前提，更是幸福婚姻的基础。俗话说："金无足赤，人无完人。"没有不犯错误的人，夫妻生活在一起，如果你的左口袋里装的是包容，右口袋里装的是原谅，那么今天会在你的左口袋里收获幸福，明天会在你的右口袋里收获快乐，时间久了，身边就会充满着幸福与快乐。如果在你的左口袋里装的是埋怨，右口袋里装的是嫉恨，那么今天会在你的左口袋里出来痛苦，明天在你的右口袋里出来烦恼，时间久了，身边就会都是痛苦和烦恼了。妻子能包容丈夫的缺点，丈夫能原谅妻子的问题，这就是一种爱。在现实生活中，经常能够看到一些夫妻为一点点的小事而吵架，有的因为爱人回家抽烟吵架；有的因为爱人挖鼻孔吵架；有的因为爱人没有做好饭吵架；有的因为爱人没有收拾屋子吵架；有的因为与爱人教育孩子有分歧吵架；有的因为爱人上床没有洗漱吵架……夫妻一起生活多年，难免为鸡毛蒜皮的小事生气，如何避免矛盾加剧，互相包容呢？要做到包容与感恩，记住一个"心"字就可以了。因为"心"里面会容纳很多的事情。你的心态如果良好，你就是阳光的，那么你爱人在你的心里面也是阳光的高大的。你的心里如果没有阳光，你就会觉得爱人哪儿都不好。常怀感恩之心。包容与感恩是夫妻间和睦相处的前提，更是幸福婚姻的基础。妻子能包容丈夫的缺点，丈夫能原谅妻子的问题，就是一种最纯朴的爱。

（四）真爱与真情

电影《手机》里，主人公严守一在电视台做主持人的工作，经济收入稳定，有住房，有轿车，家中有贤惠、漂亮的妻子。但后来他在婚内出轨了，在外面有了别的女人，于是工作丢了，嗓子哑了，妻子被气跑了，他还被情人耍了。这部电影说明，任何时候、任何人都要牢记真爱与真情，不能突破忠诚、信任的防线，否则将会玩火自焚。如果真的进入婚姻疲劳期，那么，请你冷静地用心思考一下，是不是真的有太多原则问题困扰着你，还是对方真的移情别恋了。这个时候要分清利害关系，让心情平静下来，好好地和对方沟通。当然，你也可以用行动来改善这种关系。首先可以试着彼此问候一下，回想初恋的时候你们最爱嬉笑的言语，可以试着翻看过去的影集；试着两人相约出游，去一个很久以前就想去的地方，或许你的一小点的主动就会改变这种状态。夫妻之间生活在一起，如何才能做到真情与真爱呢？互相忠诚是最重要的，忠诚是一切幸福、快乐的出发点。没有忠诚，婚姻中的任何事情都无从谈起。俗话说："色字头上一把刀。"你的爱人无论多老实、多窝囊、多善良，家里什么事都可以忍让，唯独在感情这件事上不会有一丝一毫的让步，甚至不会允许出现一点瑕疵。这是男人、女人的共性，也是做人最后的道德底线。

心理视点

一、 幸福婚姻的特征和影响

人是在家庭中诞生的，又在家庭中成长起来的。因此，家庭便是每个人学习爱的第一个也是最重要的一所学校。由于家庭培育了孩子的爱，孩子才能去爱和接受爱，进而学习做情侣，结成拥有真爱的夫妻，然后做有爱的父母。科学研究的事实表明，爱是从家庭内被培育、得到成长并开花结果的。自幼未在家庭中学习到爱的人是很可悲的，日后的各种问题也都可能源于此。而能够在家庭中学习到爱的人，一定是拥有一个幸福的家庭的，他们父母的婚姻也是很幸福的。只有这样才能给他们带来真正的爱和积极的影响。我们也一定希望我们的子女是这样幸运的人，所以我们有必要也很希望了解幸福婚姻的特征，让自己更好地经营婚姻，给孩子的未来带来良好的影响。

（一）幸福婚姻的典型特征

托尔斯泰曾经说过："幸福的家庭都是相似的，不幸的家庭却各有各的不幸。"因此，我们不可能完全总结出不幸婚姻的共同特征，但是我们能够罗列出幸福婚姻的典型特征。

1. 彼此恩爱，始终忠于对方

拥有幸福婚姻的夫妻肯定是恩爱的，这是幸福婚姻最显著的特征。幸福的婚姻不管是过去，还是现在，都是能够把对方视为自己的唯一，在许多重大问题上总是相互沟通，最后达成共识，在遇到困难的时候总是不相互埋怨，而是共同面对，而且相互之间说话幽默，支持和欣赏对方的爱好，并鼓励对方。比如，中国共产主义的先驱李大钊和他的妻子赵纫兰便是如此。赵纫兰勤劳贤惠，嫁到李家后，她便亦妻亦母，任劳任怨，照顾李大钊和家人的生活，支持李大钊的革命事业，直到李大钊生命的最终点，依然陪伴着他。李大钊当初从日本留学归来后，被北京大学聘为教授兼图书馆主任。当时的李大钊可谓年轻有为，颇有学者风度，全国上下，名闻遐迩。不少人猜测着这位名牌大学堂的知名教授可能不再钟情于那个缠着小脚、大字不识一个的“糟糠之妻”了。可事实并非如此，李大钊专门把妻子接到北京。他虽是留学归来的学者，可一点也没嫌弃过她，待她十分好。每次客人来，他总是事先帮妻子换好衣服，系好扣子，帮她拉平衣服皱褶，帮她整理衣服和头发，然后引着小脚妻子同客人见面。不少人见状都感到吃惊，简直不能相信大学者李大钊的妻子竟是这样朴实。李大钊与赵纫兰结婚的时候还是在清朝，属于典型的父母包办婚姻，那时候的他们不提爱情、不说爱情、不懂爱情，可是却实实在在的用时间和生命证实着爱情，踏踏实实地度过了一生。他们相亲相爱，相濡以沫，不离不弃，相伴终生。

2. 责任感强，遇事共同解决

在婚姻中，责任或许比爱更重要。夫妻将彼此当作唯一，无论健康还是疾病、贫穷还是富有，在有生之年，两个人都愿意彼此相守，不离不弃，这离不开的是责任。这不得不让我们想到前两年的热播剧《我的前半生》中的陈俊生、罗子君、凌玲三人。陈俊生很感谢妻子罗子君作为家庭主妇对家庭付出的一切，但他确实也厌烦了日复一日的枯燥生活。然后，他爱上了公司的女同事凌玲，一个在他看来善解人意的女人。大家都在谩骂陈俊生的行为，但他也并非像观众说的那样是一个泯灭良知的人，他只是对任何一方都无法承担责任罢了。婚姻一旦产生背叛，谁都无法弥补，那我们要做的就是在婚姻中承担自己的责任。责任之于婚姻的重要性不言而喻，感情是婚姻稳定的基础，而责任则是婚姻能够长久的保障。当两个人选择成就一段婚姻的时候，也就意味着他们在选择共同承担这一份责任。在婚姻中，双方都要为这段婚姻、这个家庭尽自己的责任、尽自己的义务。所以，责任感也是持久幸福婚姻的基础。幸福婚姻中的夫妻往往从结为夫妇的那一刻开始，就要懂得向对方、向社会、向子女负责。正是因为他们拥有这种观念，虽然生活上也有些小摩擦，但彼此的义务促使他们克服困难、同舟共济、长久地生活在一起。而婚姻纠结的背后，实质上就是责任与自由之间的抉择。凡是最后能够白头偕老的夫妻，他们都选择了责任，而不是所谓的自由。

3. 相互尊重，双方平等相处

婚姻幸福的夫妻之间是能够相互尊重、相敬如宾的。从我们常用的形容夫妻相互尊敬、很平等的“举案齐眉”这一成语的典故中就有所体现。这是关于汉代梁鸿和妻子孟光的故事。每当丈夫梁鸿回家时，妻子孟光就托着放有饭菜的盘子，恭恭敬敬地送到丈夫面前。为了表示对丈夫的尊敬，妻子不敢仰视丈夫的脸，总是把盘子托到跟眉毛齐平，丈夫也总是彬彬有礼地用双手接过盘子。虽然是夫妻生活中特别细小的事，但体现出夫妻美满的婚姻状态。当彼此懂得尊重对方的时候，就不会去计较谁是家庭的主导，谁应该听从谁的意见。这样，在遇到分歧而发生争吵时，就不会冲动地说出伤害对方的话、做出伤害对方的事，而是会让自己冷静下来，分析引起争吵的原因，平静地解决问题。

4. 懂得付出，愿意做出改变

我们经常会听到身边的朋友抱怨，在婚姻家庭的经营中，自己的付出远比伴侣多得多，这是人的普遍心态。但实际情况是否是这样呢？“人往往对自己所做的付出和努力记忆深刻，却会忽略伴侣的付出，或没有把对方的努力放在心上。特别是一些女性，更容易把自己的付出‘放大’，觉得自己在婚姻中比丈夫做得多。”这是一种意识上的失衡，对婚姻有负面影响。但要改变这种状态并非难事，关键就在于“平衡”付出的多少，相互体谅和关爱，尤其是丈夫，应该多为妻子做些事。美国丹佛大学婚姻和家庭研究中心主任斯考特·斯坦利博士研究发现，奉献是维护夫妻关系的法宝。他认为，夫妻间只要愿意为对方奉献，便会有正面和显著的效果。比如，丈夫可以订一个“奉献”计划，在纸上列出你所知道的伴侣喜欢的事情，然后每个星期完成一件。斯坦利博士指出，奉献是双方的，每周在为对方做一件事的时候，一定也会得到伴侣的回应，从而形成良性循环。这样一来，伴侣就不会觉得自己做得更多，心理不平衡了。甚至她会更愿意为你做很多事情。所谓“奉献”，其实就是一种“不求回报的付出”，这也是幸福婚姻中夫妻的特征。这种付出如前所述当然并不是单方面的，是两个人同时的，是心甘情愿的。如果真诚地付出，那么另一方一定会感受到。在彼此付出的过程中，会为对方做出一定的改变来适应对方，当棱角磨平的时候，彼此也就磨合成功，收获了幸福。

决定嫁给一个人，需要一时的勇气，而维护一段婚姻，却需要一辈子的倾尽全力。现实生活中不是每个人都拥有杜江和霍思燕那种“热恋式”的夫妻关系和偶像剧般的理想爱情，我们所要做的就是接受婚姻中的平凡，接受对方的缺点，提升自己的付出行动。

5. 互相包容，能够理解对方

李明和妻子恋爱三年，结婚 15 年，依然相爱如初，相敬如宾。在邻居眼里，他们犹如热恋中的情侣，除了上班，两人几乎形影不离，就连他们聊天时也面带微笑，充满了幸福感。三年的恋爱，有过小吵小闹，没有过恶语相向，更没有大打出手，总是有错的一方先道歉，无错的一方接受道歉。在一起这么久，总是浓情蜜意，聊天时观点很少有分歧，并且三观一致。婚后，妻子生下儿子，李明上班，妻子就在家带孩子。李明下班后洗尿布，冲奶粉，从不闲着，他知道妻子带孩子辛苦，为妻子分担。妻子也在尽最大的努力把孩子带好，尽量不让李明为孩子分心，她知道李明工作辛苦。李明没有抱怨妻子不工作，妻子没有抱怨李明工作忙，两人都是互相理解和包容，经营着他们的幸福婚姻。所以，拥有幸福婚姻的夫妻往往是有一颗“包容之心”，他们懂得设身处地地为对方着想，懂得将心比心地理解对方。生活中，他们会用放大镜去看对方的优点，而不是对方的缺点。聪明的夫妻还会用放大倍数的放大镜来看对方的优点，这样看到的优点就会更多、更大，甜蜜感和幸福感也就更高、更强。

6. 相互信任，彼此坦诚相待

一位结婚不久的男士在写给咨询师的信中说：“我与妻子相恋 3 年多才结

婚，感情是成熟而稳固的。那几年，我几乎‘六亲不认就认她’，几乎形影不离。结婚之后，我感到还有许多曾暂时放弃的需求应当弥补。比如，与昔日朋友的交往、为开拓事业而建立更多的同道关系，还有与家人的聚会等。我在扮演一个好丈夫角色的同时，也努力扮演一度怠慢了的其他角色。然而，我的妻子表现得极不容忍，成天疑神疑鬼，说我结婚后变心了。有一次我回来晚了，她打电话去办公室，又偏巧是一位女同事接的，于是我一回家她就大动肝火，兴师问罪，还称早就听别人说我曾与某位女性上餐馆、逛书店等，简直把我气疯了。好像我得到了一个女人，就必须失去整个世界。这样的婚姻算是幸福吗?”答案当然是不算幸福。这种缺乏信任的夫妻关系是令人窒息的，也很容易导致“婚外情”事件。对婚姻缺乏自信、不信任对方、疑心生暗鬼，迟早会出问题。幸福婚姻的一大特征就是夫妻间彼此信任、彼此坦诚。人跟物品是截然不同的，不是你想看就能看住的。人更不是笼中之鸟，可以囚禁，这样做反而会弄巧成拙，让对方想要逃离。当不过分要求对方、信任对方、给对方一定的自由空间时，反而能够稳固彼此的感情，建立幸福的家庭。

（二）婚姻带来的不同影响

恩爱、责任、尊重、付出、包容、信任是幸福婚姻的六大典型特征。这样的幸福婚姻会给我们带来积极的、正面的影响；反之，缺少这些特征的不幸婚姻将会给我们带来消极的、负面的影响。

1. 幸福婚姻有利于身体健康， 反之， 会增加身体疾病的风险

幸福的婚姻能极大降低罹患各种疾病的可能性，像糖尿病、心脏病、老年痴呆、肺病等，有益于保持身体健康。① 最新研究发现，幸福的家庭还能延长癌症患者寿命。哈佛大学医学院癌症研究所的学者从全美范围内的数据库中选取了患有 10 种常见癌症的近 75 万名病人，这些癌症包括乳腺癌、肺癌、前列腺癌和结肠癌等。结果发现，在疾病扩散之前，拥有配偶和幸福家庭的已婚患者死于癌症的可能性下降了 20%，这一保护效应在男性癌症患者

---

① 徐思. 专家揭秘：幸福婚姻能带来四种好处 . http：//fashion. efu. com. cn/newsview－1041597－1. html.

中更为明显。[①] 相反，处于不幸婚姻中的夫妻身体更容易出现问题。比如，他们患心脏病的风险会更高。

2. 幸福婚姻能促进人格完善，反之，会造成心理的巨大伤害

拥有幸福婚姻的夫妻之间相处是融洽的，即使产生矛盾也能够以有效的沟通方式顺利地解决问题。在这个过程中，他们能更好地了解自己，改变自己，完善自己的人格。和谐的婚姻家庭能让人变得和善，反之，会引起严重的心理问题。一段不幸的婚姻，往往充满着抱怨和争吵，长期在这样的环境下生活，人更容易焦虑、抑郁，产生巨大的心理伤害。英国伦敦大学玛丽王后学院的一组研究人员对4000名65岁以下的英国男女进行的调查发现，能把第一次婚姻或同居关系进行到底的男女注定会在晚年受益，这些人最不容易患心理疾病。研究人员还发现，如果一对伴侣关系破裂，双方出现心理疾患的风险大大升高。其中，女性比男性更容易受伤害，需要花比男性更多的时间恢复。[②]

3. 幸福婚姻有助于孩子健康成长，反之，会给孩子带来不良影响

父母的婚姻状况会通过生活中随时发生的交往情景被孩子所观察、感知和记忆，并在此基础上形成关于婚姻、家庭的稳定的态度，可能对其成年后的家庭生活造成长期影响。同时，婚姻状况通过对父母某些个性及社会性特征的调节制约其教养态度和行为，并由此影响孩子的身心发展。因此，不管是幸福还是不幸福，都会传递给孩子。幸福的婚姻传递给孩子正能量，让他们能够快乐、健康地成长，而不幸的婚姻传递给孩子负能量，会在他们幼小的心中留下不可抹去的阴影。

4. 幸福婚姻能提高生活质量，反之，会降低生活中的幸福感

家庭是婚姻的基本单位，因为婚姻必须有家庭才会存在，而爱情的基本单位却是个体。所以，要想拥有一段真正幸福的婚姻，就只有整个家庭的生活质量提高了才会有幸福，任何不以家庭的角度来考量的婚姻，幸福是不存

---

① 王萌．最新研究发现 婚姻幸福有助抗癌延长寿命．http：//health．huanqin．com/artrcle/9cokrnJCAPD．

② 厉云飞．城市化进程中新居民婚恋观的心理引导．宁波大学学报（教育科学版），2007（6）：29－32．

在的。反过来，婚姻幸福又能促进整个家庭生活质量的进一步提高。幸福的婚姻家庭充斥着和谐的气氛，在这样的环境下，夫妻有更多的能力去创造财富，有更多的时间去享受生活；而不幸的婚姻弥漫的是火药味，让人产生压抑感，又怎么可能有更多的动力去创造生活，幸福感必然是直线下降的。

二、 婚姻现象的分析和解读

在现代社会中，男女都寻求在婚姻中的平等和互助关系，将婚姻中的爱情置于经济与社会目的之上，从而提高了对婚姻质量的期待。然而遗憾的是，那些建立在自由、平等和浪漫爱情基础上的婚姻，往往也不能给人们带来所渴望的幸福。在现实生活中，许多人将婚姻当作实现自我、满足个人需求的手段；可是，当婚姻无法使个人目的达到时，他们就会痛苦、失望，有的逃避婚姻，另辟蹊径去寻求个人的发展。有人索性将婚姻的盟誓变成一纸难以守信的“契约”，自愿订立又随意撕毁，夫妻双方“开心”则合，不“开心”则散。因此，现代婚姻就出现了颇不稳定、不安全的情况，日益攀升的离婚率就与此有关。成熟的青年男女尚是如此，心智相对不成熟的大学生所做的婚姻决定则更是要多加思考和慎重。

（一）中国夫妻婚姻现况分析

随着时代的发展和社会的进步，中国夫妻的婚姻状况也在不断变化发展。在新中国成立的前30年里，我国的离婚率很低。传统婚姻多半由经济和社会的诸多外在纽带牢牢束缚，很难解体。而在改革开放以后，经济的富裕解放了昔日的“柴米夫妻”，谁也离不开谁的局面被打破，青年男女的结合和分开更多地考虑情感、心理和文化等精神层面的因素。离婚率也因此迅速增长。

1. 目前中国婚姻的状况分析

在纷繁复杂的当今社会，很多人高喊：“我不再相信爱情。”可是当这些人看到那些经历爱情长跑、携手创造幸福婚姻的夫妻时，内心是不是有所触动，再次燃起对婚姻的向往呢？比如，影视圈公认的模范夫妻鲍蕾和陆毅，他们从大学相识、相知、相爱，最终走入婚姻殿堂，一路走来互敬互爱，懂得为对方牺牲，在娱乐圈这个复杂的环境中能够忠于家庭、忠于爱人，过着幸福的生活。当然，有长久的幸福婚姻，也有短暂的遗憾分手。我国第四次“离婚潮”是从20世纪80年代开始，一直持续至今。因为成长环境和教育的问题，很多“独生子女”成为离婚潮的主力。另外，随着制度改革和经济发展，也出现了很多“闪婚闪离”和“假离婚”的案例，“向钱看”的价值观念影响着年轻人对婚姻、亲情的态度。从过去的谈离婚色变，到“70后”纠结于离或不离，再到如今“80后”的“离婚没啥大不了”，“90后”的“一言不合就离婚”，中国人的婚姻观正在发生改变。①“今天，你离了吗?”这是20世纪末曾经流行的一句“戏侃”。但时至今日，大家已不再觉得幽默，因为，“狼”真的来了。据不完全统计，从年龄结构看，目前全国22～35岁人群已经成为离婚主力军，也就是说，“70后”“80后”甚至“90后”已经成为离婚高发人群。中山大学在上海、广州进行的一项小样本调查显示，“70后”“80后”的已婚人士中，离婚人数达到或者接近一半。民政局官网最新数据显示，2017年上半年，全国各级民政部门和婚姻登记机构共依法办理结婚登记558万对，比上年下降7.5%；依法办理离婚登记185.6万对，比上年同期上升10.3%。②

2. 高离婚率的原因分析

离婚率飙高可以从内部和外部两方面来分析：一是外界环境因素的影响；二是个人自身因素的影响。

（1）外界环境因素。导致高离婚率的外界环境因素主要包括四个方面：第一是婚姻观念的变革。社会发展的巨大进步与道德观念的落后导致人们一方面追逐自由、爱情，一方面淡薄了家庭观念与责任意识。当婚姻出现危机，很多人就想通过离婚来解脱自己，过分追求一些虚无的东西而忽视了家庭责任。回望过去，我们会发现，30多年前传统的婚姻模式是“经济合作社”和“生育共同体”，加上“好人不离婚，离婚没好人”的观念和大杂院式的群众监督，外在纽带对婚姻的稳固起着巨大作用。③ 而在现在，离婚虽说不算好

---

① 李敏敏. 80女“离婚”的社会学思考. 城市建设理论研究，2011（29）.

② 民政部官网. 上半年民政局数据：中国离婚率一路走高. https：//www.sohu.com/a/190538168_810830.

③ 李晓宏. 中国遭遇婚姻动荡的冲击 婚外情成最大“杀手”. http：//news. com/sn/roll/06－02/3084079. shtml/? hfn6013098.

事，但也绝不是丑事、坏事。现代社会对离婚现象秉持宽容的态度，现在的年轻人更多注重自身感受，并不像长辈一样因为外界因素惧怕离婚。第二是女性地位的提升。在提倡平等的现代社会，女性的地位不断上升。当代女性无论是在职场或是在家庭都不再甘于屈居男性之后，也不再是唯命是从。同时，社会进步也给女性带来了同工同酬的平等薪酬制度，这让更多的女性挺起了腰杆，精神和物质上都不再依靠丈夫生活。① 因此，她们即使选择离婚，仍然有能力养活自己，不再像过去的女性那样为了生计不得不忍辱负重，维持不幸的婚姻。第三是父母的过多干预。现在的年轻人大多是独生子女，父母的所有关注度都在他们身上，在孩子结婚后，他们往往还是不能转移重心，过多地去干涉孩子的婚姻生活。这样，就很容易引起一些不必要的家庭矛盾，影响夫妻之间的感情。第四是离婚手续的简化。现行的《婚姻登记条例》，使婚姻登记手续更为简化，夫妻离婚不再需要单位或居委会出具书面证明，对于名存实亡的婚姻，很多夫妻不再维持。虽然现行的《婚姻登记条例》保护了当事人的隐私，但从一定程度上也造成了登记离婚人数的逐年增加。②

（2）个人自身因素。导致高离婚率的个人自身因素主要包括三个方面：第一是家庭责任意识淡化。大多数现代年轻人崇尚自由、比较自我，对于婚姻更多地考虑自我的个人感受，很少考虑对方的感受。比如，谁赚钱或者谁赚钱多谁就当家做主，遇事只顾自己高兴与否，经常没有交代的晚归或者干脆夜不归宿；“离婚”二字也是常常嘴边挂，不会顾忌对方和长辈的态度，我行我素，家庭观念淡薄，婚姻变得脆弱。第二是社交活动过于频繁。这样，男女之间的社会交往活动就变得越来越频繁，不同男女接触的机会也越来越多。在接触过程中，不同男女之间再认识、再比较就成为自然，当夫妻外的男女接触久了，就有可能日久生情，发展成为婚外恋。目前，在我们生活的周围，婚外恋已成为生活常态，离婚就成了水到渠成的事了。第三是个性过于突出张扬。当前的大多数独生子女都是在父母的“关注”中长大的，难免有一些以自我为中心，个性比较突出和张扬。在婚姻生活中一旦出现矛盾，

① 张岳．职业女性 如何引领家庭幸福美满．安徽日报，2014－12－03.

② 袁朝阳．揭秘现代男女离婚的十大原因．http：//money.eastmoney.com/news/1612，20121231266126912_0.html.

不懂得去缓和和解决，而是很有个性地据理力争，不肯让步，最后还很有个性地甩手扬言离婚。

恩格斯说，任何维系“死亡婚姻”的做法都是有悖人性的不道德行为。从这个意义上讲，一个社会越进步、开放、民主，给予离婚的宽容就越多，但是，离婚毕竟是婚姻破裂的结果，会带来许多问题。① 面对逐年上升的离婚率，我们还是需要认真对待，引起重视。而对于还没有步入婚姻的大学生而言，最重要的就是如何做好婚姻准备，避免走入“离婚”的境地。

（二）年轻人“裸婚”现象解读

说起“裸婚族”，有关专家表示：在20世纪80年代，即有“结婚三大件”之说，而现今“有房有车”成为21世纪初年轻人择偶的标准。当前的高房价、高职业竞争力、高生存成本已让年轻人难堪其重，相互攀比的社会风气成为“结婚难”的“诱因”，正因如此，很多“80后”“90后”的“裸婚族”摒弃传统观念，用自己的努力与打拼换来幸福生活。在这样的背景下，“裸婚族”的出现有其现实意义和社会意义，是一种回归，更是一种进步。但“裸婚”毕竟与我们熟知的传统的结婚方式大相径庭，所以“裸婚”的方式一出来，就产生了不同的声音。在现实生活中，到底有多少人有勇气去接受“裸婚”的新观念，值得我们深究。据网上调查统计，80%的男性赞成裸婚，而70%的女性觉得裸婚绝对不可行。究其原因，在结婚之前，男人更关注压力，而女人则更关注未来。男人认为，裸婚可以让他们适当地缓解压力，而女人更多地考虑衣食住行、生育乃至子女教育等现实问题，所以她们对裸婚并不看好。搞清“裸婚”的正反两面的影响，有利于当代大学生正确看待和选择“裸婚”。

1. 裸婚的积极一面

（1）有利于夫妻关系平等。社会冲突理论认为，在所有社会系统里社会资源都是有限的，但一些人总比其他人拥有更多资源，占有更多社会资源的人就有很大的社会优势和力量。谁占有资源多，谁就会有更大的控制能力。选择“裸婚”的夫妻双方通常经济差别不大，所有的东西都是通过婚后两人

① 风青杨．中国离婚率越来越高的三大原因．http：//m. kdnet. net/share－12090456. html.

的共同努力打拼出来的，从而杜绝了谁的经济好谁的话语权就大的矛盾，客观上保障了夫妻地位的平等，使得他们在家庭财产、家庭决策等事项上拥有同等的支配权和话语权，进一步维护了家庭和谐。

（2）减轻了双方父母的压力。传统的婚姻模式里，结婚时双方父母都会倾己所能给儿女赞助，而“裸婚”的诸多“无”，使双方父母不必在高房价、高生活成本的现状下倾尽所有为孩子张罗买房结婚，既减轻了老人的生活压力，保障了他们晚年的生活境况，也体现了新一代青年对传统观念的突破，显示了现代年轻人的独立与责任感，进一步促进了年轻人的自立自强，客观上杜绝了“啃老族”的出现。

（3）打破了传统结婚观念。从社会物质化角度来说，“裸婚”坚持爱情的纯粹性，拒绝金钱的世俗，与那些为了金钱或物质而出卖爱情信仰的人形成强烈反差，扭转了人们长期以来的物质化观念，激发了夫妻双方一起奋斗的勇气；对传统的结婚风气形成了冲击，维护了整个社会的秩序，倡导了健康向上的婚姻价值观。从传统价值观角度来说，“裸婚”更加注重婚姻本身的品质，打破了传统的“安居才能乐业”的观念，与一直以来的结婚奢侈、浪费、攀比等不良风气形成鲜明对比，为年轻人提供了新的结婚方式，促使社会风气向简约方向发展。

2. 裸婚的消极影响

（1）可能导致离婚率上升。爱情和面包都是婚姻关系存续的保障，物质条件决定精神生活。由此，物质基础是婚姻关系的一大基石。也就是说，婚姻只有有了坚实的物质基础，爱情等其他东西才能有所附丽，婚姻才能保持长久。选择“裸婚”的年轻人最初这样选择往往是基于对爱情的笃定和坚信。可是，爱情不同于婚姻，随着时间的推移，爱情的烈度会自然消退。特别是婚后几年，当双方已经逐渐熟悉了家庭生活，各种琐事和压力会接踵而至，不断激发夫妻矛盾，致使“贫贱夫妻百事哀”。

（2）可能诱发其他社会问题。“裸婚”作为一种新兴的婚姻形式，它对社会所产生的影响并没有得到有效的评估和测量，可能诱发其他社会问题的产生和出现。例如，由于“裸婚”大多数都形式简单，有的甚至只是领个结婚证就算完事，外界对此毫不知情，这也在客观上导致一些夫妻明明已经结婚，却不为外人所知，成为被动的“隐婚”，进而由“隐婚”引发其他社会问题。

（三）大学生“毕婚”现象解读

毕业就匆匆步入结婚的礼堂，人们对此褒贬不一，各抒己见。持乐观态度者认为早结婚可以早安定下来，把更多精力放到事业上；一部分人认为可以理解但不会尝试；更多的人对此表示担忧。一方面，他们很多人没有经济基础，父母成为他们的依靠，有人称这是另一种形式的啃老，“毕婚族”往往都是“月光族”。他们大多是独生子女，生活自理能力差，加上大多涉世不深，很难协调好包括家庭关系在内的各方面的人际关系。同时，从学生直接过渡到“为人妻、为人夫”，他们短时间内很难适应这种角色的转换，难以很快承担婚姻家庭的责任。经济不能独立、家务劳动、社会角色等不稳定的因素影响家庭和睦，成为家庭纠纷的导火索，婚姻“中途死亡”的概率也增加了很多。另一方面，有的大学生把婚姻作为一种心理、生理上的依靠，依靠对方减少压力，这是大学生婚姻价值观的一种扭曲，是男女平等的一种倒退；甚至会影响社会风气，其产生的负面效应是不言而喻的，折射的诸多问题值得我们深思。

1. 大学生“毕婚”的主要原因

“毕婚”成了一些大学生坚守大学时代美好爱情的方式。他们对自己大学校园里纯真的爱情深信不疑，他们不想迫于现实“毕业分手”，他们愿意为爱情付出自己一生的承诺。这是一部分大学生对美好爱情坚守的一种体现，与此同时，也有一部分大学生是为了逃避就业压力而选择“毕婚”。调查显示，从象牙塔里走出来的“毕婚族”越来越多，其中女生占绝对主力，一些女大学毕业生把结婚当作缓解就业压力的一条特殊“出路”，正所谓“干得好不如嫁得好”。①

2. “毕婚”大学生面临的困惑

“毕婚”的大学生初入社会，经验尚浅，因而在婚姻生活中遇到的困难或者说是挑战必然比其他婚姻群体的对象要多很多。首先，他们在经济上不

---

① 许圣义. 新生群体“毕婚族”：以婚姻的名义逃避就业？南方日报，2014-07-31.

能够独立。在很大一部分大学毕业生眼里，“钱”是引发所有“恶”的问题的“根源”。因此，经济不能独立则是困扰“毕婚族”婚后生活的最大问题之一，“毕婚族”往往都是“月光族”，甚至有些根本无法支撑一个小家的开支。其次，他们在生活上自理能力差。如今的“毕婚族”大都是独生子女，温室中成长的“小公主”与“小王子”走到一起，家务事谁做，是个大问题。协调不好，立即可能爆发家庭“危机”。再者，他们在角色上一时难以转变。有调查显示，过早走入婚姻的大学生一般都难以一下接受从“未婚”到“已婚”的转变。一方面，他们害怕“已婚”身份遭到年轻同事和朋友的疏远，很多人在婚后更喜欢参加各自圈子的社交和聚会；另一方面，他们又受已婚观念的束缚，尤其不希望对方过多地参与其他社交圈子，害怕因此而越走越远，这种心理落差和无法适应的角色转变，导致了少部分“毕婚族”婚姻“中途死亡”。①

上述三点困惑是大多数“毕婚族”都将会面临的，然而并不是每个毕婚的人都有成熟的心智去面对这些挑战。如果处理不好，不仅影响婚姻的稳定，还会影响个人的工作情绪或生活态度，这样不利于今后的长远发展。因此，青年人，尤其是刚毕业的大学生，在双方做出决定前，都要认真考虑，审视自己是否已经“做好婚前准备”。

三、 做好幸福婚姻的准备

我们很多人在结婚前总是抱着一种美好的幻想，想着婚后的生活是多么美好幸福。但是，现实往往不是这样的。做好必要的婚前准备才能真正造就美满的婚姻，只有提前做好预防工作，才会让两人未来生活不会轻易出现破裂的痕迹。那么，要做哪些准备呢，不妨参考以下这几点。

（一）发展理性的婚姻观

婚姻观，是人们对婚姻和家庭的基本看法和根本态度。在现实生活中，人们对婚姻的看法和态度是很不相同的，这就体现了不同的婚姻观。比如，对婚姻的主要意义的理解，现代社会大概有三种观点：第一种“婚姻最主要

① 区健妍．毕业后的大学校园情侣：毕分族与毕婚族．羊城晚报，2007－08－18.

的意义在于完成生儿育女、繁衍后代的责任”。第二种“婚姻最主要的意义是获得利益，提升自己的物质生活质量”。第三种“婚姻最主要的意义是传递爱，促进自我实现”。我们要思考的是，这三种有代表性的婚姻观，你最认同哪一种？为什么？当然，我们不能简单地说哪种婚姻观更好、更正确，但起码自己要有批判性的思维能力，要能够理性思考，你希望有什么样的婚姻？要能不断反思并调整自己的婚姻观，从而让自己生活得更幸福。很显然，现代婚姻是以爱情为基础的，是爱情发展到一定阶段的结果。那么，婚姻最主要的意义就不应该仅仅是生儿育女的责任，也不仅仅是提升自己的物质生活质量，而应该是注重情感和精神的满足、传递爱、发展亲密关系，从而促进自我实现，这就是一种理性的婚姻观。

1. 理性，首先是责任感

婚姻生活中要有对对方、对家庭、对孩子的责任感，才能处理好家庭关系、夫妻关系，有了责任感家庭才能运作得顺畅。婚姻的社会性决定了个人不能用单纯的幸福主义的观点来看待婚姻，为我所用，为所欲为，而是要有对他人、对社会的责任感来对待婚姻。① 一旦进了婚姻“城堡”，就要遵守婚姻家庭秩序，履行婚姻家庭义务，过去如此，今天如此，未来也是如此。“男大当婚，女大当嫁”是绝大多数人的价值观念，凡愿意进入婚姻城堡的人，应理智地将婚姻个人行为和婚姻社会行为和谐地统一起来，造福个人家庭，造福全社会。

2. 理性，其次是换位思考

婚姻生活中要能站在对方的角度思考问题，用积极的心态考虑对方的感受，对方有什么想法要积极回应，保持积极的、必要的灵敏度，耐心养护、主动防范永远优于修补残局。如果放松了自己、忽略了伴侣、丧失了管理情感的能力，让它放任自流，必然会给感情带来意想不到的损失，正如有自媒体作者如是说：“维系一段感情的，不是坦白，而是考虑对方的感受，并有所保留。”②

---

① 潘允康．对建设平等和谐家庭的理性思考．妇女研究论丛，2007（2）：9－13.

② 孙允珠．面对爱情与事业，读完够你一生用的感悟．https：//baijiahao.baidu.com/s?id=1566878403214374&wfr=spider&for=pc.

3. 理性，再次是居安思危

婚姻生活中要用居安思危的眼光看待自己，让自己处于动态变化发展之中，每个人都要学会不断地取悦对方，给琐碎添点风情，给爱情添点乐趣，这是婚姻“长治久安”的王道。一成不变的婚姻生活任谁都会有感觉苍白无力、枯燥乏味的一天。如果我们毫无危机感，在感情世界里绝对是坐以待毙。

婚姻生活为什么需要有理性呢？这也是很多人要思考的问题，因为很多人会认为，婚姻里要让个人身心完全放松，个人需要得以充分满足，婚姻是生活的港湾。可是生活的港湾是建立在理性的基础之上的，理性是婚姻的指挥棒。我们在享受婚姻带来的满足感的时候，一定要清楚婚姻既要有静态的享受，又要有动态的付出，享受和付出都必须保持一定的等量，爱情才能得到可持续发展，婚姻才能圆满。只想有收获而没有付出的爱情和婚姻是不会长久的。

（二）幸福婚姻的六种准备

婚姻是需要爱和责任的。仔细想来，确实如此，爱是婚姻的前提，只有爱，才能彼此关心，相濡以沫，为对方默默付出，依然心存乐意，无怨无悔。走进婚姻的殿堂，就意味有了责任，为对方的、为孩子的、为父母的、为亲人的。而这种责任无不要求夫妻双方坦诚携手，在柴米油盐酱醋茶的平淡日子里，共同承担，相互慰藉。如今，我们常听到一些新鲜的词语，诸如“草婚”“闪婚”“试婚”等，其实婚姻是神圣的，前世五百次的回眸，才换来今生的擦肩而过，更何况是执子之手。婚姻是需要准备的，不仅仅是物质的准备，更重要的是心理上的准备，一种乐于奉献爱的准备，一种勇于承担生活责任的准备。细化来说，大学生在婚前需要做好思想上、生理上、心理上、情感上、事业上和经济上六方面的准备。

1. 思想上的准备

思想上的准备包括四个基本认识。首先，婚姻最大的特点是“责任”。走进婚姻之前，你需得做好这样的准备，才能步入婚姻的窄门：你要想好，和你结婚的人，并不是你遇到的最好的，将来，你完全有可能遇到一位更爱你和你更爱的人。但是，婚姻是绳索，你要用理智打结，拴住情感，因为你已做出选择，你要为你的选择负责。“一见钟情，婚了；一怒之下，离了”，曾有网友如此调侃“闪婚”“闪离”现象。现在，“90后”陆续走出了大学校园，纷纷步入了婚姻。然而，很不幸的是，调查显示，“90后”已经加入“闪婚”“闪离”行列，并且数量呈上升趋势。其次，婚姻涉及的是两个家庭。婚姻跟恋爱不一样，恋爱或许就是“我和你、你和我”的关系，只要两个人觉得合适在一起就行，而婚姻不单只是两个人的结合，还是两个家庭、两种生活方式的结合。两个人的磨合都不容易，更不用说两个家庭的磨合，我们要意识到在磨合的过程中必然会产生矛盾，需要我们花时间、花精力去解决。只有做好这样的心理准备，才不至于当问题突如其来的时候，手足无措。再者，现实婚姻可能没有理想中的完美。恋爱的时候，人们总把婚姻想象得过于美好——二人世界里尽是鲜花美酒、你侬我侬，对于柴米油盐的琐碎、家长里短的小事总是估计不足。然而，事实是再完美的爱情跌入现实的土壤也会变得面目全非。婚姻并没有我们想象中的那么完美。季羡林曾经说过：“每个人都争取一个完满的人生。然而，自古及今，海内海外，一个百分之百完满的人生是没有的，不完满才是人生。”的确，月有阴晴圆缺，人有悲欢离合，命有否泰变化，年有四季更替，人生不如意事十之八九，总有缺憾。① 人生如此，婚姻也不例外。如果不能正视婚姻的不完美，一味沉浸在自己的理想中，那是一种脱离实际、永远不可实现的空想。最后，婚姻最终将会是一种平淡的生活。曾经的幸福那是因为激情在燃烧，但是激情不会一直持续不减，它会随着时间的流逝和生活的琐碎慢慢降低，甚至接近于“零”；而当激情过后趋于平淡那是一种必然，所以我们都要看清这一客观事实，用平和的心态去看待这种必然，不然心底会滋生无限的惆怅，因为生活就是这样的。其实，简单、平淡也是一种福。

在结婚之前，必须在思想上清楚地认识到这四点，把婚姻跟“责任”“家庭”“不完美”“平淡”挂钩。在做好准备的时候就不怕现实的无情打击了，也就能在现实中坚强地生存。

2. 生理上的准备

生理上的准备包括三个方面。第一点是养成良好的生活习惯。首先，积

---

① 陈洪娟. 不完美的婚姻. 羊城晚报，2014-12-05.

极进行体育锻炼。积极地进行体育锻炼有助于你提高身体素质，走入婚姻后，肩上的担子会更重，没有强健的体魄如何去承担。一点点小小的风吹雨打就让你生病了，不仅自己不舒服，也会让对方着急，万一出现重大疾病，更会对家庭造成经济负担。因此，身体健康是家庭幸福的基本保障，有健康的身体才有本钱为你们的小家奋斗。其次，日常饮食合理规律。暂且不说饮食不规律会给身体造成伤害，结婚就意味着今后你将不再是一个人，而是和你的另一半生活在一起。如果你三餐不定，他/她三餐规律，必然会产生矛盾。而小矛盾很有可能引起大矛盾，严重的甚至可以导致离婚。所以，合理饮食这种既有益于身体健康，又能够坚守家庭和谐的习惯在婚前就准备好。第二点是了解一定的性知识。婚姻和性是密切联系的，性生活和谐是婚姻幸福很重要的一个因素。可以说，性知识的无知会对夫妻关系产生破坏作用，不能回避这个重要问题。因为结婚就意味着过夫妻生活，性生活质量的好坏关系到夫妻的和谐与幸福，所以必须认真学习有关知识，特别要了解异性性心理的一些基本常识，这对婚后性生活和谐很有帮助。第三点是提高做家务的能力。“90 后”的大学生多为独生子女，有些几乎从未做过家务活。成年的独生子女的动手能力差，家务能力弱这种现象普遍存在。然而，婚后家务却是不可避免的一件大事，过日子可不就是要做家务。事实证明，婚后女方不善于操持家务易被男方长辈挑剔，易出现矛盾。所以大学生最好平日里就勤做家务，在寝室打扫个卫生，假期在家帮忙一起做顿饭、洗个碗都是一种锻炼，避免到时候临时抱佛脚，出现尴尬的情况。

3. 心理上的准备

婚前的心理准备应该说是十分重要的一个环节，它将直接影响到今后夫妻的生活。那么，都要做好哪些必要的心理准备呢？第一，培养冲突的承受力。婚姻生活中会因为这样那样的事情而产生冲突和摩擦，如果没有一定的承受能力，遇到矛盾不是逃避就是胡闹，都不能解决问题，反而会激化问题。所以，培养自己的冲突承受力，当面对冲突的时候做到理智、冷静，这对解决问题能够起到积极的帮助作用。第二，养成积极乐观的态度。当你面对婚姻中的琐事、杂事，乃至矛盾和摩擦时，如果有一种积极的心态、乐观的态度，就能够更顺利地解决问题。比如，把婆婆的指责当成教诲，促进自己的进步；把紧张的经济当成工作的动力，赋予自己力量等。积极乐观能够帮助你看到生活美好的一面，让你充满能量去创造幸福的生活。第三，做好身份转换的准备。结婚前，你是父母的孩子，你是自由的单身汉；然而，结婚后，你是他的妻子，你是婆婆的儿媳妇，你是七大姑八大姨的侄媳妇，你是张三李四朋友的老婆等，一下子会增加很多身份，不再享受单身生活的自由自在，你对你的爱人、你的家庭负有一定的责任，像从前那样的随意而为是不允许的，生活中的一切都要两个人一起承担。你会忽然多出来许多亲戚和朋友，如果你不提前做好准备，就不知道如何去面对，如何去适应。第四，克服对婚姻的恐惧。结婚是每个人都会期待的，尤其是女生。不过，很多人却在结婚前产生了不安、恐惧的心理，担心未来婚姻的好坏，甚至有逃婚的念头。加上当前超高的离婚率及频频曝出的婚姻危机事件，甚至有些人产生了“不婚”的想法，这些都是对婚姻恐惧的表现。产生对婚姻的恐惧要么结不了婚，要么结了婚也会影响婚姻的幸福。所以，大学生在婚前一定要克服对婚姻的恐惧。

4. 情感上的准备

情感上的准备包括两个方面。一方面是确定彼此感情的稳固性和成熟度。有一部分结婚的男女感情基础并不是十分稳固和成熟，他们甚至对对方还不够了解，这样的婚姻肯定会出现这样那样的问题。可以说，确定感情基础的稳固和成熟是结婚前最重要的准备之一。从“恋人”到“夫妻”，要求双方适当改变自己过去的行为习惯、生活方式，以便使自己的生活情趣与对方的情趣相适应。这并不是件容易的事，尤其对于那些婚前交往不充分、彼此缺乏深层了解、承诺感不够或不坚实、未做好适应对方心理准备的夫妻来说，这第一个台阶是很难顺利跨上去的。这就需要彼此的包容，而包容的前提一定是深厚稳固的感情和彼此人格的成熟程度。另一方面是学会约束自己的感情来保持忠诚。在情感上，婚姻和爱情一样，甚至比爱情还需要忠诚。这个忠诚不仅仅是一种承诺，而更应当是一种约束。我们要明白自己有权力做些什么，没有权力做些什么。外遇的浪漫与激情让我们每个人都向往，然而，外遇这团燃烧的欲火也很容易将人灼伤。人类渴望亲密关系，同时又害怕这种关系受伤害。这就是性的忠诚对婚姻具有极端重要性的原因。夫妻之间的性关系是感情上的亲密在生理上的表达，它象征着夫妻的一体性。性是婚姻关系中强大的力量，所以“忠诚”是创造幸福婚姻的必备条件。

5. 经济上的准备

有这么一句话：“钱不是万能的，但是没有钱是万万不能的。”这句话有它的道理，我们的生活一刻都离不开钱，婚后的生活更是对钱有很大的需求。大到买车买房要钱，小到买油买米要钱。处处都跟钱有关系，如果既不能为家庭带来经济收入，又不能合理地打算、消费，那么将会引发经济危机，给婚姻带来烦恼。所以，婚前需要在经济上也做好准备。

首先，要养成良好的消费习惯。如果花钱大手大脚，不该买的也买了，不能有计划地消费，那么，即使挣再多的钱也不能保持良好的经济状况。从一个人变成一个家，花钱的地方会越来越多，如果不能分清主次，还像单身的时候一样看中一件衣服就花完一整个月的工资去买，那么如何维持正常的家庭生活支出呢？所以，养成良好的消费习惯对于一个家庭来说是非常重要的。其次，要学会理财的方法和技能。日常开销预算谁负责？家庭理财计划谁来做？购房、购车计划谁决定……当大家听到这一连串问题的时候，是不是有点手足无措，这就表明你还不具备理财的能力。但是，这是婚姻生活中必备的一种能力，怎么样让有限的金钱能够发挥最大的效用，让生活变得不那么拮据，秘诀就在于我们如何管理我们的荷包。当然，还要树立经济独立的意识。其实，大学生毕业后不管是结婚还是就业，都应该在经济上树立独立意识，并对自己的人生进行预先规划。放弃自己的主观努力和奋斗，盲目地把未来“押宝”在他人身上，只怕输多赢少。没有任何人比自己来得更加可靠，自己的独立和强大才是获得幸福生活的根本。

6. 事业上的准备

婚姻和事业总是分不开的，婚姻是事业的坚强后盾，事业是婚姻的经济保障。假使我们今后在事业上无所作为，有谁会愿意和你度过一生，即便有，你又该拿什么去支撑你们的家庭。事业和婚姻是相辅相成的，想要获得幸福婚姻，一定要做好事业准备。作为大学生，现在能为婚姻做到的事业准备就是好好学习，装备自己。具体可以从以下三个方面进行：第一，加强专业学习，提升专业技能；第二，积极参加活动，培养工作能力；第三，做好职业规划，奠定事业基础。在二十二三岁的时候，应该将更多的心思放在事业上，对自己的人生有个规划，待到思想相对成熟的时候再结婚，不失为一种对婚姻更加负责任的态度。婚姻是家庭的基石，家庭和谐更是社会安定的关键因素。为构建一个健康的婚姻、健全的家庭、幸福的生活，让社会走向健康、和谐，做好婚前准备是非常必要的，也是很有现实意义的。所以，大学生需要做好婚前准备，这不仅是对自己负责，对未来的家人负责，也是对社会负责。

四、 学会幸福婚姻的经营

相信在当今这个什么都讲究“速度”的时代，“闪婚”“闪离”已并不稀奇，只是这未免有些悲哀，究竟是婚姻欺骗了我们，还是我们玷污了婚姻的神圣？喊着口号要寻觅“天长地久，白头偕老”爱情和婚姻的人们，当真正遭遇爱情和婚姻的时候，是否想过真正的天长地久是怎样来的？难道那只是一个纯粹的向往，而不是你想努力实现的梦想？俗话说：相爱容易相处难。[①] 婚姻中，夫妻之间的摩擦是在所难免的。试问，这世间又有哪对夫妻之间的婚姻完美如诗？轻易放手的人永远找不到幸福的婚姻，因为婚姻是需要经营一辈子的事业。如果把“放弃”的想法转为面对和解决问题的决心，相信办法总比困难多，就一定能够化解婚姻的难题。爱情或许不同，但经营婚姻之道莫不大同小异。

（一）不同经营方式下的婚姻类型

婚姻采用不同的经营方式，会呈现出不同的类型特征。

1. 经营不当的婚姻类型

（1）功利型。当今社会，为了金钱、地位、事业、生活，很多人把婚姻或明或暗地当成跳板，走进功利型婚姻。没有感情基础的“功利型”婚姻，一方面缺乏责任和奉献导致先天不足，另一方面缺少理解和信任增加婚后摩擦。调查显示，80% 的功利型婚姻都是以离婚的悲剧收场。电视剧《婚姻保卫战》中，有句经典台词：“婚姻就是一场男人和女人争夺话语权、经济权

---

① 李佳原．经营婚姻是一门学问．https：//www. meipian. cn/boypnw7？from = singlemessage.

和掌控权的战争。”这场“战争”会带来什么？温州鹿城法院一份调查显示，“80后”的离婚案，七成半竟是女方要“休夫”。在这些婚姻中，最短的只维持了3个月，五分之一撑了不到一年，平均“时长”也只有3年……而“功利婚姻”越来越多，过多考虑房子、车子和票子，甚至为了转户口、分配地款、宅基地等，就仓促迎来了婚姻，也为今后离婚埋下了“伏笔”。①

（2）惰性型。没有谁的婚姻可以一直保持当初恋爱时的高度激情，随着时间的推移，恋爱中的激情逐渐退去，婚姻中的矛盾日益增多，每天面对着同一个人重复着同样的生活，始终保持一种高度奉献和付出的态度确实很难。所以，有的人就懒得坚持，碰到问题也不愿改变自己去解决问题，而是得过且过地混日子，希望矛盾自己就能消失，这就是所谓的“惰性型”婚姻。这种婚姻有两种结局：一种是矛盾积累后爆发而离婚，二种是矛盾淡化后婚姻缺乏乐趣。这两种结局，无论哪一种都不会是我们追求的幸福婚姻。

（3）失望型。把婚姻生活想得太过美好是“失望型”婚姻的典型特征，有的人对婚姻生活太过理性化，而现实的婚姻生活确实都会碰到一些矛盾冲突。这个时候，这部分人就会因为理想和现实的巨大差距而产生失望感。虽然相知、相爱、浪漫、新鲜是无数人对婚姻的期待，但现实告诉我们，那样的婚姻任何人都很难做到，因为激情和浪漫会随着时间的流逝而冷却，平平淡淡才是人们生活方式的常态。

2. 经营得当的婚姻类型

（1）分工型。“家务”是婚姻中最大的一块内容，如果处理不好很容易引起矛盾。分工型夫妻能够认识到“家务”是两个人的事，根据各自特点平等分担家务。双方均进入了自己的角色，意识到对方的价值，有较强的责任感，家庭生活较为和谐、稳定。

（2）建设型。夫妻双方共同建设婚姻能够让婚姻的幸福感最大化。建设型夫妻会树立共同的奋斗目标，一起辛勤工作，努力生活。在生活中遭遇困难，也能够共同商议和决定。他们在共同努力中感受生活的意义，使婚姻维持与发展。

（3）一体型。一体型夫妻是经过长期的磨合形成的，这一过程中需要夫

---

① 闫莉青. 调查显示80后离婚案中近七成半属女方“休夫”. 浙江在线－今日早报，2010－09－09.

妻双方相互合作营造幸福婚姻。他们在生活中往往能够相互理解和包容，相互尊重和体谅，最终在性格、爱好、习惯等上面彼此适应，融为一体。

婚姻就像是一个玻璃杯，里面盛着的既可以是平淡无奇的白开水，也可以是回味无穷的咖啡，亦可以是甜蜜可口的果汁……就看你如何经营婚姻，婚姻经营的方式不同就会创造出不同的婚姻形式。你经营不善，就会导致婚姻失败，你经营得当，就会收获幸福婚姻。

（二）婚姻需要经营的现实理由

婚姻与爱情密切相关，但是又不同于爱情，爱情可以只是你侬我侬的激情，但是婚姻是柴米油盐酱醋茶的现实。生活的琐粹会让我们在美好的爱情之外看到现实的繁杂，如果不去经营彼此的感情、维系彼此的关系，现实很可能打败理想中的美好，带来感情的裂痕，婚姻的分解。

1. 相爱的两个人面对现实也会产生矛盾

恋爱时，为了维持关系，情侣总是极力表现最好的自己，乐于奉献和包容；而结婚后、有了稳定关系，夫妻坦然地做回自己，暴露出缺点和不足，因而也就自然而然产生矛盾和摩擦。恋爱时，恋人间有一定距离，生活和经济相对独立，产生纠纷的机会少；但结婚后，夫妻间亲密接触，共同面对生活琐事，因而难免磕磕碰碰。并不是相爱的恋人走入婚姻就会幸福，毕竟恋爱和婚姻是两回事。恋爱是两个人的事，婚姻是两家人的事，关系单一摩擦就少，关系复杂矛盾就多，这就是为什么现实生活中那么多人因相爱而结婚、因琐事而离婚的原因。也正因为“夫妻矛盾”的存在，“婚姻经营”才有必要。

2. 缺乏婚姻经营的技巧会导致婚姻的失败

生活在当今的快节奏的社会中，当爱情被平淡的生活慢慢磨平的时候，激情也日渐消退，很多人会借着老夫老妻的名义在婚姻生活中偷懒。然而，婚姻是需要经营的，偷懒就可能会让婚姻产生危机。懂得经营婚姻的、会生活的人，婚姻就平凡简单而快乐地渡过了所谓的“三年危险”“七年之痒”，过着温馨的快乐生活；而不懂经营的人，甚至不想或者不用心经营婚姻的人，婚姻矛盾就接二连三地层出不穷，为以后的婚姻埋下了祸根。① 由此可见，能否拥有幸福的婚姻，关键在于是否会经营，这也就显示出经营婚姻的必要性。

（三）经营长久婚姻的三大要素

我们都以为爱情很美好，就可以把婚姻过得很美好，这往往是一种误解，好的婚姻都是经营出来的。婚姻出现危机，很多时候不是不爱了，而是彼此爱得不够，没能好好经营。如何经营一段长久的婚姻，把握以下三大要素非常重要。

1. 平等

平等——婚姻里没有亏欠。在婚姻里，不能用年龄、金钱、地位说事，不抱怨亏损，不计较得失，任何人都没有资格在爱人面前盛气凌人。进入婚姻的两个人要呈现出两种状态：一种是“一无所有”。一无所有是因为平等，一切恩怨都归零；另一种是“富比天下”。富比天下是因为拥有爱情，两个人将终身相守。每个人都是一个独立的个体，婚姻是一种平等的相互关系，不能不互相尊重，也不能心生嫌弃。在婚姻中保持健康良好的心态，珍惜自己所拥有的，不把生活中其他的怒气带入自己的小家庭，把婚姻的每一天都当作最精彩的一天来对待。

2. 包容

包容——婚姻里没有对错。当代知名文化学者、北师大教授于丹说，“包容”的“容”字有两种解释：一个是女人的容颜要漂亮，那是面子；一个是女人的心里要有气象，那是里子。实际上，包容是针对我们所有人的，你的仪态有一种温柔光彩，那你是一个大气的人；你的心里有一个大度量，那你是一个幸福的人。② 包容不等于顺从和纵容，人前要给足面子，在私密场合时却要开诚布公。婚姻需要爱，也需要智慧。智慧体现在不要随时争辩对错，要有更多的包容和理解。比如，两个人生活习惯不同，不要着急去否定对方，要去理解对方为什么会这么做，只有在不断的磨合中了解对方，理

---

① 婚姻需要经营．https：//www. xzbu. com/6/view－4387253. htm.

② 于丹：婚姻是一场化学反应．https：//sayitout. nef/item/7920. html.

解对方，重视对方的需求，做到理性沟通，才能在婚姻的修行道路上越走越远。

3. 成长

成长——婚姻长久的源泉。这里的成长包括两个方面的内涵：一是指个人的成长，二是指婚姻的成长。个人的成长是指一个人能够认识自我、喜欢自我而不惧怕衰老。她/他有充分的自信享受生命的美好，有能够跟时光抗衡的武器，能够看到自己生命的精彩。现代社会，一些人看待婚姻最大的误区是拒绝成长，认为男人照顾女人或者女人照顾男人是天经地义的事，是受良知和责任约束的。的确，婚姻的责任和良知很重要，但也不能过分夸大它的作用。一个人对婚姻的维系不能仅仅靠良知和责任，还得靠自己的魅力，让自己呈现出鲜活的生命状态，让对方觉得你是一个值得爱的人。一个人的生命需要成长，两个人的婚姻同样需要成长。婚姻的成长，就是指在婚姻里不能因为忙碌和压力而丢失两个人的私人时间与空间，要度假、要休闲，没事时，要聊聊朋友、聊聊世界、聊聊孩子和老人。这种沟通和交流，会让双方的感情很契合，双方就能够体会到爱情带来的愉悦与美好，体会到对方带来的幸福与浪漫，从而使婚姻呈现出可持续发展的状态。

（四）幸福婚姻的有效经营方法

经营婚姻是一种技术，也是一门艺术，经营好婚姻需要不断加强学习。婚姻只是人生的一个过程，并非终点，正常的学习不能放弃。

1. 学会经营的三种技术

（1）不断“归零”的技能。婚姻是两个人的协作，好的婚姻生活需要两个人携手并轻装前行。在婚姻生活中，我们往往在记忆的角落里藏着太多的东西——废旧的经历、过去的怨恨，如果背负着“经历”前行，那么这会让婚姻双方达到疲惫的极点。用著名企业家褚时健的话来说：记住过去的成就也不能拯救当下的落魄，不如放下，重新开始。人生需要不断归零，婚姻也一样，过一天忘一天，才是生活。婚姻中学会不断归零，其实就是对生活的减负。如果说爱情是精神层面的，那么婚姻一定是物质层面的，放下爱情谈婚姻，其实就是一次归零。婚姻是落地的爱情，需要从鸡毛蒜皮中践行爱情的质量。你若一直记得前朝往事，就会阻碍未来轻松前行的快乐。婚姻毕竟是一种协作关系，对等的力量才能拉动婚姻的大车，两人学会归零，不断减负，才能让婚姻的大车轻装前行。婚姻中的归零，实际上就是放下。放下是一种生活智慧，就是以一种豁达的心态看待自己的过去，就是别人偶尔提及也不会觉得尴尬，能以第三者的心态来看待自己的得失。所以，这里的放下不一定是忘记，因为生活毕竟会在记忆的深处刻下痕迹，有些东西想忘是忘不了的，也只有放下了才能原谅自己的较真和冲动。

婚姻中轻装前行，是对自己的一种善待。学会定时归零，是对婚姻的一次清洗，把污垢和灰尘扫清，婚姻就有了亮度和质感。

（2）张嘴闭嘴的技能。婚姻中的争吵在生活中太常见了，随着人们受教育程度的提高，夫妻争吵模式似乎更文明了，冷战成了一个貌似不错的选择，但冷战有可能让双方问题越积越多，所以经营好婚姻都要懂得张嘴和闭嘴的奥秘。一要主动打开僵局，及时处理冷战。夫妻之间吵架过后，短暂的冷战有助于双方从暴怒的情绪状态下恢复平静和理智，以便更好地去思考和解决问题。但要注意，只可以短时间的冷战或者小别，之后一定要及时处理，不能间隔太长时间，如果久拖不解决就很容易影响以后的生活。磨不开面子，硬要分个你输我赢的局面，往往到最后是两败俱伤。打开冷战僵局有很多种方式，比如制造理由、制造话题、制造事件，当然还可以给对方发短信、写邮件或者其他方式的联络，只要有沟通，就有解决问题和好如初的可能性。二要放下身段迁就，给予对方台阶。一方主动打开僵局，另一方就要放下身段去迁就，不能自以为是地觉得自己很重要，不给对方台阶下。只要两个人有话说了，回归理性后才能逐渐化解之前的矛盾，婚姻才能继续前行。但最好不要总是特定的一方放下身段去迁就，另一方常常高高在上，要懂得只有轮流的相互迁就才能经营好婚姻。三要不用冷战威胁，放下威胁筹码。很多时候，一方是冷战的主导者，有些人习惯用冷战的方式去逼迫对方妥协，对方妥协之后和好，等到一不顺心再次吵架的时候，又再次利用冷战来达到自己的目的。其实，主导者表面看来是赢家，实际上这会给婚姻带来致命的伤害，这就像“狼来了”的故事，对方一旦不按照你的方式出牌，赢家就成为输家，造成两败俱伤。所以经营好婚姻就不要拿冷战作为威胁对方的筹码。四要不要得理不饶人，学会及时闭嘴。婚姻中，双方必定有一方语言表达能力稍强，在吵架的时候常常会得理不饶人地喋喋不休。吵架时，如果发现对方开始沉默、不回话的时候，自己也要试着冷静下来，不要总想着逞一时的口舌之快，要知道，沉默的一方也许正用冷战甚至冷暴力的形式来解决问题。所以，为了经营好婚姻，就不要得理不饶人，要学会及时闭嘴。五要多做自我批评，寻找自身不足。夫妻之间闹矛盾，不管谁对谁错，事后都不能再随意指责，而是应该多做自我批评，找出自己的不足之处，反思一下自己的行为。这样，有助于缓和紧张关系，经营好婚姻最重要的也就是不断进行自我批评。

总之，夫妻之间的矛盾和冲突在所难免，关键是大家都要冷静下来。对于夫妻关系来讲，每个人在关系中都希望能够得到尊重，被看见，被表达，没有事情是可以靠“躲开”来解决的。在冲突中只有懂得张嘴和闭嘴的奥秘，尊重婚姻关系中的另一半，才能解决好问题，这既是一种能力，更是一种修养。

（3）给予空间的技能。现代婚姻是以感情作为基础的，也更加追求自主、自由、平等的夫妻关系。在成长的过程中，每个人都形成了一套自己比较喜欢的行为方式和价值观，强加于人或者受到对方的干预都会带来压力和冲突。好的婚姻应该是为了让彼此生活得更好，而不要总想着去改变对方，把对方变成自己想要的人。所以，经营好婚姻就要给对方留下足够的空间，允许对方按照自己想要的方式生活，在给对方留下足够空间的同时也给自己留下了按照自己想要的方式生活的空间。

2. 学会经营三种关系

（1）学会经营好夫妻双方的关系。夫妻关系是婚姻中最核心、最重要的关系，良好的夫妻关系能够促进婚姻幸福，恶劣的夫妻关系只会破坏婚姻完美。在经营夫妻双方关系方面，首先要在平时注意增进彼此感情，其次在吵架时要坚守一定的底线。

一是增进彼此感情。俗话说，过日子没有勺子不碰锅沿的。就算是稳定的关系，也会有很多大大小小的冲突，严重的甚至会导致彼此最终分道扬镳。因此，要想稳固夫妻关系，就需要学会如何增进夫妻感情。首先要多些有效沟通。在夫妻关系中，一个有效的沟通能够很快解除夫妻之间的误解，化解矛盾。相反，无效的沟通像一颗定时炸弹，它会拨弄你脆弱的神经，随时都会摧毁你的坚强，让爱情化为灰烬，让婚姻摇摇欲坠。其次要共同承担家务。既然家庭是夫妻两个共同组建的，那么家务当然就得夫妻共同承担。更何况夫妻共同承担家务可以增进夫妻之间的感情。加拿大西安大略大学最新研究显示，共同承担家务活的夫妇有高于平均水平的幸福感和生活满意度。再者要适时制造浪漫。想让婚姻保鲜，就需要适时制造浪漫。最好的表达方式就是用适当的“形式主义”让夫妻关系变得甜蜜融洽，在某个平常的日子看场电影、吃顿饭，或许就会让矛盾化解，让夫妻感情更紧密。① 当然，还要给他/她一定空间。婚姻需要相对自由的空间，你越是紧紧地抓住对方不放，往往越会适得其反，这同“物极必反”是一个道理。给予对方一定空间是一种信任对方的表现，倘若能做到这一点，夫妻之间的感情会越来越稳固。

二是吵架要有底线。吵架是门艺术。同样都是吵架，有的夫妻吵架使婚姻越来越和谐，有的伴侣吵架导致婚姻最后以散场告终。其区别就在于，争吵时双方有没有把握好度，是否越过了底线。第一，再怎么吵架也不动手，更不轻易说离婚。对夫妻来说，“离婚”是非常敏感的词，动辄以离婚相威胁，不但不能喝止对方，还会导致小吵架升级成“世界大战”，一发不可收拾。第二，吵架内容仅限于双方，不涉及对方父母。英国心理学家指出，吵架时牵扯出亲朋好友，尤其是对方父母，将会扩大战场。第三，今天吵架今天解决，不把问题留到明天。就像今日的事情今日毕，当天的吵架也要当天完，不能把问题留到明天。积压问题，很容易导致二次爆发，杀伤力远比原来的吵架要大。第四，吵架一件归一件，过后不去重复翻旧账。吵架要做到就事论事，不能翻对方的旧账，把以前的过错拿出来重复讲，这容易把“芝麻”吵成“西瓜”，最后难以收场。俗话说“牙齿还有咬着舌头的时候”，夫妻相处难免会遇到磕磕碰碰、争吵斗气的事。如果说夫妻结合，是以“爱”开始的，那么夫妻分手，往往是以“吵架”开始的。吵架不可怕，没有底线、导致离婚的吵架才可怕。要维护好夫妻之间的感情，有底线的吵架很重要。吵架时，双方应明白通过争吵要达到什么目的。有益的争吵能够加深双方的了解，能够使感情更和谐，使家庭更和睦；有害的争吵只会彼此伤害，

---

① 马梦娅．婚姻里的“形式主义”其实很甜蜜．武汉晨报，2014-09-09.

破坏感情基础，甚至导致婚姻破裂。

（2）学会处理好婆媳之间的关系。婆媳关系是婚姻中最复杂、最微妙，也是最难处理的关系。婆媳关系融洽与否直接影响到夫妻关系，影响到婚姻的稳定。因此，想要营造幸福的婚姻，处理好婆媳关系至关重要。

一是要能理解婆婆的心情。和婆婆相处的时候，作为儿媳妇要多体谅和理解婆婆的心情，站在婆婆的角度去思考问题，学会去琢磨婆婆的心理。避免和婆婆产生争吵和冲突。首先，儿媳妇要做到婆婆即使再有错，再怎么生气都不要和婆婆吵架。如果你一旦跟她开仗，就是你的不对了。作为晚辈的媳妇唾沫横飞地跟婆婆对着干，就是一种没有孝道和素质的表现。其次，多花时间和老公一起陪伴婆婆。自己辛辛苦苦养大的儿子突然间跟另外一个女人亲密有加，这是很多婆婆心理不平衡的地方。如果一个媳妇能够多提醒自己的丈夫看望和孝敬婆婆，婆婆的这种失去儿子的感受就会减少，而且还会记住媳妇的好。这就能够促进婆媳之间的关系。

二是把握好对丈夫的态度。第一，不要在婆婆面前和丈夫过分亲热。“娶了媳妇忘了娘”，这是所有婆婆最大的心病，老公越是疼爱你，婆婆的失落感和忌妒心可能越强烈。[①] 而且一般情况下，婆婆会把罪都归到媳妇的身上，因此，要记住不要在婆婆面前和老公过分亲热。第二，不要在婆婆面前跟老公吵架或说老公的不是。父母都是“护犊子”的，自然婆婆也是护着儿子的。所以，当着婆婆的面跟老公吵架或指责老公的不是，婆婆是不太可能偏向你的，更有可能她会觉得自己的儿子受了欺负。

三是扮演好自己的新角色。调整自己的心态，扮演好媳妇这个新角色：一要尊重婆婆，二要学会忍让，三要避免争吵。作为父母的女儿可以说话直接一点，但是作为婆婆的媳妇讲话一定要注意分寸。充分体现婆婆对你们的重要性，让她感觉到，她做的事情是有用的、是受到赞赏的，这种成就感可以满足她的爱子心情。

四是不要一和婆婆产生矛盾就到处抱怨。第一，不要在老公面前说婆婆的坏话，没有一个儿子是不尊敬和维护自己的母亲的。在老公面前说婆婆的坏话，不仅会破坏夫妻感情，而且万一老公一不小心在婆婆面前透露了，就

---

① 李静．媳妇与婆婆相处小技巧．农村百事通，2013（22）：73.

会直接恶化婆媳关系。第二，不要在外人面前说婆婆的坏话。“批评就像家鸽，总会飞回来的”。如果在认识婆婆的人面前讲婆婆的坏话，往往会被添油加醋后传到婆婆耳朵里，引发婆媳矛盾。

五是善于发挥老公、孩子的中介作用。第一，学会利用老公来调节。婆媳不是亲生母女，彼此之间缺少像丈夫与婆婆那种母子间的亲切，也不像夫妻之间由感情产生亲密，因而出现了隔阂往往不容易消除。这个时候，作为婆婆的儿子、妻子的丈夫如果能够从中周旋，可以起到奇效，快速消除婆媳之间的心理屏障，使其和好如初。第二，不要忽视孩子的作用。如果来一句“您孙子/孙女整天念叨您”，或者“您孙子/孙女最爱吃您包的饺子”……婆婆肯定立马笑开花，瞬间拉近婆媳的距离。

婆媳关系是家庭和睦的关键，如何征服公婆的心，关键是找对方法。如果面对婆婆时，能够多一分理解、多一份包容、多一份忍让、多一份关爱，相信婆婆会对你赞不绝口，真心疼爱。

（3）学会平衡好家庭事业的关系。事业是婚姻的基础，婚姻是事业的润滑剂。两者不是水火不容的关系，而是相互促进的关系。只要我们能够平衡好家庭和事业的关系，不仅能够在事业上获得成功，也能在婚姻中收获幸福。一要努力工作，为家庭奠定经济基础。婚姻的存在必然要以事业为基础，没有事业的婚姻只能是镜花水月，是不切实际的。婚姻的存在需要以物质为基石，而物质基础又来源于事业，事业又是婚姻的基础和保障。二要在工作之余，多留点时间照顾家庭。婚姻虽然以事业为基础，但是因为事业而耽误婚姻是不实际的。我们不可能抱着工作过一辈子，但是我们需要依赖家庭过一生。因此，在奋斗事业的同时，不能忘记照顾家庭，不要犯下“收获事业，失去婚姻”的错误。三要树立共同的奋斗目标，相互鼓励和帮助。事业和婚姻相互协调的一种捷径就是“合资”：用事业合资感情，用婚姻激励工作，双方树立共同的事业目标，在过程中相互鼓励，相互帮助，共同创造事业和婚姻的“白金状态”。四要在遇到难以平衡的情况，及时去商量解决。在平衡事业和婚姻的过程中不总是一帆风顺的，总有些时候会因为事业而忽略婚姻，或者因为婚姻牵绊了事业。这个时候如果处理不当，很有可能会引发夫妻矛盾，同时影响事业，但如果能够跟对方及时商量沟通，得到对方的理解和支持，不仅能增加感情，还能推动事业。

选择事业可以让人生变得光辉灿烂，选择婚姻和爱情可以让人的身心得以充分的满足。但只有两者都获得的时候，人生的价值才能完全体现。婚姻家庭给了事业发展的动力；事业给了婚姻一个坚强的保障。当我们步入婚姻之后，不能抛弃任何一方，唯一的办法就是学会平衡。

结婚是爱情走向更高阶段的开始，它不只是进入两人世界，还进入另一个家庭、另一个社会，需要我们用心经营。婚姻原本是只空盒子，你想从里面取出什么和取多少，全看你曾经往里面存了什么、存了多少。婚姻中的“幸福”不能只用爱情作支柱，它只有在和责任、义务、承担相连的时候才能圆满，也才能保证你笃定地拥有它，如果你在婚姻的盒子里透支了你从未存下的幸福，结果会导致更大的不幸和更多的煎熬。① 幸福的家庭是用心经营出来的，婚姻是一个漫长的过程，它不是永恒，它随时有可能坍塌，它很脆弱，更需要彼此的精心照料，用心去浇灌、去滋润，而不是单纯地把它交给时间，让时间去检验它的“花期”，或者任由其自生自灭。因此，对于婚姻，经营得当，收获幸福；经营不善，引发危机。当面对危机时，我们要善于化解，否则婚姻很可能会瓦解。

五、 正确面对婚姻的终结

婚姻的破裂，即指离婚。离婚是指夫妻双方通过协议或诉讼的方式终止夫妻间的权利和义务，从而解除婚姻关系的一种法律行为。当今时代，“西方国家离婚率居高不下和发展中国家离婚率稳步上升，已成为婚姻家庭关系的一个显著特点”。当离婚已逐渐成为现实生活中常见的现象，学会理性地认识和对待离婚，更有利于人们对人性德与美的思考，也有利于人们能理性直面离婚的一切后果。对于当代大学生也是一种启示和警醒，对离婚的认识能够提升对婚姻的认识，更加珍惜、理智地选择和对待婚姻。

（一）离婚是一把 “双刃剑”

离婚是一种社会现象。根据英国著名的法学家亨·梅因的观点，离婚实际上是人类婚配史上的一大进步，它使人有可能摆脱外部力量的约束而进行

① 姜赟. 婚姻同样需要用心经营. 人民日报，2018－06－25.

符合个人意愿的自由的选择。马克思也曾说过，离婚是对已经死亡的婚姻的宣判。所以，现代社会的离婚无论对于双方还是社会，都是幸事，离婚使幸福得以在毁坏中再生，故现代社会的离婚现象本身是合乎道德精神和社会正义秩序的。从另一方面来说，离婚意味着婚姻的解体和家庭的离散，不仅会给当事人及其孩子带来痛苦和烦恼，更会带来一系列的社会问题，不负责任的离婚态度、不道德的离婚手段和处理方式会大大强化离婚的副作用。

因此，离婚不能单纯地说是好事或者坏事，不能简单地认为是道德的还是不道德的，也不应把离婚率高低作为社会文明进步和社会稳定与否的标志，应该具体问题具体分析。但总体来看，社会更加进步，人们的自由度也就更大，人们更愿意追求幸福的婚姻。① 我们既要健全法制、加强婚姻家庭道德建设和社会心理干预，以保障合理合法的离婚自由，又要以必要的社会调控手段反对轻率离婚和减少不道德的离婚行为。

（二）离婚文明化是一种社会趋势

建设幸福美满的婚姻家庭可以说是当今社会人们的共同追求和愿望。现代人对婚姻品质的期望值远远高于上一辈，一旦婚后的现实与婚前的期望产生的矛盾不可调和时，离婚就成为必然的选择。② 这是尊重人性法则的明智行为。从这个角度来说，离婚率的上升，一定程度上意味着婚姻质量的提高。

随着我国社会的进一步发展及人们自由离婚权利的取得，离婚的文明化将逐渐成为一种趋势。可以预见的是，离婚很可能变得没有具体的事件作为明确的理由，仅仅是因为生活的平淡乏味、配偶双方交流的障碍与相处的疲惫，孩子已经不再成为离婚的障碍，面对离婚时选择协议离婚这种对双方杀伤力最小的方式是相当一部分人的明智选择，人们对离婚及财产分割的处理方式将更加理性化、文明化。③ 然而，离婚对孩子造成伤害是夫妻双方任何一方都不愿意看到的，彼此感情破裂，但是孩子始终是无辜的，不应该因为大人的这种“错误”而给孩子带来伤害或者阴影。所以即使现代社会孩子已

---

① 王维英，吴澄波．我国转型期社会高离婚率研究——以江苏太仓市为例．中共南京市委党校学报，2014（6）：81－85.

② 齐冀．恩格斯的婚姻观及其现实意义．青年与社会，2014（10）：367.

③ 方刚．经营婚姻的策略．http：//blog. sina. com. cn/s/blog_467a5c9601000448. html.

然不能成为阻止感情破裂的夫妻离婚的障碍，但是我们一定要考虑离婚对孩子身心的伤害。而这种理性化、文明化的离婚则使离婚家庭的孩子不受伤害成为可能。

（三）离婚的心理调节和责任分担

现代生活中，离婚本身不是一件大不了的事情，但并不意味着可以避免感情的伤害。目前而言，离婚对许多人来说依然是一件大伤元气的事情——从一个人变成两个人，再由两个人恢复到一个人，数字可以轻易回归初始状态，然而情感、心境经历的变化再也不能回到从前了。所以，离婚对于很多人来说，仍然是一件很痛苦的事情，在心理上会发生很大的变化，甚至有些人刚刚离婚会变得抑郁、不自信，严重影响了正常生活。所以，倘若离婚，要找回快乐，需要注意以下几个方面。

1. 做好心理调节， 努力适应周围的新环境

离婚不管对谁来说都是一个重大事件，甚至可以说是一种人生挫折。所以在离婚以后总是难免会产生一些负性心理，就需要我们去调节。首先要避免过于自责。不要总是自责，寻找自己的过错。有些人，尤其是女性，被失败的婚姻打击了自信，总是回想过往，寻找自己的错处，然而过分自我责备只会增加心理负担。要明白婚姻是两个人的事情，因此，婚姻破裂绝对不是单方面的问题，双方都有责任，在认清自己过错时也需要看到对方的问题。其次不要总是抱怨。不要总是抱怨对方的不是，埋怨命运的不公。有些人离婚了总是把过错推到对方的头上，总是谴责和抱怨对方的不是，面对周围人的非议会感到孤独、无奈和愤愤不平。抱怨和埋怨不利于问题的解决，反而会让自己陷入不仁不义的境地。再者不要随意结新欢，不要出于寂寞而随意结识新异性。刚结束一段感情，很多人一下不习惯身边少了另一半，不喜欢曾经远离的寂寞重新回来，所以随意结识新的异性。出于寂寞而随意结识新异性并不是好的解决办法，内心的伤还在滴血，很难处理好新的亲密关系，所以应该先等待伤口愈合再去承担一段新感情。建议将主要精力用于工作和学习，暂时遗忘眼前的不愉快，使心情趋于好转，或者可以先外出散心，整理思绪，努力平复情绪，然后再去面对曾经共同朋友的态度转变、面对与对方亲戚关系断裂等事情。最后要努力建立新圈子。要努力建立新的人际圈子，

离婚之后朋友圈可能会减小，不要因为朋友圈子的变化而默默难过，而是应该去建立新的人际圈子。同时可以将注意力重新投进已有的关系之中，比如父母、兄弟姐妹、闺蜜，这些之前由于婚姻而冷落了的人，他们给你的支持越多，你就能越快恢复健康情绪。① 有些人遭受精神伤害喜欢躲起来自己舔伤口，不愿意他人介入，这并不是好办法，要在新的人际圈子里开始自己新的人生。

2. 离婚但不离德，努力承担自己的责任

离婚对家庭来说毕竟不是幸事，再和平、再理智的离婚也总难免会有所伤害。夫妻做不成，还可以做朋友，即使连朋友都不想做了，也大可不必反目成仇。因为不做夫妻，还要做人，做人有做人的道德，要做到离婚不离德。倘若一提到离婚不是吵闹大骂，就是死命纠缠；或是万念俱灰，痛不欲生，自暴自弃；或是由爱生恨，打击报复，伤害别人。这种行为既挽救不了原来的婚姻，到头来也害人害己，不但两败俱伤，更是有悖于情理、有违于道德和法律。现代社会的婚姻自由，既包括结合自由，又包括离婚自由，结合就会有离婚，对离婚的现实，与其消极逃避，不如积极对待。不少人因误解而结合，又因理解而分手，不管因何离婚，人生都应多一点宽容，多一点理解，多一点爱。“离婚不离德”既是人类文明社会进步的一种体现，也是不得已走进离婚大门的人所值得倡导的。离婚不离德，还要努力承担自己应该承担的责任。离婚固然解除了原有夫妻之间的权利和义务，但是不管孩子跟随哪一方生活，对孩子的关爱、照顾和抚育，这种情感上、经济上的责任和义务是无论如何也不能逃避的。在另一方有困难的情况下，还要尽可能给予帮助，这也是道义上的责任。

3. 保持积极乐观，调整好心态准备再婚

有关数据表明，我国离婚者再婚人数一直呈上升趋势，再婚率近些年为70%以上，且女性高于男性，和美国相比略低（20 世纪 80 年代美国人离婚者再婚比重，男性为83%，女性为80%）。可见，离婚者大多数都能以积极的心态再婚，表明离婚并不意味着人们要否定婚姻本身，而恰恰是追求幸福

---

① 秦启竞．离婚后不快乐 你应该重新适应单身．http：//www．xymy．com/xl/hlxl/2012/12－739369．html．

婚姻的良好心态。生活中有些人离婚后很伤心，对异性普遍怀有猜忌心理，表现出不信任和猜疑，不相信存在真正的爱情和幸福。这种心理状态长期存在，对再婚是非常不利的。离婚后要及时进行自我心理调适，以积极、乐观的心态准备再婚，如果选择再婚，要放下包袱，谨慎为之。多从实际情况出发，以对方的人品为重，钱财和地位等外在条件不应作为考虑的首要条件；不要急于求成，要信任对方和尊重对方，要更加理智。经过慎重选择，再婚后，生活一样会幸福。

实验实训

一、婚姻“魔盒”

目的：帮助学生认识到婚姻需要经营。

材料：盒子、卡纸若干。

步骤

1. 给每个小组发一个空盒子和五张空白卡片。

2. 小组成员一起思考幸福婚姻需要哪些秘诀，讨论后统一意见，在每一张卡片上写上一个秘诀。

3. 出示婚姻中的问题情境，每个小组每次最多只能拿出一张卡片，也就是一个秘诀解决问题，解决一个问题积一分。

4. 结束后，哪个小组积累分数最高，获得奖励；哪个小组获得分数最低，接受惩罚。

二、婚姻“折纸”

目的：带领学生了解婚姻生活中的沟通障碍是如何形成的。

材料：A4 纸若干。

步骤

1. 给所有学生发一张纸，按照指令去做，任何人都不能发声（要求学生闭上眼睛）。

2. 教师引导学生将纸对折一下，然后再对折一下，在右上角撕去一个角，然后转动180度，再将手中所拿纸的左上角撕去，然后把纸打开。观察自己的图形和教师的图形，会发现很多不一致的情况。

3. 再发给所有学生一张纸，重复做上面的动作，只不过这次允许学生在做的过程中可以看着老师如何做，向老师发问，并提出自己的一些疑问及不清楚的地方（譬如，问清楚对折是横折还是竖折，折过后的开口朝哪个方向等）。在此基础上做完全过程，然后要求学生将纸打开。再一次和老师的图形作比照，会发现图形不一致的现象还是有存在，只不过较上次少了许多。

4. 教师引导学生探询结果不一致的原因。

注意事项

1. 第一次折纸后的多数不同，可从以下4个方面探讨沟通的障碍或陷阱：

——闭着眼睛，引导为对方接收不到批评指责的言语；

——不准询问，引导为是一种沟通中的无理需求；

——对折，旋转，引导为累积的愤怒；

——单向沟通，引导为理解上的差异，沟通上的不足。

2. 第二次折纸比第一次折纸差异上的减小，可引导为双向沟通的重要性；但仍存在不同，可引导为沟通有赖于对双方彼此的了解，沟通环境的限制等。

体验感悟

一、 理想中的婚姻模样

一日，朋友发来和老婆的蜜月旅行照片，蓝天白云下的两个人十指相扣，咧着嘴笑得很开心；

一日，朋友发来和老公的聊天记录，两个人吵架了，各自说着各自的理由，越说越多；

一日，朋友说坚持了半年还是离婚了，两个人的观念不一致，经常因为一件小事吵架。

有一句话相信大家应该都听说过——“幸福的婚姻都差不多，但不幸的婚姻却千差万别。”

到底什么样的婚姻才是幸福呢？我想，婚姻最好的模样大概就是：____________。

请结合本章知识，谈谈你心目中理想的婚姻模样是什么。

二、 对毕婚族的看法

“毕婚族”成员自述：

沈雪蜷在沙发里，一脸落寞。“现在的他宁愿和朋友一起喝酒吃饭，也不愿意陪我。以前出去玩都愿意把我带上，现在我好像见不得人了一样。如果能让我重新选择一次，我宁愿一辈子都做他的女朋友，不当他的老婆。”

“80后”“90后”是较崇尚自由的，不喜欢责任和旧观念的束缚。即使结了婚，也不愿被婚姻“锁”住。婚后面临的诸多新选择，让他们的婚姻充满了变数和不可预知的危险。本以为和心爱的人长相厮守是世界上最幸福的事情，但婚后才知道婚姻是爱情的坟墓这句话并没有错。过早走入婚姻的大学生一般都难以一下接受从“未婚”到“已婚”的转变。心理落差和无法适应的角色转变让“毕婚族”的婚姻大多都不够稳定，“中途死亡”的概率也增加了很多。①

对于“毕婚”，你怎么看？你支持，还是反对？理由是什么？

推荐书籍

［英］穆得·丘顿·巴拉比. 读懂婚姻，你就幸福了. 北京：人民邮电出版社，2014.

推荐理由：获得甜蜜的爱情与幸福的婚姻是每个人的梦想。然而，只有善于经营的人才能收获持久的幸福婚姻。《读懂婚姻，你就幸福了》深刻解析了男女双方的思想差异、男人和女人不同的感情世界、夫妻产生矛盾的根源、婚姻失败的原因，以及其他导致婚姻出现问题的方面，同时教给读者应对各种问题的方法，指给读者一条通往美满婚姻的道路。作者见解独到，分析鞭辟入里，语言精彩，故事感人，值得每一位读者细细品读。

---

① 王晓易. 毕婚族：为何毕业证结婚证一起领?. 中国青年报，2007－05－20.

第八章　携手美好未来　笑对未来人生

人生试题一共四道题目：学业、事业、婚姻、家庭。平均分高才能及格，切莫花太多时间和精力在任何一题上。

——亦舒（中国作家）

一、 人生故事

《圣经》有言：“有的时候，人和人的缘分，一面就足够了。因为，他就是你前世的爱人。”文坛伉俪钱锺书和杨绛的爱情便应了这句话。1932 年早春，在清华大学古月堂门口，两人初次偶遇，杨绛觉得他眉宇间“蔚然而深秀”，钱锺书被她“颉眼容光忆见初，蔷薇新瓣浸醍醐”的清新脱俗吸引，丘比特的金箭暗暗射中两人，一段旷世情缘就此徐徐萌发……

相识：人生若只如初见

杨绛出生在无锡一个书香门第的家庭，清逸温婉，知书达理。1928 年，杨绛高中毕业，她心心念念想报考清华大学外文系，孰料那年清华大学开始招收女生，但是南方没有名额。无奈之下，她选择了东吴大学。

1932 年初，杨绛本该读大四下，东吴大学却因学潮而停课。为了顺利完成学业，杨绛毅然北上京华，借读清华大学。当时，为了去清华，杨绛放弃了美国韦尔斯利女子大学的奖学金，至此，她终于圆了清华梦。仿佛冥冥中，清华园的钱锺书正在召唤着姗姗来迟的她。

3月的一天，风和日丽，幽香袭人。杨绛在清华大学古月堂的门口，幸运地结识了大名鼎鼎的清华才子钱锺书。当时，钱锺书穿着青布大褂，脚穿一双毛布底鞋，戴一副老式眼镜，目光炯炯有神，谈吐机智幽默，满身浸润着儒雅气质。

两人一见如故，侃侃而谈。钱锺书急切地澄清："外界传说我已经订婚，这不是事实，请你不要相信。"杨绛也趁机说明："坊间传闻追求我的男孩子有孔门弟子'七十二人'之多，也有人说费孝通是我的男朋友，这也不是事实。"恰巧两人在文学上有共同的爱好和追求，这一切使他们怦然心动，一见钟情。

两人恋爱时，除了约会，就是通信。钱锺书文采斐然，写的信当然是撩人心弦的情书，杨绛的那颗芳心被迅速融化。有一次，杨绛的回信落在了钱锺书父亲钱基博老先生的手里。钱父好奇心突发，悄悄拆开信件，看完喜不自禁。原来，杨绛在信中说："现在吾两人快乐无用，须两家父母兄弟皆大欢喜，吾两人之快乐乃彻始彻终不受障碍。"钱父大赞："此诚聪明人语!"在钱父看来，杨绛思维缜密，办事周到，这对于不谙世事的儿子，是可遇不可求的贤内助。

其实，这段缘分早就命中注定了。早在1919年，8岁的杨绛曾随父母去过钱锺书家做客，只是当时年纪小，印象寥寥。但这段经历恰恰开启了两人之间的"前缘"。而且钱锺书的父亲钱基博与杨绛的父亲杨荫杭都是无锡本地的名士，两人的结合可谓是"门当户对，珠联璧合"，两家人是真正的"皆大欢喜"。

相爱：赌书消得泼茶香

在20世纪的中国，杨绛与钱锺书是天造地设的绝配。胡河清曾赞叹："钱锺书、杨绛伉俪，可说是当代文学中的一双名剑。钱锺书如英气流动之雄剑，常常出匣自鸣，语惊天下；杨绛则如青光含藏之雌剑，大智若愚，不显刀刃。"在这样一个单纯温馨的学者家庭，两人过着"琴瑟和弦，鸾凤和鸣"的围城生活。

1935年，杨绛陪夫君去英国牛津大学就读。初到牛津，杨绛很不习惯异国的生活，乡愁迭起。一天早上，杨绛还在睡梦中，钱锺书早已在厨房忙活开了，平日里"拙手笨脚"的他煮了鸡蛋、烤了面包、热了牛奶，还做了醇香的红茶。睡眼惺忪的杨绛被钱锺书叫醒，他把一张用餐小桌支在床上，把美味的早餐放在小桌上，这样杨绛就可以坐在床上随意享用了。吃着夫君亲自做的饭，杨绛幸福地说："这是我吃过的最香的早饭。"听到爱妻满意的回答，钱锺书欣慰地笑了。

学习之余，杨绛和钱锺书还展开读书竞赛，比谁读的书多。通常情况下，两人所读的册数不相上下。有一次，钱锺书和杨绛交流阅读心得："一本书，第二遍再读，总会发现读第一遍时会有许多疏忽。最精彩的句子，要读几遍之后才会发现。"杨绛不以为然，说："这是你的读法。我倒是更随性，好书多看几遍，不感兴趣的书则浏览一番即可。"读读写写，嘻嘻闹闹，两人的婚姻生活倒充满了悠悠情趣，羡煞旁人。

1942 年底，杨绛创作了话剧《称心如意》。在金都大戏院上演后，一鸣惊人，迅速走红。杨绛的蹿红，使大才子钱锺书坐不住了。一天，他对杨绛说："我想写一部长篇小说，你支持吗?"杨绛大为高兴，催他赶紧写。杨绛让他减少授课时间，为了节省开支，她还把家里的女佣辞退了，自己包揽了所有的家务活，劈柴、生火、做饭样样都来，经常被烟火熏得满眼是泪，也会不小心切破手指。可是杨绛并未抱怨过，她心甘情愿地做灶下婢，只盼着钱锺书的大作早日问世。看着昔日娇生惯养的富家小姐如今修炼成任劳任怨的贤内助，钱锺书心里虽有惭愧，但更多的是对爱妻的感激与珍爱。

两年后，《围城》成功问世。钱锺书在《围城》的序中说："这本书整整写了两年。两年里忧世伤生，屡想中止。由于杨绛女士不断的督促，替我挡了许多事，省出时间来，得以锱铢积累地写完。照例这本书该献给她。"其实，《围城》是在上海沦陷时期写的，艰难岁月里，夫妻两人相濡以沫，相敬如宾，这是多么难得的人间真情啊!

1945 年的一天，日本人突然上门，杨绛泰然周旋，第一时间藏好钱先生的手稿。新中国成立后至清华任教，她带着钱锺书主动拜访沈从文和张兆和，愿意修好两家关系，因为钱锺书曾作文讽刺沈从文收集假古董。

钱家与林徽因家的猫咪打架，钱锺书拿起木棍要为自家猫咪助威，杨绛连忙劝止，她说林的猫是她们家"爱的焦点"，打猫得看主人面。杨绛的沉稳周到，是痴气十足的钱锺书与外界打交道的一道润滑剂。

1946 年初版的短篇小说集《人·兽·鬼》出版后，在自留的样书上，钱锺书为妻子写下这样无匹的情话："赠予杨季康，绝无仅有的结合了各不相容的三者：妻子、情人、朋友。”

钱锺书的小说《围城》被搬上荧幕前，导演黄蜀芹曾专门上门征询夫妇俩的意见。杨绛边读剧本，边逐段写出修改意见。电视剧果然名声大噪，一时在全国掀起热潮。

而出现在每集片头的那段著名的旁白：“围在城里的人想逃出来，城外的人想冲出去。对婚姻也罢，职业也罢。人生的愿望大都如此。”被无数人时常引用，实际上就出自杨绛之手，她可谓是最懂《围城》的人。

多年前，杨绛读到英国传记作家概括最理想的婚姻：“我见到她之前，从未想到要结婚；我娶了她几十年，从未后悔娶她；也未想过要娶别的女人。”把它念给钱锺书听，钱当即回说，“我和他一样”，杨绛答，“我也一样。”

相守：此情可待成追忆

爱女阿圆出生时，钱锺书致“欢迎辞”：“这是我的女儿，我喜欢的。”杨绛说女儿是自己“平生唯一的杰作”。

回国后，这个三口之家一直居无定所。1962 年 8 月，一家人迁居干面胡同新建的宿舍，有四个房间，还有一个阳台，他们又添置了家具，终于有了个舒适的家。那时，钱锺书经常带着妻女去饭馆吃饭。有一次，在等待上菜的空档，钱锺书和阿圆一直在观察其他饭桌上吃客的言谈举止，并且像看戏一样很是着迷。杨绛奇怪地问：“你们这是干吗啊?”阿圆说：“观察生活是件很有趣的事，你看那一桌两个人是夫妻，在吵架，那一桌是在宴请亲戚……”杨绛明白了，这父女俩是在看戏呢。待到吃完饭的时候，有的戏已经下场，有的戏正在上演。这三人在一起，总有无穷的趣味，平淡的生活充满了温情。

这个三口之家，很朴素，很单纯，温馨如饴，只求相守在一起，各自做力所能及的事……

时光静静流逝着，再美好的故事总有谢幕的一天。

1994 年，钱锺书住进医院，缠绵病榻，全靠杨绛一人悉心照料。不久，女儿钱瑗也病重住院，与钱锺书相隔大半个北京城。当时，八十多岁的杨绛来回奔波，辛苦异常。

钱锺书已病到不能进食，只能靠鼻饲，医院提供的匀浆不适宜吃，杨绛就亲自来做，做各种鸡鱼蔬菜泥，炖各种汤，鸡胸肉要剔得一根筋都没有，鱼肉一根小刺都不能有。

“锺书病中，我只求比他多活一年。照顾人，男不如女。我尽力保养自己，争求‘夫在先，妻在后’，错了次序就糟糕了。”1997 年，被杨绛称为“平生唯一的杰作”的爱女钱瑗去世。

一年后，钱锺书临终，一眼未合好，杨绛附他耳边说：“你放心，有我呐。”内心之沉稳和强大，令人肃然起敬。“锺书逃走了，我也想逃走，但是逃到哪里去呢？我压根儿不能逃，得留在人世间，打扫现场，尽我应尽的责任。”

女儿走了，丈夫走了，昔日其乐融融的家庭不复存在，只剩下杨绛孤零零一个人。2003 年，《我们仨》出版问世，这本书写尽了她对丈夫和女儿最深切绵长的怀念，感动了无数中国人。杨绛写道：“1997 年早春，阿瑗去世。1998 年岁末，锺书去世。我们三人就此失散了。现在，只剩下我一个。”

杨绛深居简出，很少接待来客，并悉心整理钱锺书的手稿。有一日，社会学家费孝通来拜访杨绛，他对当年的心上人还是情有独钟，便带着自己的著作来请杨绛“斧正”。旧友重逢，喜上眉梢，两人嘘寒问暖，交谈甚欢，忽然杨绛意识到自己有些失态了，便态度冷淡起来。待送别费老时，他颤巍巍走下楼梯，还依依不舍地频频回头，杨绛淡淡地说：“楼梯不好走，你以后再不要知难而上了。”费老瞬间领悟了她的意思，从此彻底死了心。

2010 年 7 月 17 日，是杨绛先生的百岁大寿，但是她很低调，没有举行任何隆重的庆祝仪式，她只嘱咐亲戚们在家为她吃上一碗寿面即可。

钱锺书曾用一句话概括他与杨绛的爱情：“绝无仅有的结合了各不相容的三者：妻子、情人、朋友。”这对文坛伉俪的爱情，不仅有碧桃花下、新月如钩的浪漫，更融合了两人心有灵犀的默契与坚守。纵然两人已离世，其深情依旧在岁月的轮回中静水流深，生生不息。[①]

---

① 谢云凤，等．钱锺书与杨绛：这世上果然有势均力敌的爱情．https：//culture.ifeng.com/a/20160525/48843814_0.shtml.

二、婚恋之于人生

从钱锺书先生和杨绛先生的爱情故事中可以看出，爱情的内容很丰富，但它并不是人生的全部，它需要恋人双方有着共同的志趣爱好、理想信念等共通之处，在人生中促进彼此事业的发展，在困难中支持对方前行，给予对方生活的力量。爱情只有成为婚姻的基本保障，才能经得起时间的考验，最终获得幸福生活，正所谓“爱情丰富人生，人生完美爱情”。它们你中有我，我中有你，相辅相成。当你经历了爱人与被爱，学会了爱，才会知道什么是爱，怎样去爱，才能够在爱情中充实人生，完善人生。

爱情是美好的，对于大学生来说，如果与爱情在大学时代相遇了，那就应该用心呵护，倍加珍惜。但是不能沉溺于爱情中而搁置学业，影响生活，耽误人生。人生除了爱情之外，还有比爱情更重要的东西，那就是事业。如果把位置颠倒了，将爱情摆在至高无上的地方，把爱情看作人生唯一的追求，那么爱情就会抑制事业的发展，而失去事业基础的爱情就结不出人生的硕果。我们常说的“饮食男女”就朴素地道出了事业与爱情的关系。匈牙利诗人裴多菲的著名诗句“生命诚可贵，爱情价更高，若为自由故，两者皆可抛”，就体现了爱情并非人生至高无上唯一的追求。人生需要爱情，但人生绝非只有爱情；只有与共同的事业、理想联结在一起的爱情，才能产生巨大的力量，才能经得起时间的考验。

心理视点

一、爱情与婚姻的真谛

爱情与婚姻既有联系又有区别，要收获美好的爱情和幸福的婚姻，了解两者的真谛是根本。我们只有把握爱情和婚姻的本质，才能经营好爱情，维系好婚姻，收获感情上的一路幸福。

（一）爱情的真谛

爱情是人类文化中一个永恒的话题，无论是诗人、作家、艺术家，也不论是工人、农民、商人还是知识分子和军人；不管是经历过的还是没有经历过的，所有来自不同社会、不同阶级、不同道德境界的人们都会给出各式各样的解释。但是，无论怎么定义爱情都无所谓，它的真谛是不变的，并得到了广泛认可，那就是理解、信任、责任和奉献。

1. 相互理解

印度107岁的老人和他100岁的妻子向我们证明了幸福的长寿婚姻，他说："爱情最重要的是要理解对方，无论男女都要学会倾听，对对方说的表示出兴趣，同时帮助他们缓解一些担忧或解决一些问题。"想要经营好幸福的爱情，从来都不是件容易的事，尤其是需要互相的理解。而理解是用爱来表达的动词，不仅仅在语言中，更是在行动中，这才是"理解"最正确的打开方式。因为理解，所以学会了支持；因为理解，所以有了心甘情愿的包容；因为理解，你才会成为最懂他/她的那个人；也因为这份理解，你才会成为这个世界上，除他/她父母之外，让他/她感到最放松、最舒适的存在。

2. 相互信任

如果说爱情是一座城堡，那么彼此之间的信任就好比基石。相互信任越多，城堡就越牢固；反之，这座爱情城堡就会像一座摇摇欲坠的危楼，随时都有倒塌的可能。两个人慢慢地从互相欣赏，到喜欢，到最后相爱。再慢慢地，会发现以前那些喜欢的条件都已经不成立了。比如她不再美丽，比如他的事业陷入低谷，但你还是会爱她，陪在他的身边。什么是爱人之间真正的纽带？是信任，彼此积累起的一种信任。这种信任是美丽的，是两个没有血缘关系的人建立起来的最纯洁的关系。当然，它也是脆弱的，建立它可能需要很久，打破它却只在一念之间。如果爱情失去了信任，那么感情会随着对方一次次对你的怀疑而出现裂痕，直到你们无法挽回。好好珍惜，信任没有了，爱也就不在了。没有了信任，就没有了一切。

3. 有责任感

选择就意味着责任，这是人生非常重要的一个态度，爱情都是每个人自己选择的，而选择的背后是你愿不愿意负起责任。爱上一个人就要扛起责任，当你爱上了，就意味着你要对这份爱付出。爱如果不能肯定，就不要轻易说永远，选择去爱了，就不要轻易说放弃。珍惜现在拥有的，再浪漫的爱情，时间长了也会归于平淡，不要等到失去了，才追悔莫及。爱不是建立在形式上的，最初的海誓山盟、永结同心，那仅仅只是对爱情的宣誓。爱是需要真实体现的，说得再好听，不如做得更实在。爱最大的考验是时间、距离、磨合、羁绊。爱情在这种情形下会出现种种挫折与磨难，在这一系列的种种之下，如果彼此可以扛起爱的责任，相互鼓励、支持，那么就会缩短爱与现实的差距。

4. 勇于奉献

没有奉献就得不到真正的爱情。恋爱是一种互相的行为，不但希望得到对方的爱，更重要的是要付出、要奉献。回报和奉献有时常常是对应的，在负起责任和奉献的同时，才更能体会到爱的幸福和神圣。车尔尼雪夫斯基曾说过："爱一人意味着什么呢？这意味着为他的幸福而高兴，为了使他幸福而去做需要做的一切，并从这当中得到快乐。"当然，奉献也是相互的，在相互的奉献中，爱才能存在，爱也才会不断加深。有人说爱之所以是一种积极的行为，在于它主要是给予而不是接纳。给予并不意味着放弃、失去、牺牲某些东西，而是指把自己身上存在的东西如快乐、兴趣、同情心、谅解、理解、知识等给予别人。在给予中，不知不觉地使别人身上的某些东西发生了变化，这种新生的东西又给自己带来新的意义，双方共享由此带来的欢乐。

（二）婚姻的真谛

在幸福的婚姻生活中，最动人的一幕也许还不是最初的那种如醉如痴的爱情，而是最后那种心心相印的相互依恋和理解：坐在一起不说一句话，却什么都已知道了。婚姻的真谛是夫妻双方必须具备尊重、理解、宽容、互助的基本素质。

1. 互相尊重，相敬如宾

夫妻之间最基本的就是要相互尊重。争吵会给夫妻双方带来危害，最好的办法是远离争吵，让自己冷静下来。事后双方再分析引起争吵的原因，不要互相叫喊，要平静地解决问题。学会永远地相互尊重，这样才能相敬如宾。

2. 互信互谅，推心置腹

在婚姻中，千万不要因为想长久就变得疑神疑鬼，夫妻间要有最起码的信任。人都是有逆反心理的，常常是你要求往东我偏朝西。为了维系爱情，使婚姻长久，就不要过分要求，多给予彼此一点独立的空间；学会体谅，学会坦诚相待，真心相待。

3. 互相帮助，共同奋斗

如果你的另一半取得了成就，你要伴随在他/她的身旁与他/她共同分享喜悦，他/她将能够感受到你的莫大支持和鼓励，会更加努力地去为你们的生活和未来奋斗，这也就在无形中增进了你们彼此之间的感情。为此，夫妻双方要互相支持，互相鼓励，共同成长，共同奋斗。

二、恋爱成长团体训练

恋爱不是纸上谈兵，再多的说理，不如真实的感受。当然，并不是说为了获得恋爱经验而去恋爱，而是可以通过一系列的活动来感受爱情的真谛和恋爱的相处法则，为今后能在正确的时间遇到正确的人，做出正确的决定，以后能够很好地维系好一段完美的爱情。

（一）爱情盾牌

1. 活动流程

目的：加强学生在异性交往中的自我认识，促进自我觉察。

步骤

（1）每人在一张纸上画一张盾牌，并把下面 4 个方面的事情写在盾牌上。

① 在与异性交往中，最快乐的一件事。

② 在与异性交往中，最尴尬或难过伤心的事。

③ 在与异性交往中，最想改变的一件事。

④ 在与异性交往中，最想知道的一件事。

（2）轮流讨论以上 4 个问题，分享自己的经验，找出自己的局限性。

2. 感悟分享

提问：你从活动中学到了什么？对你今后与异性交往有什么作用？

3. 启发引导

异性交往过程中由于男女的生理、心理、行为和语言方式等种种的不同，会出现很多问题。因此，在交往过程中，我们需要注意一些问题，来避免异性交往问题的出现，增加彼此相处的愉悦感，也培育彼此形成健康的关系。

（1）更新陈旧观念，主动交往。对异性产生渴慕，是正常的生理心理现象，过分压抑对于身心健康发展是不利的，尤其是在当今信息开放的年代，人们的观念发生了巨大变化，开放型的人际交往成了社交的主旋律，因此，不应将与异性交往神秘化。①

（2）消除异性交往的认识偏差。在异性交往的过程中，克服认知偏差，正确和客观地评价自己和他人，消除异性交往的神秘感。无论是男生还是女生，在人格上都要保持独立、平等，避免性别的歧视和偏见，减少异性交往过程中的心理防卫机制。

（3）培养轻松愉快的交往能力。在异性交往的过程中，尽量保持一种自然、坦诚的态度。在交往的过程中坦率地表达自己的交往愿望，尽量以一种自然放松的态度来联系异性进行沟通，不要让对方觉得刻板和怪异。

（4）交往初期，尽量避免独处的环境。异性交往不同于普通的人际交往，在交往期初期应该尽量避免陷入“一对一”、一男对一女这样的环境，很容易产生异性交往中的心理防御。而应该在“一对多”或者“多对多”的人际交往环境下进行，这样能够更好地产生轻松自然的交往态度。

（5）大方地交往，避免流言蜚语。大家都喜欢在异性面前表现自己，以获得异性的好感和青睐，这是正常的。但这种表现一定要掌握尺度，要自然大方，不可粗俗轻浮。不恰当的语言和行为不仅会引起对方的误会，还很容易遭到周围人的猜测议论，会对彼此的友谊产生影响。

（6）善于学习异性身上的优点。由于性别差异，男女在性格和气质方面各有长处，男生坚毅、刚强、勇敢、独立；女生细腻、温柔、严谨。②不与异性交往，大家很难发现异性身上特有的优点，而这些优点又恰恰是

---

① 黄方孔．青少年异性交往的辅导与教育对策．http：//www. lwlm. com/xinlixue/201107/558375. htm.

② 黄方孔．青少年异性交往的辅导与教育对策．http：//www. lwlm. com/xinlixue/201107/558375. htm.

其本身所缺少的。因此，男女生之间进行正常交往，有利于共同学习，共同提高。

（二）情人还是朋友

1. 活动流程

目的：帮助学生理解爱与喜欢的界限，增强爱的鉴别能力。

材料：将鲁宾的《爱与喜欢量表》中的每个题目做出小纸条，可随意抽取。

步骤

（1）将所有学生分为两组，一组为“喜欢”小组，另一组为“爱情”小组。

（2）教师抽取《爱与喜欢量表》中的题目，一题一题读给学生听，让“爱情”与“喜欢”小组的学生判断该题目是“爱情”还是“喜欢”。“喜欢”小组要拿回喜欢量表的题目，“爱情”小组要拿回爱情量表的题目。若答错，则把题目留给教师。

（3）答题结束后，教师一一与学生核对刚才答错的题目，并和学生讨论“喜欢”的想法行为和感受与“爱”有何不同。

2. 感悟分享

提问：男女交往中，“爱情”与“喜欢”分别扮演什么角色？当“爱情”与“喜欢”的界限不是很清晰时，该怎么办？

3. 启发引导

大学生在异性交往过程中最大问题之一，就是分不清“喜欢”和“爱情”，很容易混淆亲密的“异性友谊”和热烈的“两性爱情”的区别，从而引发一系列问题。对于异性友情和两性爱情，我们可能需要明确界定，帮助大家区分，以免落入误区。

（1）相同之处。第一，异性友情和两性爱情都具有亲密性。友谊和爱情都属于亲密人际关系的一种，它们之间的共同点之一就是它们都具有亲密的情感依赖性，即它们都是个体与个体之间极为亲密的一种人际关系，在情感的投入度、信任度上都比较相似。第二，异性友情和两性爱情都是双向投入。

友情和爱情在人际交往的过程中，都要求双方共同的投入。特别是友情和爱情都要求对对方进行付出，在情感上为对方提供依赖，在社会交往中为对方提供帮助。这就表明了两种亲密关系都强调一种双方共同的互动，是一种双向人际关系。

（2）区别原则。对于男女友谊和爱情之间关系的话题一直为哲学家、作家们津津乐道。拜伦说道："友谊可能而且常常发展成爱情，但是爱情却永远不会下降为友谊。"而冈察洛夫则认为："男女间不存在也不可能存在友谊，所谓男女之间的友谊，不外是爱情的开端或残余，或者就是爱情本身。"泰戈尔写道："友谊和爱情之间的区别在于，友谊意味着两个人和世界，然而爱情意味着两个人就是世界。在友谊中，一加一等于二；在爱情中，一加一还是一。"对于这两者之间的关系，一直是众说纷纭。从人类的进化历史来看，无论男性还是女性，都希望获得利益大于代价的结果，因此，不仅在他们择偶的过程中，而且在他们与异性朋友交往的过程中，他们也会选择一定的策略来实现这一目的。研究结果发现，男性被试更把可发展为恋人关系看作异性友谊的利益之一，而女性被试更把获得资源看作异性友谊的利益之一。这可能是由于男性和女性在进化的过程中所面临的问题不同所形成的不同的性别策略，这也是两性之间友谊和爱情之间的区别。

（三）爱情的模样

1. 活动流程

目的：帮助学生明确自己的爱情观及爱情的影响因素。

材料：杂志、报纸、圆片、纸、彩笔、剪刀、胶水。

步骤

（1）教师请学生发挥想象力，在规定的时间内以现有的纸、笔、报纸等材料做一个美术手工作品来表达自己对于爱情的理解，可以是一朵花，也可以是一枚戒指等。

（2）做好后，学生在小组内展示自己的作品及作品的名称。

（3）学生在小组内分享自己作品的创意及在创作作品过程中的体验和感受。

2. 感悟分享

提问：对你而言，爱情的实质是什么？为什么？它对你目前或者以前的恋情有什么影响？

3. 启发引导

每个人对于爱情的定义都是不一样的，男生和女生不一样，我和你不一样。每个人的成长背景不一样，因而形成了不一样的爱情观。随着社会的进步，在大学阶段的恋爱已经变得十分普遍，“如何看待爱情，如何处理爱情”是一个必须面对的问题。那么大学生应如何树立正确的爱情观呢？

（1）*要认识到爱情确实是美好的*。爱情是令人向往的，因为它会教人们珍惜、爱护，为了对方的快乐和幸福去付出、去奉献，这是人与人之间交往的最高境界之一。正是爱情的美好给人们的生活增添了诸多的乐趣，能够提升人们的品格和精神境界，所以人们不懈地追求着属于自己的美好爱情。有的人经历了爱情挫折之后，就不再相信爱情是美好的，从而抵制爱情。人都是从小到大地生长着，认识事物的顺序都是从不知——知道一点——知道许多，所以，在经历爱情挫折以后，只要正确地分析原因，找到失败的症结在哪，然后继续前行，就会找到属于自己的美好的爱情。永远记得，生活为你关上了一扇门，就会再为你打开另一扇门。①

（2）*正确面对恋爱过程中的问题*。大学生在恋爱的过程中要将国家法律、法规、制度和学校规章制度相结合地去正确看待和对待爱情，避免不必要的一些问题出现。二十几岁的青年，大多数还是显得单纯和幼稚的，对生活总是充满幻想，很容易就陷入情网；情感上和心理上还不是完全的成熟，很容易让一些居心不良者有可乘之机，滋生出许多可悲可恨的故事来。因此，男女之间面对恋爱，首先要摆正自己的心态，树立自尊、自爱、自强、自重等应有的品格，千万不要盲目地追求爱，也不宜过急追求爱，要分清自己的条件是否成熟。② 女孩面对男孩的种种追求，应理智对待，不要被那些甜言蜜语所迷惑，不要以为自己对别人付出实实在在、沉甸甸的爱，就一定会得到应有的回报；要深入地了解对方，只有这样，谈起恋爱来心里才会踏实点。

---

① 赵颖杰. 浅谈大学生要树立正确的爱情观. 教育教学论坛，2010（20）：249 – 250.

② 马艳，冯昉. 浅议当代大学生的爱情观. 神州，2012（6）：249.

如果没有具备基本的“硬件”，盲目地去追求爱，面对现实的生活，也许会更痛苦。也许很多人会认为双方心甘情愿地厮守着，没有什么比彼此相爱更加重要。生活中也常有人说：“不在乎天长地久，只在乎曾经拥有。”然而，爱情不是一时一刻，更应该是长长久久，这样的爱才是真正的幸福。所以，当你面对一份爱，要抱着认真负责的态度，只有天长地久才是我们一生的完美追求，也只有这样，才能使我们过得更幸福、更快乐。

(3) 认识美好的爱情基于一定的社会基础。爱情具有社会属性。如同人要生活在一定的社会群体中一样，没有人可以孤立地生活，不与外界社会交往。个人的爱情必须与社会融合在一起，这样才会长久发展，否则迟早会被人们遗弃。男女之间的交往要注意社会关系的影响。爱情看上去是两个人的事，实则远远不止两个人的事，它还关系到男女双方的家庭、亲属朋友关系等。妥善地处理与对方的家人、朋友的关系，亦将影响到爱情相处的顺利与否。人们常说，爱一个人，就要爱他的全部。所以，当你选择一个人做你的终身伴侣时，也要选择他身上附带的责任。比如，孝敬他的父母、爱护他的兄弟姐妹等。

(4) 爱情的持久要有男女双方共同的生活理想作基础。虽然爱情当中有性爱、有责任，但性爱有新鲜——熟悉——腻烦的特性，责任可以在爱情的初始激情过后继续维持爱情的延续，但维持者双方都会感到很累，越来越身心疲惫、筋疲力尽，最后不免导致爱情终结。① 所以，美好的爱情需要两个人拥有或树立共同的生活理想，共同携手为之打拼，在相互扶持的日子里相互勉励、相互提高、相濡以沫。这样爱情才会越来越沉甸甸，越来越厚重，像酒酿一样越陈越香。真正的爱情，不是两个人互相凝视，而是两个人共同注视一个方向。爱情的真正意义在于帮助对方提高的同时，提高自己。

(5) 认识美好的爱情是纯真的、专一的。爱情需要纯真，也就是说不要带上感情以外的别的功利色彩。比如，为了达到某个目的，或者实现一些不合理的甚至非法的目的，而利用爱情的名义去帮助实现，这样只会毁掉爱情。爱情需要专一，需要忠诚。男女双方在确立恋爱关系之后，都要把感情集中

① 赵颖杰．浅谈大学生要树立正确的爱情观．教育教学论坛，2010 (20)：249 - 250.

在对方身上，这样才能浇灌出美丽的爱情花朵。① 而脚踩两只船，只能招致两手空空。

（6）正确认识爱情在大学生活中的位置。处于大学时代的青年男女大多都是20岁左右的年龄，正值感情萌动的时期，所以，一味地躲避没有必要，只要正确地去认识、去对待爱情就可以了。那么，爱情是不是大学时代的必需品呢？根据美好的爱情需要具备的条件和大学生的特点，可以得出：大学时期，是努力丰富知识、增长技能本领、提高综合素质，为四年以后走上社会奠定过硬基础的时期，也是为创造美好的爱情打下坚实心理、物质基础的阶段。爱情是很自然地存在于每一个成人的生活中的，可能在大学时来临，可能在工作以后来临，也可能在工作很久之后才来临。所以爱情不是大学生活的必需品。

三、婚姻准备团体训练

同爱情一样，婚姻也不是一场说理，更不是大学生目前可以人人去实际经历获取经验的，但是可以从活动中去体会和感受，为今后获得幸福婚姻做好准备。

（一）期望中的婚姻

1. 活动流程

目的：了解自己对婚姻的期待，调整对婚姻的期望。

步骤

（1）教师给每一位学生发一张白纸。

（2）请同学们在白纸的左边写下自己认为幸福婚姻的特点，在白纸的右边写下自己认为不幸婚姻的特点。

（3）请同学们对比思考后，在小组内分享，说说自己为什么认为幸福的婚姻应该是自己所认为的样子。

2. 感悟分享

提问：通过活动你发现自己对婚姻存在什么样的期待？你觉得自己的期

① 赵颖杰．浅谈大学生要树立正确的爱情观．教育教学论坛，2010（20）：249－250.

待合适吗？如果不合适，应该怎么调整？

3. 启发引导

每一个人对婚姻都有一定的期待，这跟个人的爱情及婚姻价值观有很大的关系，符合自我期望的婚姻会更幸福。那么，如何让自己的婚姻更符合自我的期待，或许可以从以下三个方面考虑。

（1）结婚前要慎重考虑。结婚前要考虑的因素很多，主要包括人品、爱、文化基础、事业、家庭、性情、经济基础、身体健康等因素。具体来说，第一，人品和爱是最重要的。没有一个好人品，婚姻就没有任何的保障，随时会离婚。如果结婚不是为了爱，那么这种婚姻就变成了爱情的坟墓。第二，文化基础和家庭成员也很重要。文化基础是一个人性情修养的一大要素，当然，文化基础不是指文凭，而是一个人的综合素质，即言谈举止、待人接物、交朋结友的修养。一个人的家庭如果很复杂，你很难处理好家庭关系，也就很难获得幸福，最好的家庭就是大家都有自己的空间，不互相干涉，但能互相帮助。第三，性情是很重要的。一个人的性情不会因为他/她爱你而改变，他/她几十年都是这样过了，不会因为爱你就变化。可能相恋的时候能忍一时，但结了婚很可能就又开始恢复原状了。

（2）婚后要善于经营。第一，婚后有不同版本的爱情，幸福才会长久。谈恋爱时，有恋爱时的恋爱版本，新婚有新婚的恋爱版本，人到中年有中年的爱情版本，老年有老年的爱情版本。这样，爱情才会保鲜。增加自我修炼，就有了被爱的条件和智慧。如果爱人心情不好，没有在老人面前表现出应有的孝道，没有在亲戚朋友面前表现出一定的热情，我们何尝不可以理解为对方因为在外有了烦恼无处发泄所致呢？要知道，家本来就是生活的避风港。这时候，要多在自己的老人、亲戚、朋友面前做做解释工作。第二，婚姻充满弹性和张力。在婚姻中经营好爱情，是增加感情的法宝，把关注对方、理解对方、宽容对方、帮助对方当成自己应尽的一份责任，偶尔送一束鲜花，多一些关怀，那么，婚姻生活会增色不少。要尽力让婚姻充满弹性和张力。只有具备心灵弹性和性格张力的人，才经营得出好婚姻。

（3）降低婚姻期望值。有句老话“希望越大，失望越大”，任何事情都需要用平常心对待，婚姻亦是如此。心理学研究表明，高期望值和婚姻关系中压力的并存似乎是很多婚姻失败的一个重要原因。美好的愿望有时的确能够推动我们积极采取行动，改善生活状况。但是，如果期望过高，无力实现时，就难免会让人失望；而对于那些原本有能力让生活更上一层楼的夫妻，对未来过低的预期又会阻碍他们能力的发挥，因而无法达到较好的结果。那种“为了婚姻更美满，大家尽可能大胆地展开美好的憧憬”的流行观点，可能是一个误导。实际上，每个家庭都应该按照自己的情况，理性地设定属于他们自己的生活目标。

（二）“金星人火星人”对对碰

1. 活动流程

目的：通过角色扮演，体会负性情绪和行为对爱人的伤害。同时，通过有效的沟通，体会爱人行为背后的爱意，进而增加双方的理解，增强处理冲突的能力，培养爱的感受力。

情景再现

女：为什么你的电话又打不通？你怎么回事啊？跟你说了多少遍了，出门要带着手机？为什么总是忘记？你的手机是不是存在这几种情况：有钱了没电、有电了没钱、有钱有电你又忘带了？

男：我改成静音了。

女：又找理由，你总是有一大堆的理由，你其实就是不想接我的电话，对不对？你要是厌烦我就直说，我绝对不会死缠烂打，现在，你是什么情况啊，你说啊？

男：……（沉默，厌烦，离去。）

步骤

（1）找出一对同学对上面的情景进行扮演，女孩不断地抱怨，男孩根据自己的感受予以应对。

（2）扮演结束后，女孩分享自己的观点和感受，并表达希望男孩怎样回应自己，自己的感受会好些；男孩分享自己的观点和感受，并表达希望女孩如何说如何做自己才会积极地配合女孩。

（3）以小组为单位进行脑力激荡，讨论两性沟通有障碍的原因是什么，如男孩女孩在思维方式、沟通方式及语言表达方面存在哪些差异，并将讨论的结果写在黑板上。

（4）教师引导学生学习换位思考，从不同的角度思考问题，体会对方言行背后的深意。如上例中，从女孩咄咄逼人的气势和言行中男孩是否听出了女孩对自己的担忧和爱意？如果男孩听出的是女孩对自己的约束和控制的话，该如何向女孩表达自己的感受？

2. 感悟分享

提问：在恋爱或者婚姻中，双方发生冲突时，解决冲突的前提条件是什么？

3. 启发引导

不管是恋爱，还是婚姻，两个完全不一样的人彼此吸引走在一起，时间久了难免会产生摩擦或者冲突。当摩擦或者冲突出现的时候，我们要善于化解，否则会引起关系的破裂，恋爱的可能分手，结婚的可能离婚。因此，我们要学会经营彼此的关系。

（1）以建设性的态度进行沟通。沟通的目的是解决问题，而不是泄愤，采用建设性沟通要求用理性控制自己的头脑，在沟通过程中不能太随性。沟通时要清楚、具体，不可以让对方猜或觉得无所适从。例如，如果女朋友不喜欢男朋友打游戏，就直接告诉他不要总是打游戏不陪自己，而不只是在他打游戏的时候生闷气，一个劲说打游戏怎么怎么不好。

（2）以负责任的态度包容对方。两个人既然决定在一起，就要对对方负责，尤其是夫妻双方各有各的职责，每个人都不容易。这时，每一方不应该只想到自己的一面，而应该也站在对方的角度上思考一下问题。遇到问题，不要只是埋怨对方，嘴上饶不过他人，这样对自己对另一半都不好。如果能多体谅对方一下，多给些理解，多一点退让，多一分包容，相信彼此之间的矛盾就能够缓和，关系也会突飞猛进的。

（3）以赞美性的言辞欣赏对方。恋爱和婚姻中都一样要学会发现和欣赏对方的长处，要善于发现对方的“闪光点”，要善于赞美对方的优点。尤其是当遭遇矛盾时，恶劣的语言只会激化矛盾，而赞美的语言可以化解矛盾，甚至增加相互的信任，密切双方的感情。

当我们既学会处理好婚姻中的各种关系，又学会如何化解婚姻危机之时，我们就成了“经营婚姻的能手”。

（三）假如我与老伴交换角色

1. 活动流程

目的：引导学生体会婚姻中信任与坦诚的重要性。

步骤

（1）故事呈现。

冯女士前段时间因工作出差了几天，回到家后发现沙发上有一根长头发，当时她的心就七上八下的，开始胡思乱想起来。这根长头发是谁的呢？是不是老公把别的女人领家来了？越想越觉得是，接着就跑到卧室把被子掀开，检查床上有没有女人留下的物品。没有，但还不放心。接着又跑到卫生间，查看纸篓里有没有女人留下的东西。也没有。晚上老公正好有一个应酬，在外面喝了点酒，回家很晚，也很累，进门就直接去睡觉了。她又开始胡思乱想，老公怎么不愿意理我了？看来他真的有外遇了，真的出轨了。晚上她看老公睡着了，就把老公的外衣拿出来，从上到下开始闻，看有没有女人的香水味儿。再检查衣服上有没有女人的唇印。第二天，冯女士上班时也是坐立不安，脑子里面老想着那根头发，想着丈夫是不是又与别的女人鬼混了。然后不停地看表，就盼着下班。下班时间一到，她“噌”地站起来，直接就奔回家了。到家以后先看沙发上有没有长头发，然后又去卧室，看看床单上有没有什么女人留下的东西，然后还去卫生间再检查有没有女人的遗留物品。她一无所获，可还不放心，她还是认为老公肯定有外遇，结果更严重的事情发生了。第三天，等老公上班了，她拿着数码相机偷偷地来到老公的单位门口，躲在大树后面，对着大门拍照。她连续偷拍了好几天，结果什么都没拍到。其实，她老公是一个很正经的人。看到妻子这样不信任自己，心里实在是承受不住了，就把一张离婚协议书摆在了她面前。她看到离婚协议书，一把抓起，撕得粉碎，高声大喊：“你这个不要脸的男人，在外面胡来，随意搞女人，没有良心的东西。”老公被弄糊涂了：“我怎么在外面胡来了？”她说：“你自己做的事自己知道。”说完后就冲进卧室大哭起来。

她老公一时间不知道怎么办才好，一屁股坐到沙发上。她哭完才把看到长头发的事情从头到尾说了出来。她刚一说完，她老公就禁不住哈哈一笑，大声地说："老婆，你太多心了，这长头发估计是你妈留下来的。你出差这几天，你妈怕我们父子俩吃不好饭，做了点好吃的饭菜，还带点水果给我们送来了。可能是老妈爬楼累了，就靠着沙发歇了一会。老婆，你要是不信，可以打个电话问问。"

这一说，长头发的事情基本上就水落石出了。听完丈夫的解释，冯女士顿时轻松了，脸上也有了笑容，丈夫也明白了是一个误会，赶快向她道歉，说："老婆，怪我太粗心了，我忘记告诉你妈来过，对不起啊!"

（2）请同学们小组讨论，写出这对夫妻产生误会的原因。

2. 感悟分享

提问：听完这个故事和经过小组讨论，你有什么感悟?

3. 启发引导

这对夫妻出现上述问题的原因是：第一，妻子不能百分之百地信任丈夫，胡乱怀疑丈夫与其他女人有暧昧关系，出现了严重的怀疑心理。第二，作为妻子，没有客观认真调查，而是采取极端的方式，悄悄检查丈夫的衣服，跟踪、拍照，伤害了丈夫的自尊心。第三，作为妻子，没有与丈夫沟通交流，怀疑丈夫有问题以后，可以找个适当的机会与丈夫交流。

婚姻中最重要的就是"信任"，婚姻中问题的产生也多是因为"信任破产"。那么，如何在婚姻中保持信任呢?

（1）增进自信。信任感的源泉是什么？自信！一个人无法相信自己的伴侣，对婚姻充满了不安全感，寄希望于用手机等手段追踪伴侣的人，在心底多少是有些不自信的。当务之急就是培养自信，努力喜欢自己，相信自己是可爱的、有魅力的、有价值的、值得对方爱的。从外表到体格，从能力到品德，挖掘自己所有的优点，毫无保留、不打折扣地把自己夸上一遍。最重要的是一定要真心地、坚定地相信自己所说的话。

（2）相互赞赏。对于对方的优点，一定要不吝赞美之词，这叫"强化优点"。赞赏要细致，多发掘对方身上平凡的优点，真诚、及时地讲出来，比如，"你这道菜做得真好吃""你今天很漂亮""你把马桶修好了？你真厉害!""你真有力气"……

（3）保持沟通。第一，养成沟通习惯。心理学家关于"什么是婚姻最大杀手”的调查显示，“杀手”正是“缺乏沟通”。沟通技术和工具的升级换代并不能直接提升沟通的质量，为此还有许多其他要做的事情。首先，夫妻要保证每天至少有一段不受干扰、单独相处的时间来进行交流。对此要养成习惯，不可偷懒。其次，丰富沟通的内容，拓展交流的深度。谈话切不可只停留在柴米油盐或教育子女的话题上，要进行感受的分享与思想的对话。再者，不要依赖现代通信手段，要回归原始沟通形式。如面对面、手牵手、眼对眼的倾心交流及更富有情感色彩的肢体接触，亲吻和拥抱。最后，谨记沟通的基本原则——真诚，沟通的目标——分享。有的女性常疑惑：我非常想与丈夫推心置腹地谈话，可他却冷冰冰地拒绝。不妨检视一下，你潜在的沟通目的是否有偏差？你是否意在改造、批评、指导对方？男人最怕女人拉开架势，像母亲、老师或领导一样，他会本能地厌恶和逃跑。第二，掌握沟通技巧。一则当你想表达自己感受的时候，要多用“我”开头，少用“你”。试比较，妻子在丈夫回家晚且没有打电话的情景下两种不同的开场白：“这么晚没有接到你的电话，我有些担心，出了什么事吗?”“你这么晚才回家，也不事先打个电话。”说者本意都是想表达关心，但后一种容易让听者感觉像不分青红皂白地指责。二则当你倾听和了解对方时，多用“你”开头，少用“我”开头。减少自己的主观评判。比如，“你现在感觉……”“你的意思是……”“你认为……”“当时你一定觉得……”“听起来，你相当看重（在乎）……”，用这样的句子反馈对方，对方会感到被尊重和理解，他/她就愿意继续讲下去。

（4）留出空间。信任并不意味着两人之间没有空间、距离与界限。女人应该尊重男人需要独处空间的意愿，男人也应该理解女人渴望了解与安全感的需要。那么双方不妨坦诚地谈一下，列举自己在做什么事情的时候不希望对方打扰。在了解了对方真正的意愿后，双方可以签一个协定。比如，“我在工作的时候，希望不被打扰”“我在和朋友聚会的时候，希望不被打扰”……约定得越详细越好，并且可以制订出一些奖惩措施，以增进趣味性。在协定中学会给对方留出空间，也学会婚姻中的尊重和信任。

列夫·托尔斯泰曾经说过：“要做真正的知己，就必须互相信任。”夫妻之间更是如此，夫妻本为一体，相互之间的信任就显得尤为可贵！

四、 把握婚恋， 笑对人生

有一种情感叫理智；有一种理智叫时间；有一种时间叫等待；有一种等待叫成熟；有一种成熟叫责任。大学生在大学期间遇到爱情是美好的，正确看待、对待和处理好爱情则是关键。而处理好大学期间的恋爱与学业、集体、道德、理智、时机和结婚的关系对于他们个人更好地成长成才、收获甜蜜的爱情及今后幸福的婚姻尤为重要。学业是大学生活的主旋律，学习生活都离不开人际交往，任何思想行为都受到道德的约束，所有的恋爱需要理智的制约、需要时机的选择。大学生是否应该结婚、是否适合结婚等一系列问题，都是大学生在大学期间恋爱需要考虑和关注的问题。

（一）恋爱与学业

正确处理恋爱和学习的关系：摆正位置、合理分配、相互促进。

对大学生来讲，今天的学业是明天事业的基础，没有事业，可能要丧失安身立命之本。爱情是美好而又催人积极向上的，但人生还有比爱情更重要的内容，不能奉行爱情至上主义，整天沉溺于感情缠绵之中。这样不仅耽误了学业，荒废了时光，同时也带来了失恋时的高代价，以至于影响自身的健康成长和顺利成才。要争取从学业、事业的成功中获得爱情。只有正确处理好恋爱与学习的关系，才能使爱情的力量成为促进学习的动力，而学习的成功又会使爱情得到巩固和发展。①

1. 始终把学习放在首要位置

大学生活中的学习不仅包括专业课的学习，还包括社会交往技能的学习。大学生的首要任务是学业，熟练掌握专业知识技能，能为有一个平坦而美好的人生之路奠定基础。特别是在当前社会竞争日趋激烈，就业形势日益严峻的情况下，更要把学习作为大学的主要任务。因此，处理好爱情和人生关系的一大课题就是处理好爱情和学业的关系。

2. 丰富自己的精神文化生活

不要因为精神空虚或贪图虚荣而一时冲动，看到身边的同学恋爱了就也

---

① 王刚．关于当代大学生的恋爱观教育．教书育人（高教论坛），2014（10）：78－79.

蠢蠢欲动加入恋爱大军，岂知，一开始不端正的恋爱动机很容易引起恋爱挫折，对自己、对他们都是有害的。如果平时可多参加一些健康有益的校园文化活动，在锻炼能力、展示自我的同时也能从一定程度上满足对情感的需要。

3. 恋爱要建立在互敬互重上

恋爱双方应该在学习上互相帮助，工作上互相支持，相互促进，共同进步。不能因为恋爱而冲昏头脑，将学习这件大事抛之脑后。做到恋爱学习两不误，甚至在恋爱中促进学习，才能够让恋爱尽量利大于弊，而不至于弊大于利。

（二）恋爱与集体

正确处理恋爱与集体的关系：正常交往、学会权衡、提升交际。

大学生的爱情多是纯洁的，恋人们大多只注重情感的因素，因此容易把爱情看成人生的全部。有的大学生整日沉溺恋爱之中，以为爱情就是卿卿我我，影响了正常的学习；而有的整天形影不离，深陷两个人狭小的圈子之中，和其他同学日趋疏远，逐渐脱离集体。然而如果只顾及出双入对而脱离集体，就会限制自己的交往范围，妨碍自身的发展进步，不利于个人的成长进步和社会适应能力的提高。一个热爱集体、关心他人的人，才能真正给予其所爱的人以至深、坚实的爱。

1. 与其他异性朋友正常交往

与其他异性朋友正常交往。不能因为害怕恋人吃醋，就放弃与其他男/女同学的正常人际交往。并且，假如你的恋人因此而跟你闹矛盾，这也就表现出他/她在你们的爱情中不能尊重你、理解你，你也应该考虑他/她是否适合你的问题了。

2. 积极参与各类团体组织的活动

积极参与班级、社团组织的活动。爱情是美好的，恋人是需要珍惜的，恋爱中的两个人难免会花更多的时间相互陪伴，这是正常的，但是一定不能因为陷入爱情就变成你的全世界只有他/她，这样会耽误你正常的人际社交活动，影响个人的成长发展。参加大学里的社团可以帮助大学生锻炼各方面的能力，提高社会化程度，但是这些都需花时间。

3. 加强与室友间的沟通和交流

加强与室友间的沟通和交流。盲目地追求爱情而忽略室友的感受很容易引发人际矛盾。室友是大学生在大学里关系最亲密的同学，每天生活在一个屋檐下，加强沟通与交流有利于大学生保持良好的心情，同时也能反过来促进爱情和学业。

4. 寻找处理各种关系的平衡点

把所有的时间花在恋人身上固然不可取，但是也不能把恋人丢在一边不管不顾，恋爱关系是需要花时间来精心培育的。所以，在不放弃其他正常人际交往的同时，也不能忽略恋人，在这两者之间同样需要去选择一个平衡点，去权衡两者，让爱情和集体都能够开花。

（三）恋爱与道德

爱的情感是与道德责任结合在一起的，只有以高尚道德作为基础，才能获得真正的爱情。① 马克思说："真正的爱情是表现在恋人对他的偶像采取含蓄、谦恭甚至羞涩的态度，而绝不是表现随意流露热情和过早的亲昵。"我们中华民族在爱情表达方式上更是讲究含蓄、高雅、委婉、庄重，同时讲究感情表达的时间和空间。作为青年学生更应当尊重民族的特点，注意行为端正、文明，用理智控制行为，用道德约束举止。

具体到当前大学生的恋爱问题上，从内容上说，要增强恋爱的责任感；从外在上说，要把握好恋爱行为的分寸。目前，大学生的一夜情、婚前性行为、婚前同居甚至怀孕等现象屡见不鲜，很重要的一个原因就是在恋爱问题中大学生没能处理好道德问题。要使爱情健康地发展下去，必须珍惜恋爱过程中爱情的道德价值，遵循恋爱的道德要求。

1. 尊重人格平等

在发展爱情关系中，男女双方始终处于平等的地位。在情感和心理上，双方都应平等地表达自己的意愿，彼此能够达到坦率相知、真诚相处、纯洁相爱。《圣经》中记载，神对男人和女人说：你们共进早餐，但不要在同一

---

① 潘磊．高校大学生恋爱问题的现状、成因和调适．科教文汇（上旬刊），2014（4）：194－195.

碗中分享；你们共享欢乐，但不要在同一杯中啜饮。像一把琴上的两根弦，你们是分开的也是分不开的；像一座神殿的两根柱子，你们是独立的也是不能独立的。

2. 自觉承担责任

爱是对对方整体的关怀，无论对方处于顺境还是逆境，是富裕还是贫穷，是健康还是伤病，爱一个人就要自觉地为对方承担责任。正如苏联教育家苏霍姆林斯基所说："爱情首先意味着对你的爱侣的命运、前途承担责任。"当你与心爱的姑娘建立了浓厚的感情，彼此热烈相爱时，你就要尊重她，为她负责，决不能任自己的性冲动信马由缰，要为她的一生创造幸福。

3. 端正恋爱目的

在商品经济日益发达的今天，大学生为追求功利而恋爱的比例呈上升趋势，特别是部分女大学生把自己的青春当作追求幸福的敲门砖。爱情俨然是驿站门前的幌子，毫无道德可言。据对同济大学学生的一份调查显示，在选择理想中的男女朋友时，竟有42%的大学生首先考虑的是经济实力。大学生傍大款、娶富婆的事例在当今已并非"新闻"。这种功利主义的爱情观，一旦渗入大学生的道德观念，必然会对其成长产生巨大的影响。这种观念会改变大学生的道德准则，使他们做出违背道德伦理的事情。

4. 恋爱举止文明

大学期间谈恋爱无可厚非，但是如果恋人间在公众场合就发生极为亲昵和不雅的行为，就像是两口子在过生活一样，不仅让人觉得恋爱的进度过快，还会对其他同学带来不良的影响。所以，大学生恋爱在公共场所出入，要遵守社会公德，不要对他人生活和公共生活造成不良影响，要讲文明、讲道德。遵从恋爱道德就是在现实生活中去维护真正的爱情，这是保持爱情长久的秘密所在。

（四）恋爱与理智

爱情是世上最美妙的事情，健康的爱情能够净化人的心灵，能够促使人不断完善自己的人格。爱情是人性中最美好的东西，对爱情的追求能够提高人的品性，促使人们树立正确的人生价值观。① 美好的爱情若想长久和健康地发展，需要由理智来引导。

1. 理智地看待恋爱

恋爱中的理智是爱情的灵魂。“不求天长地久，只求曾经拥有”的恋爱观是对纯洁高尚爱情的亵渎，不加理智地放纵爱的行为，最终只能把爱情埋葬。坚持自尊自爱的恋爱原则，是人格高尚的表现，也会使大学生的青春更加美丽。反之，会伤害自己，有的大学生在恋爱中不能自持，行为越轨后，大多表现出对行为后果不可弥补的无奈和后悔，对无法把握今后命运的恐惧，对找不到救命稻草的欲哭无泪。

2. 理性地选择恋人

在选择恋爱对象时，切忌只注重浪漫和外表，还要看生活追求是否一致、性格爱好是否协调、角色期待是否合理等方面。在面对爱情的时候，需要保持一定的理性，需认清自己的选择，做出自己的判断。在一定条件下，两情相悦可以克服很多难以想象的困难。理想的爱情应该包括彼此爱慕、志趣相投、相互承诺因素，并在合理的范围内努力使它们得到适当的平衡或满足。②

3. 理智地应对失恋

失恋是爱情生活中的挫折和不幸。每一对恋人不一定都能发展为夫妻。对于失恋的不幸，当事人应理智地分析原因，自我反省，自我调适。失恋不能失德，不能失志，不要萎靡不振，不要轻率轻生，要以坦荡的胸怀及早从个人感情的圈子里摆脱出来，重新扬起生活的风帆，坚定地走自己的路。失恋可以说是人生中比较大的挫折，但由于大学生涉世不深，阅历尚浅，意志品质的发展不充分、目标调整能力差、缺乏韧性、自信心不强等，所以，通过树立正确的挫折观、强化积极的挫折防卫机制，掌握一些自我心理调适方法，寻求社会支持和心理咨询等途径和方法，提高大学生的意志力，提高大

① 李素芬．理智对待爱情 理性选择伴侣——《理智与情感》对现代女性的启示．名作欣赏，2013（27）：47－48.

② 同①.

学生对挫折的适应能力、承受能力和应对能力具有重要意义。①

（五）恋爱与时机

如何处理好恋爱和学业、集体、道德和理智的关系，还涉及如何把握恋爱时机，在合理的时机开始爱情，更有助于大学生恰当地处理爱情和它们的关系，收获一份成熟的爱情。爱是一种艺术，它需要知识和努力。如果不努力发展自己的全部人格并以此达到一种创造倾向性，那么每种爱的试图都会失败。如果没有爱他人的能力，如果不能真正谦恭地、勇敢地、真诚地和有纪律地爱他人，那么，人们在自己的爱情生活中也永远得不到满足。

1. 等到心理发展相对成熟时

大学生的身心发展不平衡，身体已经过了发育的高峰期，趋向成熟。但是心理发育还远没有到成熟的程度，处于“心理断乳期”。自我意识已经形成，但需要进一步强化；情绪情感相当丰富，但又相当不稳定；气质性格已经显现，但还没有定型。从性心理上看，对异性特别敏感，性接近的意识及在异性面前展示自己的欲望相当强烈，但往往冲动大于理智，理想主义大于现实主义，经受挫折的心理能力严重不足。由于这些特点和弱点，大学生出现心理障碍的不在少数，有的甚至发展成为心理疾病。因此，大学时期谈恋爱需要特别慎重。

2. 等到人生观相对稳定时

人生观是对人生价值、人生意义、人生理想、人生幸福等一系列有关人生问题的看法，其中最主要的是人生价值问题，即人的一生怎样才是有价值、有意义的。在青春时期，对人生的根本问题已经有所认识，但由于多方面的原因，这种认识是不成熟、不稳定的，具有很大的可塑性。由于人生观的不成熟、不稳定，对恋爱、婚姻、家庭及其中的责任和义务等的认识也往往不成熟、不稳定，甚至会出现偏差。在偏差的观点指导下，恋爱自然会出现偏差。只有当对人生的一系列问题尤其是对恋爱、婚姻、家庭、幸福等问题有了比较正确和稳定的认识时，才适宜于去恋爱。

---

① 刘欣荣. 人生必修课——直面大学生恋爱. 科教导刊（中旬刊），2013（6）：222－224.

3. 等到社会阅历相对丰富时

恋爱生活作为社会生活的一部分，它与其他社会生活是密切联系在一起的。恋爱经验首先是立足于其他社会生活经验的，有较为丰富的社会生活经验作储备，对社会生活的各个方面有了一定的认识和体验，恋爱才有经验基础。如认识人、了解人、理解人、尊重人、关心人、体贴人、帮助人，处理好人际关系等，这些都是与人交往的经验的积累。有了这些经验积累，在恋爱时就有了较多的自由，就比较能够驾驭恋爱生活。其次，恋爱活动本身可以积累恋爱经验，但人的恋爱是十分慎重的事，不允许试验，不可能像在实验室做试验一样，先做试验，取得经验，再去正而八本地谈恋爱。有的人不善于交往，一说话就脸红，或者生硬死板，直来直去，或者总是处于被动的“守株待兔”，缺乏起码的交往能力，恋爱时自然就捉襟见肘了。

4. 等到经济相对独立自主时

恋爱是一种高级精神活动，但又不能一点不要物质条件。大学生仍处在纯消费时期，物质生活来源主要靠家庭，本人一般没有经济收入，那么在恋爱时，双方的经济条件就不得不考虑，要从自己的经济条件现实出发对待和处理恋爱问题。有的人为了取得对方的一时欢悦，不是从自己的实际情况出发，不是量力而行，而是“打肿脸充胖子”，弄得入不敷出，这是不能长久的。

或许有同学会问，到底什么时候才是恋爱的好时机呢？这没有统一的答案，因为每个人的发展程度不同，所以恋爱时机的选择要因人而异，因时而异，因事而异，不可能千篇一律。当我们选择了合适的时机开启了美好的爱情，还要学会处理恋爱和学习的关系，这样才能做到恋爱不误学业，恋爱不误生活，恋爱不误人生。

（六）恋爱与结婚

失恋总在毕业时，对大学生来说是普遍现象。但近年来，不少大学生恋人却选择了另一条路——“一毕业就结婚”。现代生活的转变使得大家在价值观、人生观的取向上也发生着天翻地覆的变化，各种各样的现实压力与条件下催生出了时下的“毕婚族”。[1] 然而，婚姻不是恋爱，恋爱可以只讲浪漫，不接地气，而婚姻每天都要面对柴米油盐。因此，结婚前要慎重考虑，这里的“考虑”不仅仅是指是不是选对了人，还指是不是选对了时机，也就是说“你做好结婚的准备了吗?”

1. 时机是否合适

第一，心理是否成熟。第二，人生观是否稳定。第三，阅历是否丰富。第四，经济是否稳定。当你在步入婚姻之前你应该好好思考上述四个问题，具体的可以参考“恋爱与时机”这一部分内容，两者是共通的。但是需要强调，这四点是大学生在婚前必须做好的准备，缺乏任何一点都可能会带来婚后的问题。

2. 对象是否适合

第一，人品良好是最重要的。没有一个好人品，婚姻就没有任何的保障，随时都有可能离婚。第二，性格相融是很关键的。俗话说“江山易改本性难移”，一个人的性格是很难因为他/她爱你而改变的。所以，选择能够相处融洽的人结婚是很重要的。第三，文化基础也很重要。文化基础是一个人性情修养的一大要素，当然，文化基础不是指文凭，而是指一个人的综合素质，即言谈举止、待人接物、交朋结友的修养。谈吐，待人接物，交朋结友。如果两个文化基础悬殊的人相结合，必然产生。第四，家庭匹配同样很重要。虽然现在不再像古代那样讲求“门第”，但是也需要“门当户对”，主要指在教育背景、生活理念、习惯等方面的匹配。两个背景天差地别的人很容易在面对现实问题的时候产生矛盾，导致婚姻危机。

总的来说，在二十二三岁的时候，应该将更多的心思放在事业上，对自己的人生有个规划，待到思想相对成熟的时候再结婚，不失为一种对婚姻更加负责任的态度。

---

① 许圣义．“毕婚族”：功利化“急嫁”要不得．中国妇女报，2015－08－11.

实验实训

一、 心理剧——渡河

目的：了解自我的爱情价值观念。

步骤

1. 故事引入。

有个男人叫 M，他要过河去和未婚妻 F 相会结婚，但两人一河相隔，M 必须借船过河才能见到 F，于是他开始四处找船。这时他看见一个女子 L 刚好有船，M 跟 L 借，L 遇到 M 后爱上了他，就问：我爱上你了，你爱我吗？M 比较诚实，说：对不起，我有未婚妻，我不能爱你。这么一来，L 死活是不把船借给 M，她的理由是：我爱你，你不爱我，这不公平，我不会借你的。M 很沮丧，继续找船，刚好见到一位叫 S 的女子，就向她借船，S 说：我借给你没问题，但有个条件，我很喜欢你，你是不是喜欢我无所谓，你必须留下陪我一晚，不然我不借你。M 很为难，L 不借给他船，如果 S 再不借给他船的话，他就没法过河与 F 相见了。而且这个地方只有这两条船。为了彼岸的未婚妻，他不得不同意了 S 的要求，与 S 有了一夜情。次日，S 遵守承诺把船借给了 M。

见到未婚妻 F 以后，M 心里一直忐忑不安，考虑了很久，终于决定把向 L 和 S 借船的事跟 F 说了。可惜，F 听了非常伤心，一气之下与 M 分了手，F 觉得 M 不忠，不能原谅。M 失恋了，很受打击。

后来，M 的生活里出现了女子 E，两人也恋爱了，但之前的故事一直让他耿耿于怀，E 问 M 是不是有什么话要跟她说，于是，M 一五一十地把他和 L、S、F 之间的故事讲了一遍。E 听了之后，说："我不会介意的，这些跟我没关系。"

2. 找五名学生分别扮演 M、F、L、S、E 女子。

3. 角色扮演结束后，请学生把这几个人排列次序，标准是你认为谁最好，谁第二，谁第三、第四、第五？这个 M 男也算在内的。建议不要想太复杂，也不需要考虑大众看法，你认为谁做得好就是好。

4. 解释：这个其实是美国心理学家研究出的一个略有名气的心理测验，其实每一个故事人物代表一个意义：F——Love（爱情），M——Morality（道德），L——Business（事业/金钱），S——Sex（性），E——Family（家庭）。

当你领会故事情节之后，对故事人物所排列出来的喜爱次序，反映以上人性观念在你心目中的排列次序，也就此反映出爱情中你的价值观念。

二、 为爱祝福

目的：感受其他同学的鼓励和支持，激发自己前进的动力。

材料：蜡烛、打火机、彩色卡纸。

步骤

1. 发给每名学生一支蜡烛。

2. 教师先点燃手中的蜡烛，对全体学生说一句话，表达自己的内心感受和收获；然后依序将烛火传递给下一个学生。点燃烛火的学生对大家说一句话，依序将烛火传递下去，直到所有同学的蜡烛都被点燃。

3. 然后再从最后一位被点燃蜡烛的同学开始一次绕回去，将手中的蜡烛吹灭，同时向大家说一句祝福的话。

4. 教师给每一名学生发一张彩色卡纸。

5. 邀请每一位学生将想对某位同学的祝福或感谢写在彩色卡纸上。

6. 学生念出他们手中卡片上的祝福，并亲手送给对方。

体验感悟

一、 爱情账户

每个人心里都有一个账户，每一次你让对方开心，做了一些让对方高兴的事，就是在对方的账户里存款；每次你让对方哭泣、受挫折、受痛苦，就是在你们的银行中提了款。存款丰厚，很多小问题就可以被原谅。但是，如果银行里已经赤字连篇、债台高筑，再来任何一点小事，都可以变成大事。

很重要的原则，就是存款的时候要“投其所好”，而不是“给己所要”。爱别人，就要用别人爱的语言。

存款的行为

1. 买食物时，看到恋人最爱吃的冰激凌，就记得顺手买一盒。

2. 白天虽忙着自己的事，偶尔也会想想配偶现在在做什么，打个电话问个好。

3. 恋人在外受委屈时，另一方会表达支持，如“实在没想到他竟是这种无理的人……”另一方甚至连什么话都不用说，只要用关怀的眼神，点点头或轻拍你肩膀，都能让你感到莫大的安慰。当恋人觉得被理解，得到支持，在气头过了以后，较容易接纳劝告。

4. 看电视时手搭在对方肩膀或靠着对方；吃水果或看报时脚勾着对方的脚；手拉着手一起听音乐或一起散步等，这都是细小的动作，但自然流露出两人关系的亲昵，进而也能增进两人的感情。

5. 称赞对方，用言语或其他方式表达你欣赏并感激对方。

6. 分享自己的喜乐。

7. 在伤了对方之后，有勇气道歉。

你认为还有哪些是存款的行为？哪些又是提款的行为？对照自己的经历，思考自己今后应该如何管理好“爱情账户”。

二、 时光隧道

回顾本章的实训活动和启发引导，思考哪一个实训活动让你感受最深？哪一些启发引导让你又有什么收获？谈谈自己的想法和感受。

推荐书籍

［美］盖瑞·查普曼．爱的五种语言．北京：中国轻工业出版社，2006.

推荐理由：如果爱情是一则神话，那么这本书可以使美梦成真；如果爱情是一颗蜜糖，那么这本书将教你如何防潮防腐，让爱情进入婚姻永不褪色，永葆如新。每一个人都有一个情绪的爱箱，只有当这个爱箱填满了的时候，人际关系才能发展。然而，不同人的爱箱需要用不同的语言来填满。查普曼博士发现人们基本上有五种爱的语言：肯定的言词、精心的时刻、接受礼物、服务的行动、身体的接触。两性间许多误解、隔阂、争吵都是由于不了解或者忽略了对方的主要爱语造成的。当夫妻双方主动选择使用对方的主要爱语时，就能够很好地发展彼此的亲密关系，并积极地处理婚姻中的冲突和失败。《爱的五种语言》将带领读者跨越两性沟通的迷思与阻隔，填满自己和伴侣的爱箱，进行一场婚姻的内在革命。

参考文献

[1] 白羽. 走出失恋的阴影 [J]. 家庭护士, 2005 (9): 24.

[2] 白羽. 改变心力 [M]. 杭州: 浙江文艺出版社, 2006.

[3] 陈丽群. 关于加强当代大学生性道德教育的几点思考 [J]. 科学与财富, 2015 (19): 27.

[4] 程淑华, 等. 当代大学生恋爱心理问题与对策分析 [J]. 理论观察, 2016 (9): 133 - 134.

[5] 陈向涛. 浅谈当代大学生恋爱问题及引导 [J]. 剑南文学, 2013 (6): 334.

[6] 曹震宇. 某校大学生婚前性行为的社会态度分析 [J]. 中国校医, 2006 (5): 512 - 513.

[7] 董亮, 等. 大学生性道德教育的现状及思考 [J]. 科学时代, 2011 (5): 278 - 279.

[8] 邓秀华. 高校思想政治教育视域下大学生性道德教育的着力点 [J]. 中国成人教育, 2015 (6): 40 - 43.

[9] [美]弗洛姆. 爱的艺术 [M]. 李健鸣译, 上海: 上海译文出版社, 2008.

[10] 耿步健. 大学生健康恋爱心理的培育 [J]. 当代青年研究, 2006 (10): 65 - 69.

[11] 高金华. 帮助青少年正确认识网上性信息 [J]. 中国健康教育, 2004 (4): 371 - 372.

[12] [英] 霭理士. 性心理学 [M]. 潘光旦译, 北京: 商务印书馆, 2004.

[13] 关前. 郁闷的一代 [J]. 黄金时代, 2006 (4): 34 - 35.

[14] [美] 盖瑞·查普曼. 爱的五种语言 [M]. 王云良译, 北京: 中国轻工业出版社, 2006.

[15] 惠慧. 大学生恋爱观新探 [J]. 徐州教育学院学报, 2001 (3): 85 -88.
[16] 韩晓露. 简约: 颠覆传统婚约 [J]. 观察与思考, 2003 (9): 30 -32.
[17] 郝雁丽. "网络性行为" 对大学生性道德的负面影响及干预策略 [J]. 理论导刊, 2007 (5): 70 -72.
[18] 胡珍. 性爱婚姻家庭——大学生性教育教材 [M]. 北京: 科学出版社, 2011.
[19] 胡珍, 刘祥松. 透视与解析: 大学生恋爱观与教育调查报告 [J]. 中国青年研究, 2001 (2): 57 -58.
[20] 胡志鑫, 韦春北. 大学生挫折感溯源 [J]. 中国成人教育, 2006 (2): 89 -90.
[21] 蒋萃. 对失恋大学生异常心理的疏导与调适研究 [J]. 长春教育学院学报, 2013 (10): 90 -91.
[22] 姜迪. 失恋疗伤 DIY [J]. 生活与健康, 2001 (4): 38.
[23] 江燕. 大学生失恋问题的现状调查与分析 [J]. 中国电力教育, 2012 (5): 104 -105.
[24] 康钊. 网络认知偏差下的大学生性道德教育策略分析 [J]. 高教学刊, 2015 (11): 83 -85.
[25] [美] 罗伯特·J·斯腾伯格, 凯琳·斯腾伯格. 爱情心理学 [M]. 李朝旭译, 北京: 世界图书出版社, 2010.
[36] 李东风. 中西方性教育的历史发展对我国大学生性道德教育的启示 [J]. 福建论坛 (社科教育版), 2008 (12): 147 -149.
[27] 李大健. 大学生心理障碍分析及防治对策 [J]. 未来与发展, 2011 (1): 61 -65.
[28] 刘达临. 中国当代性文化 [M]. 上海: 上海三联书店, 1990.
[29] 李东明. 从社会学习理论看大众媒介对受众行为的影响 [D]. 吉林大学, 2006.
[30] 赖芳, 季辉. 大学生恋爱与婚姻 [M]. 天津: 天津大学出版社, 2012.
[31] 李凤莲, 李国强, 刘纲华. 试论大学生性教育主体、内容和方式的变革 [J]. 湖南人文科技学院学报, 2014 (6): 96 -98.
[32] 李会, 鞠志梅. 大学生恋爱观的相关调查与研究——以潍坊学院为例

[J]．山东青年，2017（1）：83－84.

[33] 罗慧兰．女性心理学［M］．长沙：湖南大学出版社，2014.

[34] 李静．媳妇与婆婆相处小技巧［J］．农村百事通，2013（22）：73.

[35] 李建国．同居：都市里的危险游戏［J］．中国青年研究，2003（11）：20－23.

[36] 刘静秋．从男生女生心理差异谈因性施教［J］．教育教学论坛，2017（9）：51－52.

[37] 梁娟，张炯理．大学生失恋原因分析［J］．科技创新导报，2008（10）：161－162.

[38] 梁克龙．大学生婚前性行为的几点思考［J］．陇东学院学报，2012（1）：89－95.

[39] 李康乐．浅谈大学生健康恋爱观的培育［J］．新西部（下旬刊），2016（22）：140，143.

[40] 李青青，罗丽彤．当代大学生性道德缺失现状及教育策略［J］．合肥师范学院学报，2014（2）：119－121.

[41] 刘敏．分手不快乐，当心患“情癌”［J］．大众健康，2016（2）：82－83.

[42] 李敏敏．80女“离婚”的社会学思考［J］．城市建设理论研究，2011（29）.

[43] 廖冉，等．大学生团体心理辅导方案指南［M］．北京：知识产权出版社，2013.

[44] 李素芬．理智对待爱情 理性选择伴侣——《理智与情感》对现代女性的启示［J］．名作欣赏，2013（27）：47－48.

[45] 李桃．90后恋爱心理浅析［J］．中国—东盟博览，2013（6）：258－259.

[46] 刘薇，戴晓阳．害羞的心理学研究进展［J］．中国临床心理学杂志，2006（2）：200－202.

[47] 李雪飞．大学生同居的心理学探析［J］．中国性科学，2006（12）：36－38.

[48] 冷小青．用理智驾驭本能——试论青春期性冲动的自我调节［J］．教育探索，2000（10）：40－41.

[49] 刘欣荣．人生必修课——直面大学生恋爱［J］．科教导刊（中旬刊），2013（6）：222－224.

[50] 刘瑜，俞璐. 关于大学生婚前性行为的伦理思考［J］. 中国医学伦理学，2015（6）：996－998.

[51] 刘允正，等. 裂变与整合——大学生价值观的多样化趋势与高校思想政治工作创新体系研究［M］. 北京：光明日报出版社，2009.

[52] 刘朝晖. 对失恋大学生异常心理的疏导与调适［J］. 河南广播电视大学学报，2007（4）：103－105.

[53] 梁志洪. 爱情美育——塑造现代青少年美的心灵的热点问题——苏霍姆林斯基关于爱情美育的思想［J］. 中国校外教育，2011（1）：3－4,106.

[54] 刘志翔，毛丹. 大学生恋爱同居现象的新特点及对策探析［J］. 黑龙江高教研究，2005（5）：142－144.

[55] 刘志翔，毛丹. 当代大学生恋爱挫折的新变化及预防对策［J］. 黑龙江高教研究，2010（4）：37－39.

[56] 马瞧勤，丛黎明，潘晓红，等. 大学生性行为及其影响因素线性趋势研究［J］. 中国艾滋病性病，2008（3）：261－263.

[57] 马勇. 浅谈大学生性心理［J］. 时代青年（教育），2012（8）：2.

[58] 马艳，冯昉. 浅议当代大学生的爱情观［J］. 神州，2012（6）：249.

[59] 潘诚，等. 爱情观研究综述［J］. 科教文汇，2012（13）：178.

[60] 潘磊. 高校大学生恋爱问题的现状、成因和调适［J］. 科教文汇（上旬刊），2014（2）：194－195.

[61] 潘绥铭. 对艾滋病“高风险性行为”的 KAPR 研究［J］. 中国健康教育杂志，1991（4）：43－48.

[62] 潘绥铭. 北京高校学生的性观念与性行为［J］. 青年研究，1994（5）：35－40.

[63] 潘绥铭. 大学生拒绝“性革命”［J］. 中国青年研究，1996（6）：36－37.

[64] 潘绥铭. 当代大学生贞操观调查报告［J］. 心理医生杂志，2005（17）：46－47.

[65] 潘雯. 异性交往的心理阶段［N］. 大众科技报，2006－04－30.

[66] 潘允康. 对建设平等和谐家庭的理性思考［J］. 妇女研究论丛，2007

(2)：9－13.
[67] 齐冀．恩格斯的婚姻观及其现实意义［J］．青年与社会，2014（10）：367.
[68] 秦莉．西部高校大学生常见人际交往问题及对策探析［J］．西部素质教育，2015（17）：31－32.
[69] 秦玲玲．大学生婚前性行为的心理分析研究［J］．南京师范大学，2013：69.
[70] 翟羽佳．理性对待青年人的“性冲动”［J］．百姓，2003（9）：20.
[71] 上海市男科学研究所课题组．上海起过六成的大学生未接受过正规的性与生殖健康教育［J］．性教育与生殖健康，2008（4）：5－7.
[72] 三毛．随想［M］．哈尔滨：哈尔滨出版社，2003.
[73] 孙萍．当前我国大学生性道德教育的现状、问题与对策［D］．山东师范大学，2006.
[74] 孙英．面向女大学生开展母亲素质教育的思考［J］．法制与社会，2014（29）：217－218.
[75] 唐毅红，等．当代大学生性行为及性心理调查分析［J］．西北医学教育，2008，16（6）：1133－1135.
[76] 吴宝沛，等．多元视角下的异性友谊［J］．心理科学进展，2014，22（9）：1485－1495.
[77] 王大钊．大学生婚姻解禁后的理性思考［J］．青海师范大学学报（哲学社会科学版），2008（5）：150－152.
[78] 王刚．关于当代大学生的恋爱观教育［J］．教书育人（高教论坛），2014（10）：78－79.
[79] 魏会卿．大学生恋爱能力刍议［J］．太原城市职业技术学院学报，2010（11）：89－90.
[80] 王军，罗文萍．多元文化背景下大学生性焦虑状况研究——以四川省高校为例［J］．现代预防医学，2015（23）：4314－4316，4321.
[81] 王宇航．媒介化时代大学生性道德价值取向实证分析［J］．社会科学战线，2014（8）：166－173.
[82] 王敏．大学生性道德教育原因与路径探析［J］．山东工会论坛，2016

(2)：63 –68.

[83] 韦乃学. 浅析当前高校女大学生安全问题的特点 [J]. 科技信息（学术版），2007 (16)：345.

[84] 王森. 根据新时代学员思想特点开展思想政治教育 [J]. 青春岁月，2013 (2)：242.

[85] 王维英，吴澄波. 我国转型期社会高离婚率研究——以江苏太仓市为例 [J]. 中共南京市委党校学报，2014 (6)：81 –85.

[86] 吴少怡，张宇. 大学生心理健康教育探讨 [M]. 济南：山东大学出版社，2005.

[87] 王宇航. 打开心灵的窗户 [M]. 杭州：浙江人民出版社，2005.

[88] 王宇航，等. 大学生心理健康教育与实训指导 [M]. 杭州：浙江大学出版社，2013.

[89] 王宇航，程晓东. 试论全媒体时代大学生性行为社会化评价体系的构建 [J]. 高教发展与评估，2015 (6)：60 –67，83 –84.

[90] 王宇航，程晓东. 道德相对主义影响大学生性道德传导机制探析 [J]. 科教前沿，2016 (5)：180 –181.

[91] 王有智. 试析女性婚前性行为心理动机的十个误区 [J]. 性学，1997 (1)：14 –16.

[92] 晓初. 浅谈性道德原则 [J]. 道德与文明，1988 (6)：8 –9.

[93] 徐峰，等. 大学生心理健康向导 [M]. 沈阳：东北大学出版社，2005.

[94] 徐风姝. 青年期的性成熟与性适应 [J]. 中国心理卫生杂志，1987 (5)：158 –162.

[95] 玄圭. 梁羽生与林萃如的闪婚 [J]. 各界，2009 (11)：86 –87.

[96] 谢鸿斌，等. 大学生恋爱态度类型分析 [J]. 现代企业教育，2013 (6)：179.

[97] 辛加坡. 警惕影视误导现象 [J]. 大众电影，1996 (2)：35.

[98] [英] 夏洛蒂·勃朗特. 简·爱 [M]. 张承滨译. 哈尔滨：北方文艺出版社，2001.

[99] 熊丽娟. 当代大学生恋爱心理分析 [J]. 中华文化论坛，2008：112 –113.

[100] [英] 休谟. 人性论 [M]. 石碧球译, 北京: 九州出版社, 2011.
[101] 肖庆金. 必须实施青少年阳光法性教育——论青少年性教育误区及对策 [J]. 天府新论, 2002 (5): 85 -87.
[102] 肖三蓉, 等. 浅析在校大学生的同居现象 [J]. 新西部 (下旬. 理论版), 2011 (2): 156, 181 -182.
[103] 杨甫德. 恋爱必懂的 100 个心理学效应 [M]. 北京: 中国水利水电出版社, 2011.
[104] 袁光亮. 失恋心态及调节 [J]. 心理与健康, 1995 (3): 17.
[105] 杨魁, 李建军. 浅析大学生失恋的心理因素及状态调试 [J]. 吉林省教育学院学报 (学科版), 2009 (8): 130 -131.
[106] 易心. 少男少女的情人节 [J]. 中等职业教育, 2005 (1): 38.
[107] 张本钰, 林丽华. 大学生失恋心理危机干预基于失恋心理发展的阶段性特征和易感性研究 [J]. 福建农林大学学报 (哲学社会科学版), 2012, 15 (5): 93 -96.
[108] 赵婵娟. 高校女大学生恋爱心理误区及健康恋爱心理的培养 [J]. 教育与职业, 2012 (35): 90 -91.
[109] 赵二江, 崔丹, 梁淑英, 等. 我国大学生艾滋病健康教育干预效果的 Meta 分析 [J]. 现代预防医学, 2011 (38): 4105 -4109.
[110] 张枫. 性文化建设在广东的实践与探索 [J]. 中国性科学, 2009 (11): 39 -45.
[111] 朱芳籽. 大学教育与21 世纪中国女大学生职业观婚姻观及生育观的关系探究 [M]. 杭州: 浙江大学出版社, 2014.
[112] 左红梅, 杨华. 大学生性教育在思想政治教育中的缺失与补位 [J]. 教育与职业, 2010 (29): 84 -85.
[113] 郑杭生. 社会学概论新修 (第三版) [M]. 北京: 中国人民大学出版社, 2003.
[114] 张海音. 大学生失恋心理透析及疏导策略 [J]. 教育与职业 (理论版), 2008 (24): 91 -92.
[115] 曾坚朋. 虚拟与现实: 对 "网恋" 现象的理论分析 [J]. 中国青年研究, 2002 (6): 30 -36.

[116] 张莉．青少年道德教育的忧与思［M］．北京：高等教育出版社，2004.

[117] 周六春．青年学生健康恋爱心理的培养与引导［J］．中国青年研究，2008（4）：94－97.

[118] 朱理哲，等．当代大学生恋爱心理问题及调适［J］．当代教育理论与实践，2010，2（1）：11－13.

[119] 郑顺利．大学生恋爱心理调查与分析［J］．漳州师范学院学报（哲学社会科学版），2006（1）：147－149.

[120] 张晴．浅析《安娜·卡列尼娜》中造成安娜悲剧的原因［J］．环球人文地理，2014（16）：198－199.

[121] 张淑玲，等．大学生心理健康教育理论与实践［M］．天津：南开大学出版社，2009.

[122] 赵晓东，孟香．大学生"失恋挫折综合症"的心理调适［J］．社会工作下半月（理论），2007（12）：45－46.

[123] 赵妍，等．东莞市大学生性行为现状及相关因素调查［J］．科教导刊（上旬刊），2011（12）：216－217.

[124] 张勇．瑞典性教育概况及其对我国青少年性教育的启示［J］．青年与社会（上），2015（3）：37－38.

[125] 赵颖杰．浅谈大学生要树立正确的爱情观［J］．教育教学论坛，2010（20）：249－250.

[126] 赵永久．爱的五种能力［M］．北京：中国华侨出版社，2013.

[127] 郑雅维．对当代大学生婚前性行为的反思［J］．北华航天工业学院学报，2008，18（6）：51－52，59.

[128] 张志祥．当代青年价值世界的缺失与重建［J］．广东青年干部学院学报，2009，23（78）：68－72.

[129] Bandura A. Social Learning Theory［M］. Oxford，UK：PrenticeHall，1977.

[130] Bandura A. Social Foundations of Thought and Action：A Social Cognitive Theory［M］. Englewood Cliffs，NJ：Prentice Hall，1986.

[131] L. P. Pojman，Ethical Theory Classical and Contemporary Readings［M］. Wadsworth Publishing Company USA，1995.